European Realities

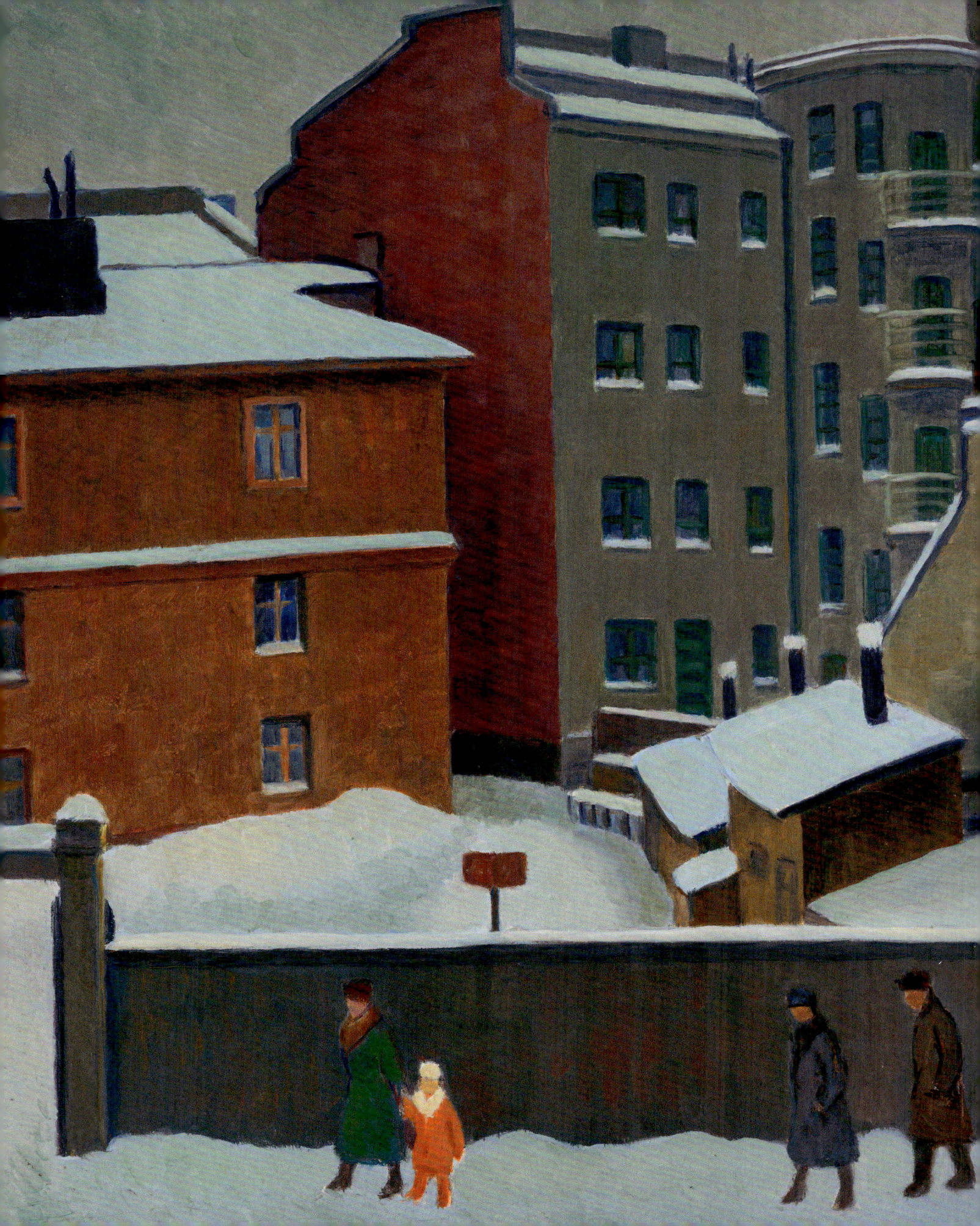

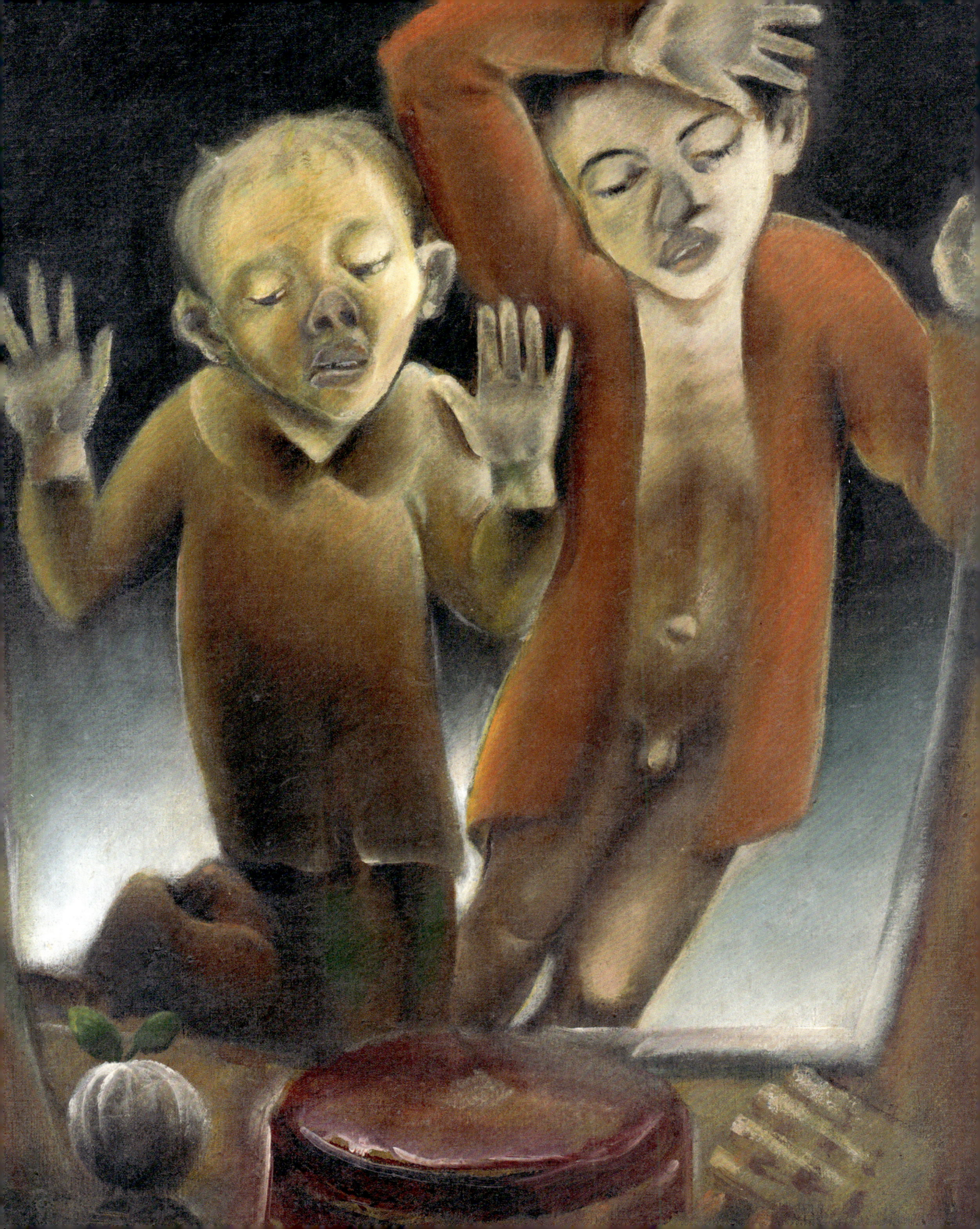

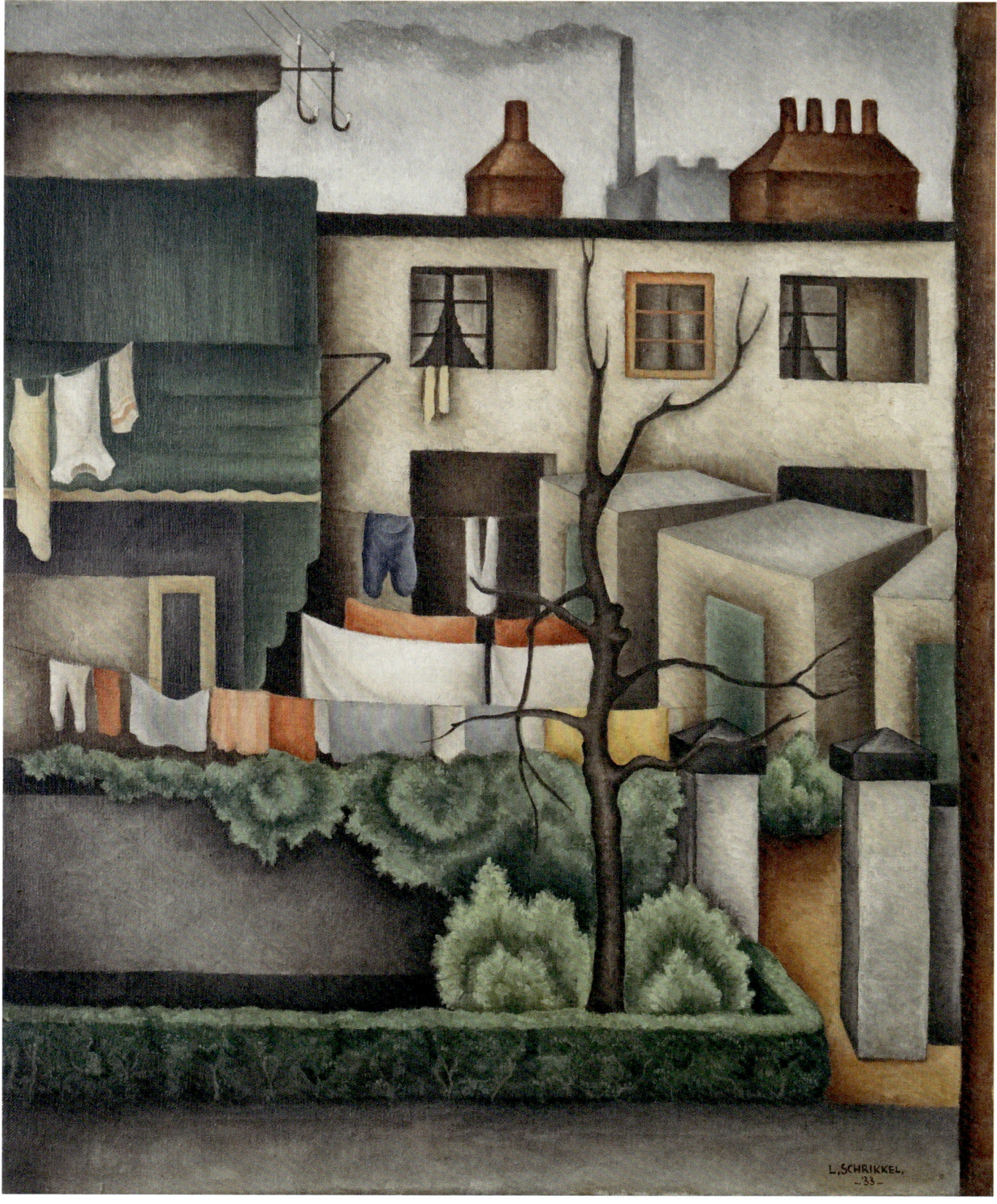

EUROPEAN REALITIES

Schilderkunst
Painting

1919-1939

Museum MORE, Gorssel
Waanders Uitgevers, Zwolle

Inhoud
Contents

[← p. 4]
Louis Schrikkel (1902-1995)
Betondorp, 1933
Concrete Village
olieverf op doek | oil on canvas
59 × 49,2 cm
Museum MORE, Gorssel & Ruurlo

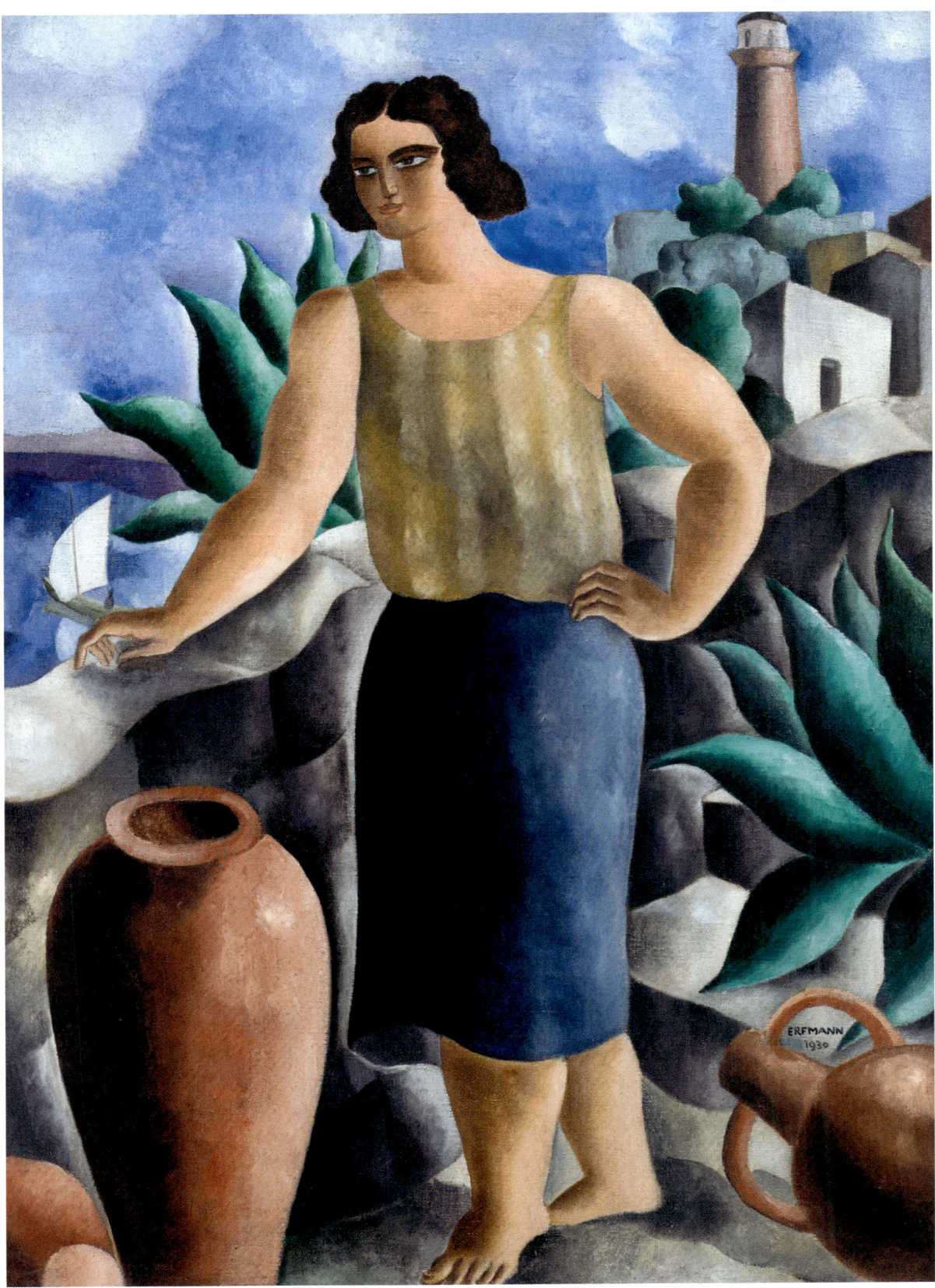

Ferdinand Erfmann (1901-1968)
Vrouw met kruik, 1930
Woman with jug
olieverf op doek | oil on canvas
68,5 × 50 cm
Museum MORE, Gorssel & Ruurlo

Voorwoord

Foreword

We zijn trots dat we het tienjarig bestaan van Museum MORE mogen markeren met deze bijzondere samenwerking met Kunstsammlungen Chemnitz – Museum Gunzenhauser. Hun ambitieuze plan om de mooiste realistische schilderijen uit het interbellum in Europa samen te brengen trok meteen onze aandacht toen in 2023 het symposium werd aangekondigd. Dit bleek een prikkelende opmaat naar deze omvangrijke tentoonstelling, waarvan wij met veel plezier de tweede locatie zijn van de tentoonstelling in een iets compactere vorm.

Museum MORE richt zich op realistische kunst uit de twintigste en eenentwintigste eeuw. De kern van onze collectie bestaat uit werken van grote Nederlandse realisten uit de jaren 1920 en 1930, zoals Charley Toorop, Pyke Koch, Carel Willink, Dick Ket, Raoul Hynckes en Wim Schumacher. Ons tentoonstellingsprogramma is echter internationaal georiënteerd en belicht realistische kunst in de breedste zin van het woord, van 1900 tot nu. Met tentoonstellingen als *For Real: Britse realisten uit de jaren '20 en '30* (2019), *Nové Realismy: Tsjecho-Slowaaks realisme 1918-1945* (2022) en *Naïef realisme: van Rousseau tot Grandma Moses* (2023) draagt het museum bij aan de groeiende belangstelling voor en kennis over het realisme uit de twintigste en eenentwintigste eeuw. De tentoonstelling *European Realities* biedt een nog breder overzicht van de uiteenlopende realistische stromingen die zich tussen de twee wereldoorlogen op het Europese vasteland ontwikkelden. Het is dan ook een logische én lang gekoesterde wens om deze tentoonstelling in ons museum te mogen tonen – een wens die naadloos aansluit bij de kern van onze instelling en ambities.

De tentoonstelling biedt een rijk en gevarieerd panorama van de Europese realistische kunstbewegingen in de jaren 1920 en 1930. Nooit eerder is er op zo'n grote schaal aandacht besteed aan dit onderwerp. Zowel in Chemnitz als in ons museum in Gorssel zijn kunstenaars uit heel Europa vertegenwoordigd, en niet alleen uit West-Europese landen, zoals voorheen vaak het geval was. Daarnaast is er een prominente rol weggelegd voor vrouwelijke kunstenaars, onder wie Aleksandra Beļcova,

It is a great pleasure to celebrate the 10th anniversary of Museum MORE with this wonderful collaboration with the Kunstsammlungen Chemnitz – Museum Gunzenhauser. Their ambitious project to bring together the most beautiful realist paintings from around Europe from the interwar period immediately caught our attention when the symposium in 2023 was announced. It was an exciting prelude to this major exhibition, of which we are very much delighted to be the second, concise venue of.

Museum MORE is dedicated to showing realist art from the 20th and 21st centuries. The core of our collection consists of works by the great Dutch realist painters of the 1920s and 1930s: Charley Toorop, Pyke Koch, Carel Willink, Dick Ket, Raoul Hynckes and Wim Schumacher. Our exhibition program, however, is international and devoted to realist art in the broadest sense of the word from 1900 to present day. With exhibitions including *For Real: British Realists in the 1920s and 1930s* (2019), *Nové Realismy: Czechoslovakian Realism 1918-1945* (2022) and *Naive Realism: From Rousseau to Grandma Moses* (2023), the museum has contributed to the growing interest in and knowledge of 20th- and 21st-century Realism. The exhibition *European Realities* will offer an even more comprehensive overview of the various realism movements that emerged on continental Europe in the interwar period. Hosting this exhibition in our museum is therefore a logical and long-awaited wish that lies at the heart of our institution and ambitions.

The exhibition gives a vast and diverse overview of the realist tendencies in Europe in the 1920s and 1930s. Never has there been an exhibition contributed to this subject on such a large scale. Artists from all over the continent, not only the Western-European countries as has often been the case, are represented both in Chemnitz and in our exhibition

Lotte Laserstein en Gerda Wegener. Zij zijn de afgelopen decennia grotendeels onderbelicht gebleven, maar herwinnen nu hun verdiende plaats in de kunstgeschiedenis. De tentoonstelling biedt de mogelijkheid om de verschillende vormen van realisme die in bijna twintig Europese landen ontstonden grondig te verkennen en met elkaar te vergelijken. Tegelijk vormt zij een waardevolle basis voor verder onderzoek naar grensoverstijgende verbanden en netwerken.

Aan een tentoonstelling van deze omvang gaat vanzelfsprekend een lange periode van intensieve voorbereiding vooraf, in nauwe samenwerking met experts van verschillende musea, universiteiten en onderzoeksinstellingen. Namens zowel Kunstsammlungen Chemnitz – Museum Gunzenhauser als ons museum danken wij alle Europese bruikleengevers voor het beschikbaar stellen van hun werken, niet alleen voor de eerste locatie in Chemnitz, maar ook voor de tweede tentoonstelling in ons museum. Veel van deze werken zijn nu bovendien voor het eerst in Nederland te zien. Onze dank gaat uit naar:

Bulgarije: Sofia City Art Gallery
Duitsland: Friedrich-Ebert-Stiftung e. V., Bonn; Kulturstiftung Sachsen-Anhalt, Kunstmuseum Moritzburg Halle (Saale); Kunsthalle Rostock; Kunstpalast, Düsseldorf; Kunstsammlungen Chemnitz – Museum Gunzenhauser, Chemnitz; Stiftung Stadtmuseum Berlin
Estland: KUMU Eesti Kunstimuuseum, Tallinn
Finland: HAM Helsingin taidemuseo, Helsinki
Frankrijk: Musée d'Art moderne et contemporain, Straatsburg; Centre national des arts plastiques, Parijs
Groot-Brittannië: Leicester Museums and Galleries; Tate, Londen
Hongarije: Szépművészeti Múzeum – Magyar Nemzeti Galéria, Boedapest
Italië: Mart – Museo di arte moderna e contemporanea di Trento e Rovereto
Kroatië: Muzej moderne i suvremene umjetnosti, Rijeka

in Gorssel. There is also a large participation of female artists, for example Aleksandra Belcova, Lotte Laserstein and Gerda Wegener, who were much overlooked in the last decades, but have regained their rightful stage in art history. The exhibition will therefore enable a deeper exploration and comparison of the various realisms as they emerged in almost twenty different European countries, facilitating further research into underlying border-crossing connections and networks.

Any exhibition on this scale is bound to be preceded by a long period of intensive preparatory work entailing discussions with experts in museums, universities and research institutes. On behalf of Kunstsammlungen Chemnitz – Museum Gunzenhauser and ourselves, we would like to thank all European lenders for lending their artworks to not only the first venue in Chemnitz, but also to us as second venue of the exhibition, many of which are being shown in The Netherlands for the first time:

Austria: Lentos Kunstmuseum Linz; Nordico Stadtmuseum Linz; Tiroler Landesmuseum, Ferdinandeum, Innsbruck
Bulgaria: Sofia City Art Gallery
Croatia: Muzej moderne i suvremene umjetnosti, Rijeka
Czech Republic: Národní galerie v Praze, Prague
Estonia: KUMU Eesti Kunstimuuseum, Tallinn
Finland: HAM Helsingin taidemuseo, Helsinki
France: Musée d'Art moderne et contemporain, Strasbourg; Centre national des arts plastiques, Paris
Germany: Friedrich-Ebert-Stiftung e. V., Bonn; Kulturstiftung Sachsen-Anhalt, Kunstmuseum Moritzburg Halle (Saale); Kunsthalle Rostock; Kunstpalast, Düsseldorf; Kunstsammlungen Chemnitz – Museum Gunzenhauser, Chemnitz;

Maite van Dijk

Letland: Latvijas Nacionālais mākslas muzejs, Riga
Nederland: Drents Museum, Assen; Stedelijk Museum, Amsterdam
Oostenrijk: Lentos Kunstmuseum Linz; Nordico Stadtmuseum Linz; Tiroler Landesmuseum, Ferdinandeum, Innsbruck
Polen: Muzeum Narodowe w Warszawie, Warschau
Slovenië: Umetnostna galerija Maribor
Slowakije: Slovenská národná galéria, Bratislava
Spanje: Museo Nacional Centro de Arte Reina Sofía, Madrid
Tsjechië: Národní galerie v Praze, Praag
Zweden: Moderna Museet, Stockholm; Norrköpings Konstmuseum; Bohusläns Museum, Uddevalla
Zwitserland: Baloise Corporate Collection

Ook zijn wij alle particuliere verzamelaars die hun werken tijdelijk beschikbaar hebben gesteld voor dit project zeer dankbaar. In het bijzonder danken wij iedereen die vanaf het begin in dit initiatief heeft geloofd, die Kunstsammlungen Chemnitz – Museum Gunzenhauser met enthousiasme heeft ondersteund bij de totstandkoming van de tentoonstelling, en die in tal van gesprekken waardevolle inzichten en ideeën heeft gedeeld.

Met veel bewondering en waardering danken wij onze collega's in Chemnitz, die dit indrukwekkende project hebben opgezet. Onze bijzondere dank gaat uit naar Florence Thurmes, directeur van Kunstsammlungen Chemnitz, die de samenwerking tussen onze instellingen mogelijk heeft gemaakt. Ook zijn we Anja Richter, tentoonstellingscurator en het creatieve brein achter dit project, zeer erkentelijk voor haar enorme inzet bij de realisatie van deze ambitieuze tentoonstelling. Door de krachten en expertise van beide musea te bundelen wil Museum MORE dit belangrijke en toonaangevende initiatief van Kunstsammlungen Chemnitz – Museum Gunzenhauser ondersteunen en voor een nog breder publiek toegankelijk maken.

Stiftung Stadtmuseum Berlin
Great Britain: Leicester Museums and Galleries; Tate, London
Hungary: Szépművészeti Múzeum – Magyar Nemzeti Galéria, Budapest
Italy: Mart – Museo di arte moderna e contemporanea di Trento e Rovereto
Latvia: Latvijas Nacionālais mākslas muzejs, Riga
Netherlands: Drents Museum, Assen; Stedelijk Museum, Amsterdam
Poland: Muzeum Narodowe w Warszawie, Warsaw
Slovakia: Slovenská národná galéria, Bratislava
Slovenia: Umetnostna galerija Maribor
Spain: Museo Nacional Centro de Arte Reina Sofía, Madrid
Sweden: Moderna Museet, Stockholm; Norrköpings Konstmuseum; Bohusläns Museum, Uddevalla
Switzerland: Baloise Corporate Collection

We would also like to extend our heartfelt thanks to all those private collectors who kindly agreed to part with their works for the duration of our project. Special thanks go to all those people who believed in this project from the start, who enthusiastically supported Kunstsammlungen Chemnitz – Museum Gunzenhauser in creating the exhibition, and who in the course of many discussions provided valuable insights and ideas.

With much admiration and recognition, we look to our colleagues in Chemnitz and we thank them for undertaking this fantastic project. I am grateful to the director of the Kunstsammlungen Chemnitz – Museum Gunzenhauser, Florence Thurmes, for making the collaboration between our institutions possible. Furthermore, many thanks go to the exhibition curator, Anja Richter, the 'mastermind' behind this project, for her great efforts in the realisation

Voor de tentoonstelling in Gorssel en de bijbehorende catalogus dank ik allereerst onze conservator Julia Dijkstra, die de selectie voor deze presentatie samenstelde, projectcoördinator Marieke Ensing, zonder wie het niet mogelijk was geweest om alle werken naar ons museum te halen, en ontwerper Rolf Toxopeus van Joseph Plateau grafisch ontwerpers voor het ontwikkelen van een aansprekend en passend grafisch ontwerp voor zowel de tentoonstelling als deze publicatie. Mijn dank gaat ook uit naar Studio met met, voor de ondersteuning bij alle ruimtelijke uitdagingen en het creëren van een boeiend tentoonstellingsontwerp, naar Sarah Sprenger, die de beeldrechten voor deze catalogus heeft geregeld, en naar redacteuren Arnoud Bijl en Aukje Vergeest, evenals vertalers Ted Alkins, Betty Klaasse en Dave Nice, voor het toegankelijk maken van de teksten voor een internationaal publiek. Tot slot veel dank aan uitgever Marloes Waanders en haar collega Winnie Urban, voor het realiseren van deze publicatie.

Maite van Dijk
Algemeen directeur Museum MORE

of this ambitious project. By uniting the expertise of both museums, Museum MORE wishes to support Kunstsammlungen Chemnitz – Museum Gunzenhauser's significant and ambitious project and make it accessible to an even wider audience.

For the exhibition in Gorssel and its accompanying catalogue, I would also like to thank our curator Julia Dijkstra, who made the selection for this exhibition; our project coordinator Marieke Ensing, without whose efforts it would have been impossible to bring all the objects to our museum; designer Rolf Toxopeus of Joseph Plateau grafisch ontwerpers, for developing an interesting and suitable graphic design for the exhibition as well as this publication; Studio met met, for their help with all spacial challenges and creating a interesting exhibition lay-out; Sarah Sprenger, who has arranged the rights to all images for this catalogue; editors Arnoud Bijl and Aukje Vergeest, as well as translators Ted Alkins, Betty Klaasse and Dave Nice, for making the texts available to an international audience. Last, but not least, thanks go to publisher Marloes Waanders and her colleague Winnie Urban, for making this publication a reality.

Maite van Dijk
General Director Museum MORE

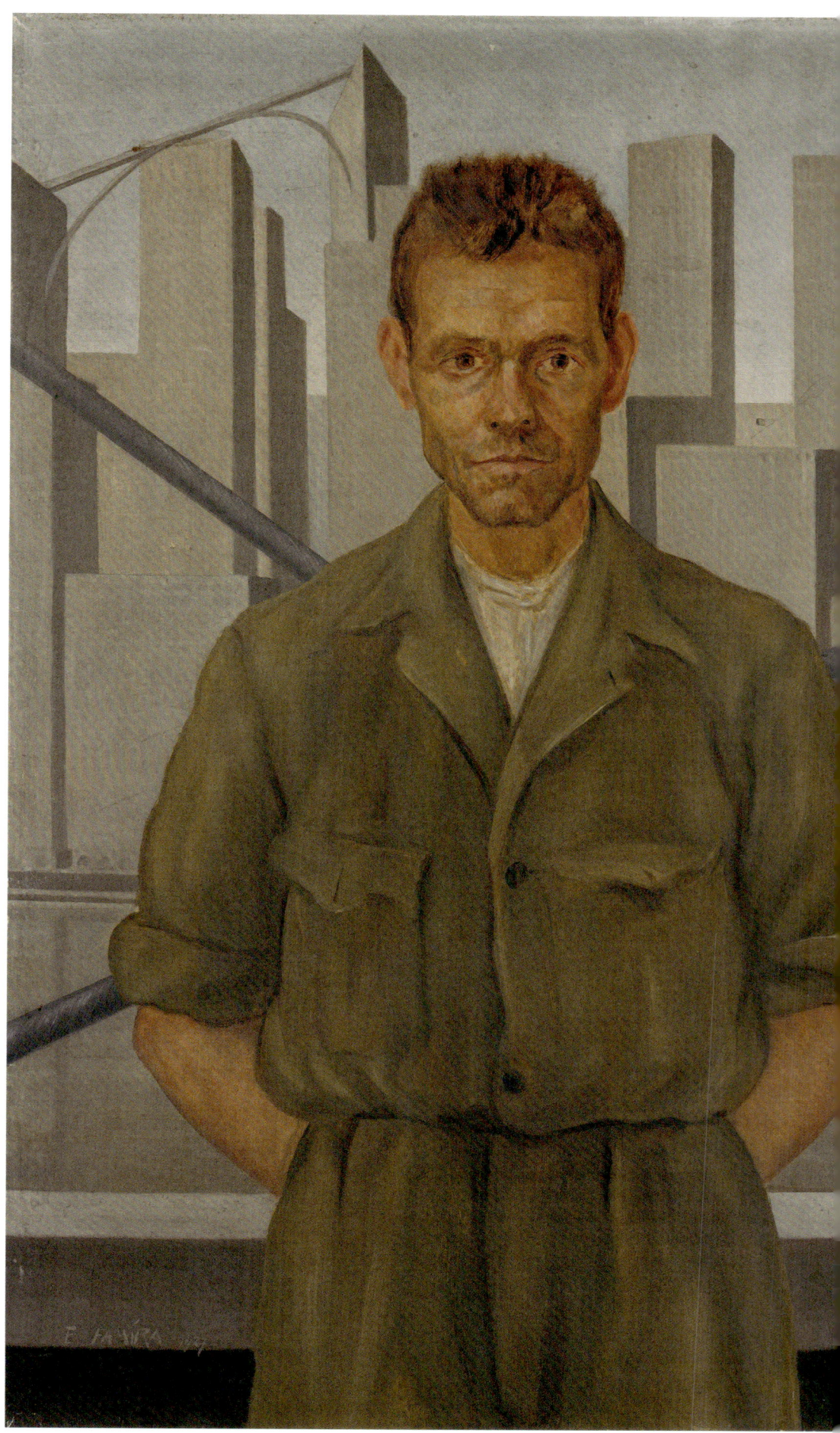

Emanuel Famíra (1900-1970)
Civilizace, 1927
Beschaving | *Civilisation*
olieverf op doek | oil on canvas
94 × 117 cm
National Gallery Prague,
Praag | Prague

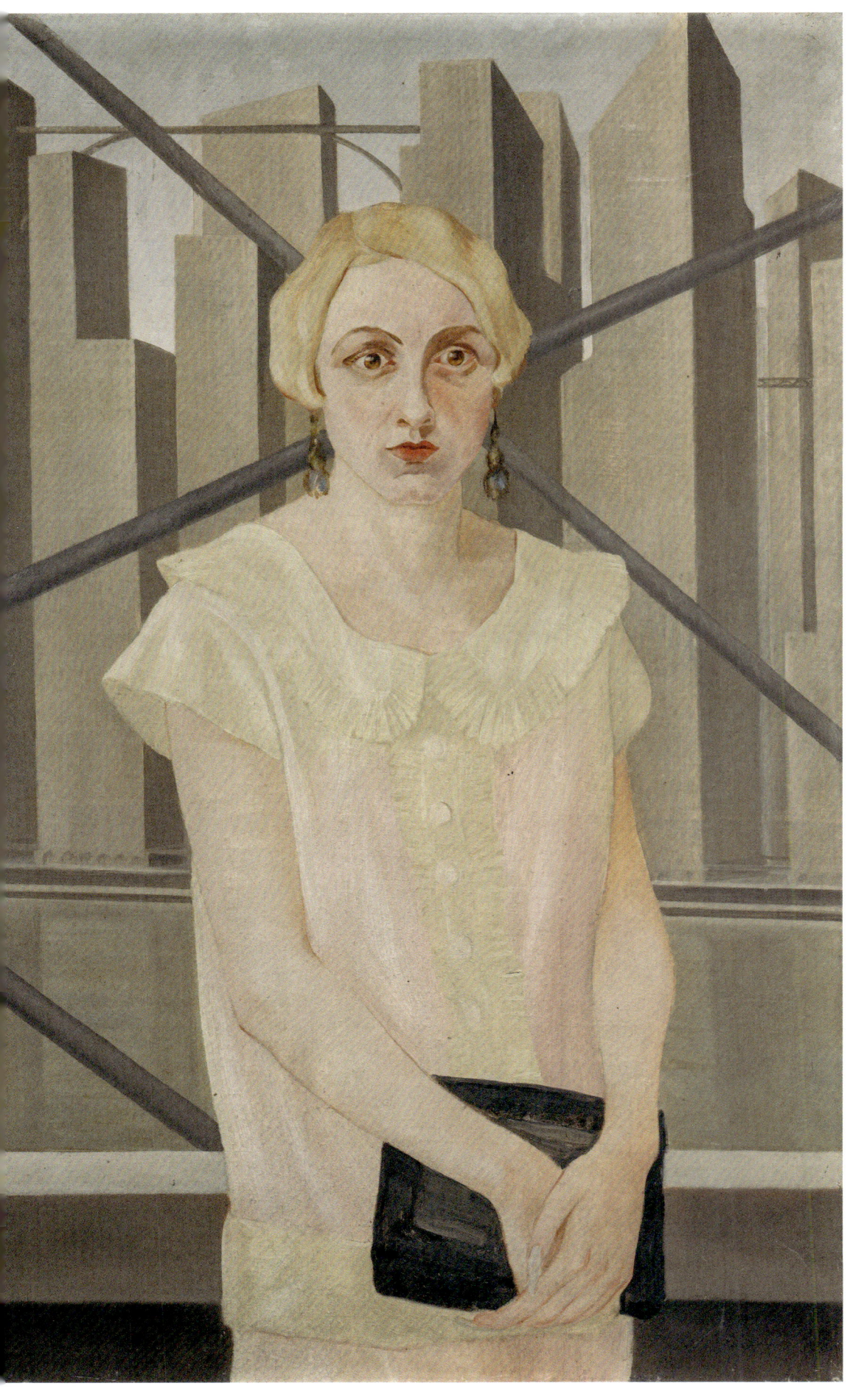

Inleiding op de tentoonstelling *European Realities*

Anja Richter &
Florence Thurmes

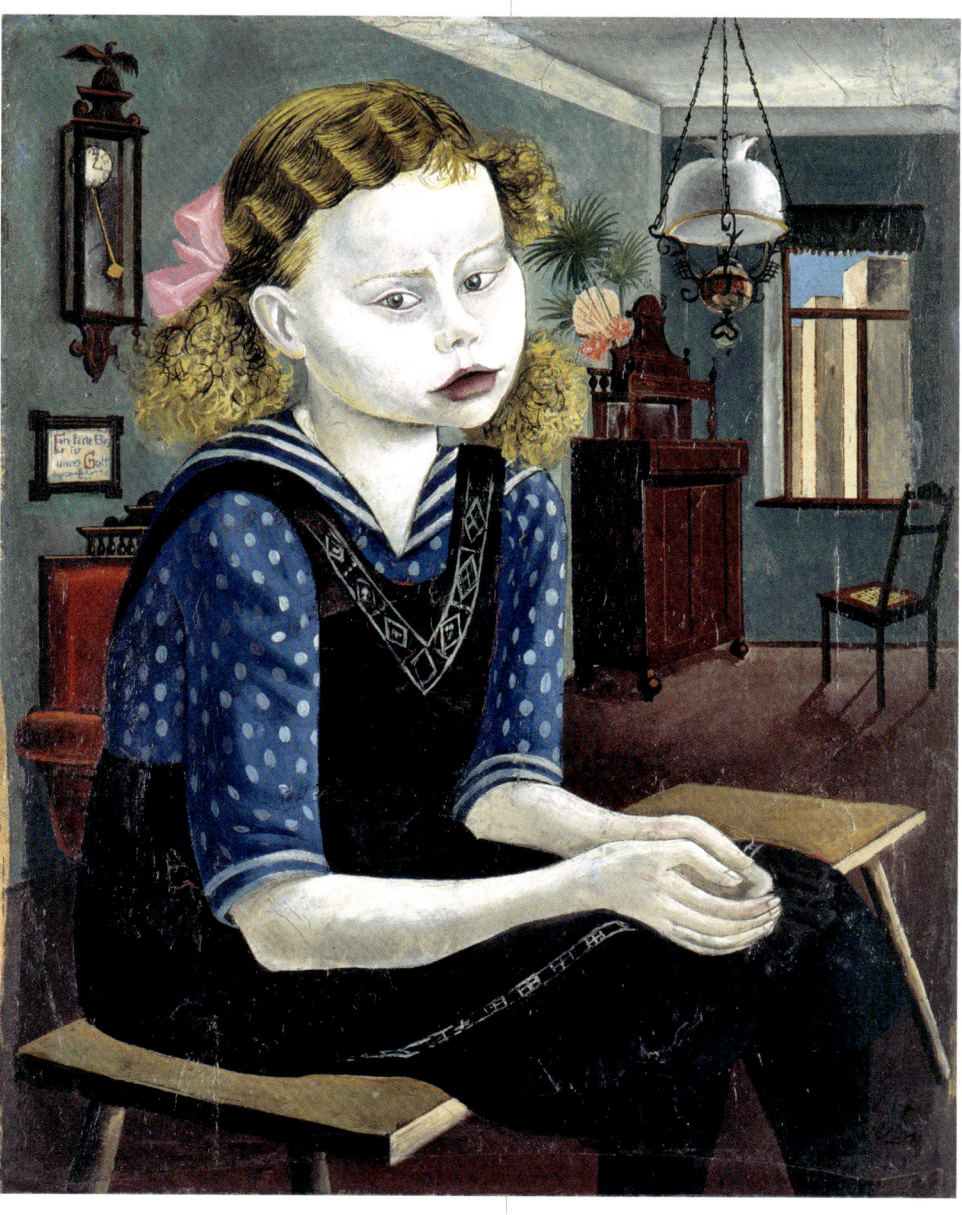

Otto Dix (1891-1969)
Mädchen am Sonntag, 1921
Meisje op zondag | *Girl on Sunday*
olieverf op doek op karton op spaanplaat
oil on canvas on cardboard on pressboard
84 × 67 cm
**Kunstsammlungen Chemnitz, Museum
Gunzenhauser, eigendom van** | property of the
Stiftung Gunzenhauser, Chemnitz

In 2025 draagt Chemnitz de titel Culturele Hoofd-stad van Europa. De beslissing om deze lange weg in te slaan kwam voort uit het verlangen om nieuw terrein te verkennen en een periode te onderzoeken die van grote betekenis is geweest voor Chemnitz binnen een bredere Europese context. Tegelijk wilden we de schijnwerpers richten op een opvallende kunststroming die in het Duits bekendstaat als *Neue Sachlichkeit*, de Nieuwe Zakelijkheid.

In de jaren 1920 verrezen in Chemnitz verschillende modernistische gebouwen. De drijvende kracht achter deze golf van vernieuwende architectuur, het zogeheten 'Nieuwe Bouwen', was Fred Otto, die van 1925 tot 1944 het hoofd van de planologische dienst van de stad was. Vrijwel alle toonaangevende publieke bouwprojecten uit deze periode dragen zijn stempel. De combinatie van doordacht functionalisme en modern ontwerp maakt tot op de dag van vandaag indruk. Een van die gebouwen is het voormalige Sparkasse-pand aan de Falkeplatz, gebouwd tussen 1928 en 1930, waar tegenwoordig Museum Gunzenhauser is gevestigd – een krachtig voorbeeld van de symbiose tussen kunst en architectuur. Het museum bezit maar liefst 380 werken van Otto Dix, een van de grootste verzamelingen van deze kunstenaar ter wereld. Daarnaast bracht dr. Alfred Gunzenhauser, met zijn uitgesproken voorkeur voor de sleutelfiguren van de *Neue Sachlichkeit*, een collectie bijeen van zo'n 400 werken van onder anderen Conrad Felixmüller, Karl Hubbuch, Franz Radziwill, Georg Schrimpf, Alexander Kanoldt en Gustav Wunderwald.

De tentoonstelling *Die neue Sachlichkeit. Deutsche Malerei seit dem Expressionismus* (Nieuwe Zakelijk-heid: Duitse schilderkunst sinds het expressionisme) introduceerde niet alleen het begrip 'Neue Sachlich-keit', maar was ook de eerste Duitse poging om de heropleving van het realisme te duiden die zichtbaar werd in vele kunststromingen in de jaren 1920. De expositie opende in 1925 in Mannheim en reisde vervolgens via Dresden naar de Städtische Kunstsammlungen Chemnitz aan de Theaterplatz, een museum dat toen al gold als een van de meest

Chemnitz is *European Capital of Culture 2025*. The decision to embark on the long journey entailed by the pursuit of that title was driven largely by the desire to break new ground by examining a period of defining importance to Chemnitz in its larger European context while at the same time focusing on the unique artistic movement that in German is known as *Neue Sachlichkeit*, meaning 'New Objectivity'.

The 1920s saw the construction of a number of modernist buildings in Chemnitz. The key figure in this programme of innovative 'New Building' was Fred Otto, head of the city's planning office from 1925 to 1944. Almost all noteworthy civic construction projects of this period bear his imprint, and their combination of intelligent functionalism and modern design cannot fail to impress, even today. One such building is the former Sparkasse on Falkeplatz, which was built between 1928 and 1930 and now houses the Museum Gunzenhauser, making for a striking symbiosis of art and architecture. Not only does the museum possess 380 works by Otto Dix, one of the largest collections of this artist anywhere, but Dr Alfred Gunzenhauser's marked preference for the key exponents of *Neue Sachlichkeit* led him to assemble no fewer than 400 works by Conrad Felixmüller, Karl Hubbuch, Franz Radziwill, Georg Schrimpf, Alexander Kanoldt, Gustav Wunderwald and others.

The exhibition *Die neue Sachlichkeit. Deutsche Malerei seit dem Expressionismus* (New Objectivity: German Painting since Expressionism) did more than just coin a new term, *Neue Sachlichkeit*; it was also the first show in Germany to attempt to make sense of the resurgence of realism evident in many of the art movements of the 1920s. Shown first in Mannheim in 1925, it travelled on to Dresden and from there to the Städtische Kunstsammlungen Chemnitz on Theaterplatz, which even

uitgesproken voorvechters van eigentijdse kunst in Duitsland. Gustav Friedrich Hartlaub, de conservator van de tentoonstelling in Mannheim, stelde voor zowel Mannheim als Chemnitz de selectie samen. De tentoonstelling in Chemnitz opende op 13 december 1925 en was een volle maand te zien. De titel werd iets aangepast: *Neue Sachlichkeit. Ausschnitt aus der deutschen Malerei seit dem Expressionismus* (Nieuwe Zakelijkheid: een dwarsdoorsnede van de Duitse schilderkunst sinds het expressionisme), en ook de inhoudelijke focus verschoof. Waar in Mannheim Max Beckmann nog centraal stond – van wie maar liefst veertien schilderijen waren opgenomen – kreeg in Chemnitz vooral de lokale held Otto Dix de aandacht en werd van Beckmann maar één werk getoond. Van de 147 werken van 31 kunstenaars die aan de Theaterplatz te zien waren, was het merendeel van de hand van Otto Dix, Alexander Kanoldt en George Grosz. 'Wat opmerkelijk was aan deze tentoonstelling, die tot doel had een dwarsdoorsnede van de Duitse schilderkunst sinds het expressionisme te tonen [...], was dat er voor het eerst in de kunstgeschiedenis van de afgelopen 75 jaar sprake was van een nieuw *Kunstwollen* dat de goedkeuring kreeg van het grote publiek, dat tot dan toe steevast afwijzend tegenover nieuwe artistieke stromingen had gestaan,' schreef museumdirecteur Friedrich Schreiber-Weigand in zijn jaarverslag. Hij merkte daarbij op: 'De tentoonstelling was de best bezochte van het jaar 1925.'[1] Zoals de titel al aangaf, beperkte Hartlaub zich op enkele uitzonderingen na tot de Duitse schilderkunst, en hij toonde uitsluitend werk van mannen. Zowel in Mannheim als in Chemnitz was geen werk van vrouwelijke kunstenaars in de selectie opgenomen. De vrouw was weliswaar in talloze schilderijen aanwezig als onderwerp, maar haar actieve rol als kunstenaar bleef buiten beeld, zoals ook in vrijwel alle wetenschappelijke discussies over het realisme in het interbellum het geval was.

Pas in 1980-1981 deden kunsthistorici een serieuze poging om hun blik te verbreden en de heropleving van het realisme in heel Europa onder de loep te nemen. In die periode organiseerden het Centre Pompidou in Parijs en de Staatliche

then had a reputation for being one of Germany's most audacious champions of contemporary art. Gustav Friedrich Hartlaub, the curator of the Mannheim exhibition, selected the works to be shown in both Mannheim and Chemnitz. The Chemnitz edition opened on 13 December 1925 and ran for a whole month. Not only did it have a slightly different title, *Neue Sachlichkeit. Ausschnitt aus der deutschen Malerei seit dem Expressionismus* (New Objectivity: A Sampling of German Painting since Expressionism), but there had been a shift in focus, too. Whereas the Mannheim exhibition had acknowledged the centrality of Max Beckmann by including no fewer than 14 of his paintings, the spotlight in Chemnitz was on local hero Otto Dix and featured only one work by Beckmann. Indeed, Otto Dix, Alexander Kanoldt and George Grosz accounted for the vast bulk of the 147 works by 31 artists displayed on Theaterplatz. "What was remarkable about this show, which set out to present a sampling of German painting since Expressionism [...] was that for the first time in the last 75 years of art history, a new *Kunstwollen* had won the approval of the public at large, which hitherto has consistently stood in opposition to new ventures in art", wrote the Director of the Museum Friedrich Schreiber-Weigand in the annual report, noting that "The exhibition was the most visited of the year 1925."[1] As the exhibition title indicated, Hartlaub had confined his presentation, with just a few exceptions, to German painting, and had assembled works by male artists only. Neither in Mannheim nor in Chemnitz were there works by women artists on show. For sure, the female sex might provide the motif for numerous paintings, but their active role as artists was disregarded – as it was in almost all the scholarly discussion of interwar realism.

Not until 1980–81 did art historians attempt made to broaden the purview of their inquiry to the resurgence of realism all over Europe. It was then that the

Kunsthalle in West-Berlijn samen de tentoonstelling *Realismus. Zwischen Revolution und Reaktion* (Realisme: tussen revolutie en reactie). Hoewel deze tentoonstelling breed was opgezet, werd de grens van het IJzeren Gordijn niet overschreden. De meeste getoonde werken waren afkomstig uit Duitsland, Nederland, Frankrijk en de Verenigde Staten, aangevuld met een handvol werken uit Scandinavië, Spanje, Groot-Brittannië en Zwitserland en een of twee beeldbouwwerken van de Tsjechische kunstenaars Otto Gutfreund en Karel Pokorný. *European Realities* is de eerste tentoonstelling die gewijd is aan de vele verschijningsvormen van het realisme zoals die zich in de jaren 1920 en 1930 door heel Europa ontwikkelden. Nooit eerder is deze periode in de kunstgeschiedenis op werkelijk Europese schaal gepresenteerd. Het waren immers niet alleen de bekende namen uit Italië, Frankrijk, Nederland en Duitsland die het beeld van die tijd bepaalden, maar ook de vele mannelijke én vrouwelijke kunstenaars uit Noord-, Midden- en Zuidoost-Europa, van wie het werk tot nu toe grotendeels onder de radar bleef. Deze werken vormen samen een indringende getuigenis van de bewogen tijdgeest van het interbellum. Met een zorgvuldige selectie van kunstwerken en essays over uiteenlopende nationale stromingen en individuele kunstenaars schetst *European Realities* een volwaardig Europees beeld van de vele gedaanten waarin het realisme zich in deze periode manifesteerde.

De Eerste Wereldoorlog speelde zonder twijfel een rol in de heropleving van het realisme in de kunst. De Grote Oorlog betekende voor vrijwel elk Europees land een keerpunt. Naar schatting vielen er meer dan vijftig miljoen doden als gevolg van de oorlog en de Spaanse griep die er direct op volgde. Nog eens twintig miljoen mensen raakten gewond. Europa bleef getraumatiseerd achter, complete keizerrijken waren van de kaart geveegd. De politieke kaarten werden opnieuw geschud en de opkomst van parlementaire democratieën belandde in een stroomversnelling. Met de val van het Duitse en Russische keizerrijk en de Oostenrijks-Hongaarse dubbelmonarchie ontstonden nieuwe

Centre Pompidou in Paris and the Staatliche Kunsthalle in West Berlin presented a joint exhibition called *Realismus. Zwischen Revolution und Reaktion* (Realism: Between Revolution and Reaction), which, although wide-ranging, was unable to breach the barrier presented by the Iron Curtain. Most of the works exhibited in Paris and Berlin were from Germany, the Netherlands, France and the USA, flanked by a smattering from Scandinavia, Spain, Great Britain and Switzerland, and one or two sculptures by the Czech artists Otto Gutfreund and Karel Pokorný. Our *European Realities*, by contrast, is the first exhibition to be dedicated to the many different variants of realism visible all over Europe in the 1920s and 1930s. Never before has this period of art history been presented on a truly European scale; after all, it was not just the well-known movements in Italy, France, the Netherlands and Germany that defined it, but also all those male and female artists of Northern, Central and South-Eastern Europe, who have hitherto been left out of the picture. Together, their works provide haunting testimony to the febrile zeitgeist of the 1920s and 1930s. With its selection of works and essays on the various national movements and individual artists, *European Realities* at last paints a genuinely European picture of the realisms of the interwar period in all their many permutations.

The aftermath of the First World War was undoubtedly a factor in the turn towards realism in art. The "Great War", as it was then known, had been a watershed for almost every country in Europe. Estimates put the death toll from the war itself and the Spanish flu pandemic that followed hot on its heels at more than 50 million, with more than 20 million wounded. The war traumatised Europe and wiped entire empires off the map. It changed the political landscape of the continent and accelerated the establishment of parliamentary democracies.

staten: de Weimarrepubliek, Estland, Finland, Letland, Litouwen, Polen, Tsjechoslowakije, Hongarije, Oostenrijk en het Koninkrijk der Serven, Kroaten en Slovenen (vanaf 1921 Joegoslavië). Veel van deze landen kregen grondwetten die vrouwen stemrecht gaven en toegang tot kunstacademies mogelijk maakten. Ook het Europese stadsbeeld veranderde in razend tempo door de voortschrijdende modernisering. Nieuwe technologische en sociale ontwikkelingen werden enthousiast omarmd: de radio groeide uit tot een belangrijke bron van informatie en vermaak en steeds meer mensen namen deel aan gezamenlijke vormen van vrijetijdsbesteding, zoals bioscoop- en cafébezoek en het beoefenen van sport.

De oprichting van nieuwe natiestaten zette lokale kunstscenes ertoe aan op zoek te gaan naar een eigen, herkenbare stijl die de politieke en maatschappelijke spanningen van die tijd weerspiegelde. Voor nieuwe ideeën richtten kunstenaars hun blik allereerst op de grote Europese steden, waar ze inspiratie opdeden via tentoonstellingen, kunstkritieken en hun eigen buitenlandse reizen. Kunstenaars probeerden grip te krijgen op de werkelijkheid door zich te richten op het hier en nu, op de tastbare realiteit. Ze keerden zich meer en meer af van het expressionisme en lieten zich meevoeren door realistische stromingen die tot ver in de jaren 1930 zouden aanhouden. Met de opkomst van totalitaire regimes, toenemende politieke spanningen, de economische klap van inflatie en de Grote Depressie en de groeiende invloed van autoritaire en nationalistische tendensen, veranderde ook het artistieke klimaat opnieuw ingrijpend.

Het realisme van de jaren 1920 en 1930 kreeg in heel Europa vorm, onder verschillende namen en in uiteenlopende gedaanten. Ondanks hun verschillen waren deze stromingen in de kern verwant: ze ontstonden vanuit het gedeelde gevoel van herstel en de diepe behoefte aan heling die in heel Europa voelbaar waren. Wat deze bewegingen verbond, was het verlangen naar een *retour à l'ordre*, een terugkeer naar de orde, naar een kunstvorm waarin de

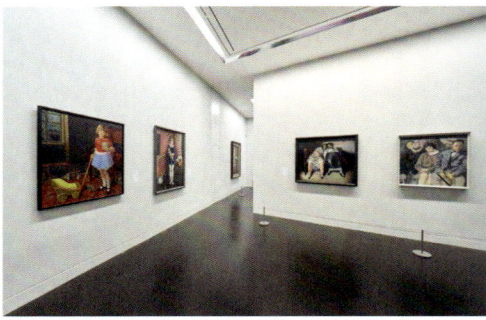

1

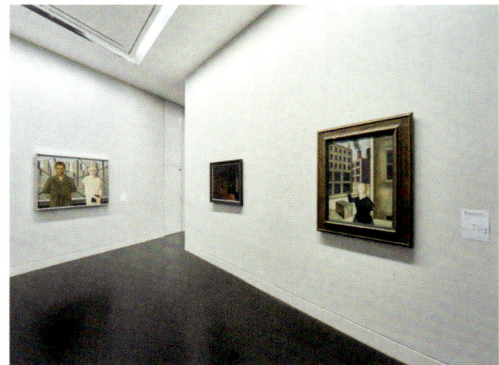

2

1, 2 & 4
Zaaloverzichten van de tentoonstelling *European Realities* in Museum Gunzenhauser in Chemnitz, 27 april-10 augustus 2025 | Photo's of the exhibition *European Realities* at the Gunzenhauser Museum in Chemnitz, 27 April - 10 August 2025

3
Museum Gunzenhauser in Chemnitz, Duitsland | Germany

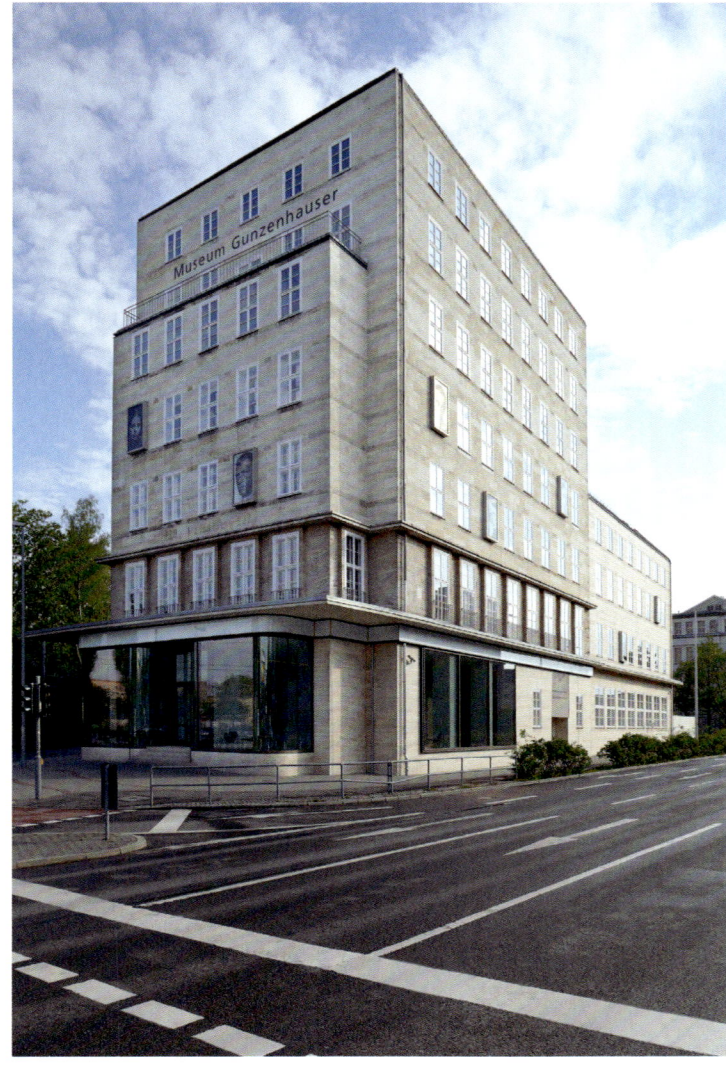

3

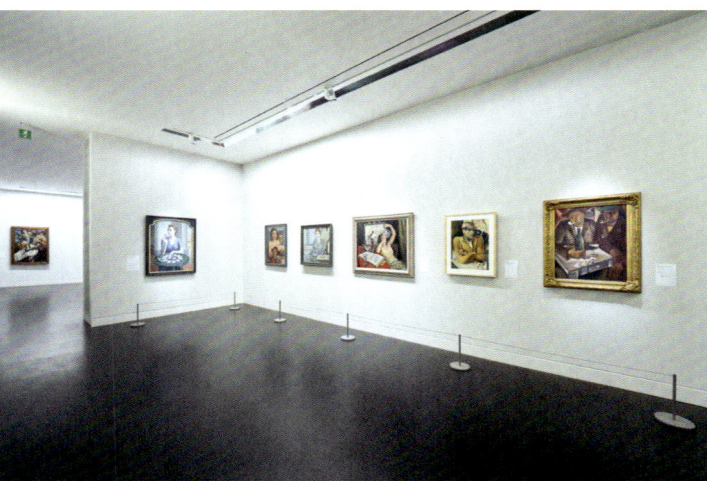

4

The disintegration of the German and Russian empires and the Austro-Hungarian dual monarchy gave rise to a number of new polities: the Weimar Republic, Estonia, Finland, the Kingdom of Serbs, Croats and Slovenes (from 1921 Yugoslavia), Latvia, Lithuania, Poland, Czechoslovakia, Hungary and Austria. Many of these countries had constitutions that gave women the right to vote and to enrol in art academies. Europe's cities were also changing radically as they modernised. Among the technological and social advances to be embraced were the wireless as a source of information and entertainment and the chance to take part in collective leisure activities such as visits to the cinema and cafés and mass participation in sports.

The founding of new nation states prompted their local art scenes to set off in search of a distinctive new style that would reflect the political and social antagonisms of the period. In search of new ideas, they first trained their sights on Europe's major cities, drawing inspiration from both exhibitions and exhibition reviews, as well as from their own forays into foreign lands.

Artists began fixing reality by cleaving closely to the present and to material reality. More and more of them were swept away from Expressionism by realistic currents that would continue until well into the 1930s, when the rise of totalitarian regimes led to political escalation and Europe was hit hard by the consequences of inflation, the Great Depression and ever more powerful authoritarian and nationalist tendencies.

The realism of the 1920s and 1930s goes by many different names, has roots in many different countries and possesses just as many different faces. There can be no doubt that all these movements, which in terms of their basic thrust were certainly related, benefited from the restorative mood and deeply felt need for healing that were prevalent throughout

werkelijkheid zo werd weergegeven dat die ruimte liet voor de existentiële angsten en bedreigde idealen van de twintigste eeuw. Veel kunstenaars grepen terug op klassieke tradities uit hun eigen land en zochten tegelijk naar manieren om het verleden te verbinden met herkenbare elementen uit het heden.

Kunstenaars trokken naar Parijs en Rome om de nieuwste ontwikkelingen in Frankrijk en Italië van dichtbij mee te maken. Ze keerden terug vol indrukken, die vervolgens hun weerslag kregen in de realistische stromingen in hun eigen land. Parijs was na de Eerste Wereldoorlog dé bestemming voor jonge kunstenaars. Sommigen volgden bijvoorbeeld lessen aan de academie van André Lhote, anderen ontvingen een beurs om een jaar in Rome te verblijven.

'Nieuw' was het toverwoord van die tijd, het afwijzen van het oude en het omarmen van het nieuwe. Overal doken nieuwe initiatieven op: nieuwe kunstenaarscollectieven zoals *De Nieuwe Groep van Vrouwelijke Kunstenaars* en *De Nieuwe Acht* in Hongarije, en de *Vereniging van Nieuwe Kunstenaars* in Bulgarije. Hartlaubs tentoonstelling *Neue Sachlichkeit* trok door heel Europa de aandacht en werd besproken in grote dagbladen als de *Prager Presse* en het Bulgaarse *Iztok*.[2] De term *Neue Sachlichkeit* die Hartlaub introduceerde om de kunst van die tijd te typeren sloeg aan en werd als zo treffend ervaren dat hij zijn weg vond naar andere talen: in Zweden sprak men van *nya sakligheten*, in Nederland van Nieuwe Zakelijkheid. In Nederland vond ook de enige *Neue Sachlichkeit*-tentoonstelling buiten Duitsland plaats.[3] Intussen verschenen ook de eerste theoretische verkenningen in druk, zoals *Nach-Expressionismus – Magischer Realismus. Probleme der neuesten europäischen Malerei* van Franz Roh uit 1925, dat werd gepresenteerd als de 'eerste poging [...] om de meest recente schilderkunst als een samenhangend geheel te beschouwen en te presenteren'.[4] Twee jaar later verscheen het boek in Spaanse vertaling onder de titel *Realismo Mágico – Post Expresionismo. Problemas de la pintura europea más reciente*. De Münchense kunsthandelaar en uitgever Hans Goltz verspreidde op zijn beurt het Italiaanse tijdschrift *Valori Plastici*, waarin Giorgio de Chirico

Europe at the time. What they all shared was the desire for a *retour à l'ordre*, a return to order, that is to say, to an art whose depictions of reality allowed the existential fears and endangered ideals of the 20th century to shine through. Many artists revisited the classical traditions enshrined in their own national history, while at the same time endeavouring to combine past times and events with the recognizable realities of the present.

Determined to take their cues from the latest developments in France and Italy, they travelled to Paris and Rome and returned home full of vivid impressions of what they had seen, which in turn influenced the realistic tendencies emerging in their own countries. Paris was the most sought-after destination for many artists after the First World War. Budding artists flocked to Paris to study at André Lhote's academy, for example, while others took advantage of state scholarships to spend a year in Rome.

'New' was the word on everybody's lips, the word that signalled a rejection of the old and embrace of the new. And there were new things happening everywhere: new artist groups like The New Group of Women Artists and The New Eight in Hungary and the Association of New Artists in Bulgaria. Hartlaub's *Neue Sachlichkeit* exhibition attracted notice all over Europe and was reviewed in national broadsheets such as the *Prager Presse* and Bulgaria's *Iztok*.[2] His coinage of the term *Neue Sachlichkeit* to characterise the art of the period was felt to be so apposite that it was translated into multiple languages: in Sweden it was called *nya sakligheten* and in the Netherlands *Nieuwe Zakelijkheid*. It was there that the only *Neue Sachlichkeit* exhibition outside Germany was held.[3] Franz Roh's 1925 book *Nach-Expressionismus – Magischer Realismus. Probleme der neuesten europäischen Malerei*, which claims to be the 'first attempt [...] to regard and present the most recent painting as

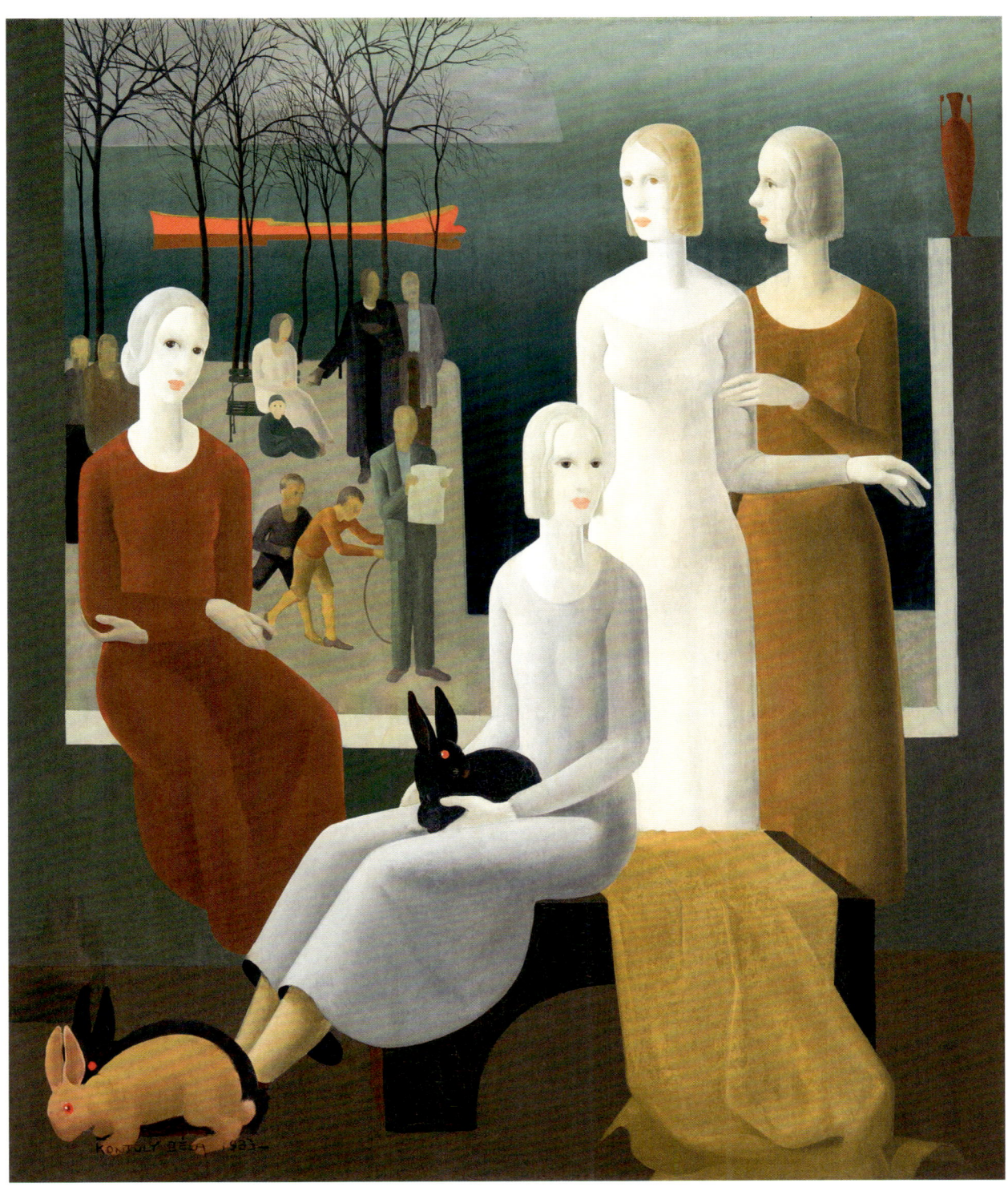

Béla Kontuly (1904-1983)
Barátnők, 1933
Vriendinnen | *Friends*
olieverf op doek | oil on canvas
130 × 110,5 cm
Museum of Fine Arts, Boedapest
Budapest **- Hungarian National
Gallery**

Anja Richter & Florence Thurmes

en Carlo Carrà pleitten voor een sobere, tijdloze kunststijl waarin precisie het won van vaagheid. Via dat blad maakten Münchense kunstenaars als Heinrich Maria Davringhausen en Alexander Kanoldt kennis met de Italiaanse avant-garde. De Bulgaarse kunstenaar Kiril Tsonev woonde tot 1933 in Berlijn en München, en zijn indrukken en ervaringen uit die steden werden een bron van inspiratie voor de kunstscene in Bulgarije. In 1925 werden Alexander Kanoldt en Carlo Mense aangesteld als docenten aan de kunstacademie van Breslau (Wrocław), waar ze hun uitgesproken visies konden uitdragen. En al in 1922 kwam de Tsjechische kunstenaar Milada Marešová in aanraking met de *Neue Sachlichkeit* avant la lettre tijdens een studiereis naar Duitsland.

In heel Europa beleefde het realisme op uiteenlopende manieren een heropleving. *European Realities* brengt niet alleen de hoofdrolspelers binnen deze stroming in beeld, maar ook kunstenaars die doorgaans niet direct met het realisme worden geassocieerd, maar van wie het werk uit de jaren 1920 en 1930 onmiskenbaar die kant op beweegt. De tentoonstelling zoomt in op de vele routes waarlangs deze realistische stromingen zich over Europa verspreidden, waarmee een levendig beeld ontstaat van de uitwisseling van ideeën en de verwevenheid van kunstenaarsnetwerken. *European Realities* richt de schijnwerpers dus niet alleen op gevestigde namen, maar ook op minder bekende, maar betekenisvolle kunstenaars uit heel Europa en op de internationale netwerken die hen met elkaar verbonden.

a coherent whole'[4], was published in Spanish two years later as *Realismo Mágico – Post Expresionismo. Problemas de la pintura europea más reciente.* The Munich art dealer and publisher Hans Goltz for his part distributed the Italian journal *Valori Plastici*, in which Giorgio de Chirico and Carlo Carrà called for a pared-down, timeless style of art in which precision might triumph over vagueness. It was this that alerted Munich-based artists such as Heinrich Maria Davringhausen and Alexander Kanoldt to contemporary Italian art. The Bulgarian artist Kiril Tsonev also lived in Berlin and Munich until 1933, and his personal impressions and experiences of those cities would become an indispensable benchmark for Bulgarian artists. Appointed to the Breslau (Wrocław) Art Academy in 1925, Kanoldt and Carlo Mense were able to share their distinctive approaches there. Meanwhile, the Czech artist Milada Marešová discovered *Neue Sachlichkeit avant la lettre* on an excursion to Germany in 1922.

Realism of one form or another was enjoying a renaissance throughout Europe. *European Realities* presents its key protagonists as well as works by artists who are not necessarily associated with this movement but whose work of the 1920s and 1930s shows them moving in a realistic direction. One special focus of the show is on the various paths taken by these realistic currents as they spread across Europe – paths that represent the circulation of ideas and artists' own networks. *European Realities*, in other words, turns the spotlight not just on known positions, but also on largely unknown, yet important, figures from all over Europe and the Europe-wide networks of which they were a part.

Deze inleiding werd eerder gepubliceerd in de tentoonstellingscatalogus van Kunstsammlungen Chemnitz – Museum Gunzenhauser met de titel *European Realities: Realism Movements of the 1920s and 1930s in Europe* (Hirmer Verlag, 2025).

Noten

1

Friedrich Schreiber-Weigand, *Ausstellungsbericht 1925*, III., Archiv Kunstsammlungen Chemnitz.

2

Zie de essays "Neue Sachlichkeit in Czechoslovakia" van Anna Habánová en "Influences of New Objectivity in Bulgarian Art during the 1930s and 1940s" van Neda Tsvetanova Zhivkova in: *European Realities*, tent.cat. Chemnitz (Kunstsammlungen Chemnitz, Museum Gunzenhauser), München: Hirmer Verlag, 2025, pp. 241-247 / pp. 201-205.

3

Zie "'That's Not Art!' The Dutch Reaction to the Berlin Verists" in: *European Realities*, tent.cat. Chemnitz (Kunstsammlungen Chemnitz, Museum Gunzenhauser), München: Hirmer Verlag, 2025, pp. 23-27.

4

Zie Franz Roh, *Nach-Expressionismus – Magischer Realismus. Probleme der neuesten europäischen Malerei*, Leipzig: Klinkhardt & Biermann Verlag 1925, p. 1.

This introduction previously appeared in *European Realities: Realism Movements of the 1920s and 1930s in Europe* (Hirmer Verlag, 2025), the exhibition catalogue of Kunstsammlungen Chemnitz – Museum Gunzenhauser.

Notes

1

Friedrich Schreiber-Weigand, *Ausstellungsbericht 1925*, III., Archiv Kunstsammlungen Chemnitz.

2

See the essays 'Neue Sachlichkeit in Czechoslovakia' by Anna Habánová and 'Influences of New Objectivity in Bulgarian Art during the 1930s and 1940s' by Neda Tsvetanova Zhivkova in: *European Realities*, exh.cat. Chemnitz (Kunstsammlungen Chemnitz, Museum Gunzenhauser), München: Hirmer Verlag, 2025, pp. 241-247 / pp. 201-205.

3

See: '"That's Not Art!" The Dutch Reaction to the Berlin Verists' in: *European Realities*, exh.cat. Chemnitz (Kunstsammlungen Chemnitz, Museum Gunzenhauser), München: Hirmer Verlag, 2025, pp. 23-27.

4

See: Franz Roh, *Nach-Expressionismus – Magischer Realismus. Probleme der neuesten europäischen Malerei*, Leipzig: Klinkhardt & Biermann Verlag, 1925, p. 1.

Enkele observaties over het realisme als internationaal fenomeen (1919–1939)

Julia Dijkstra

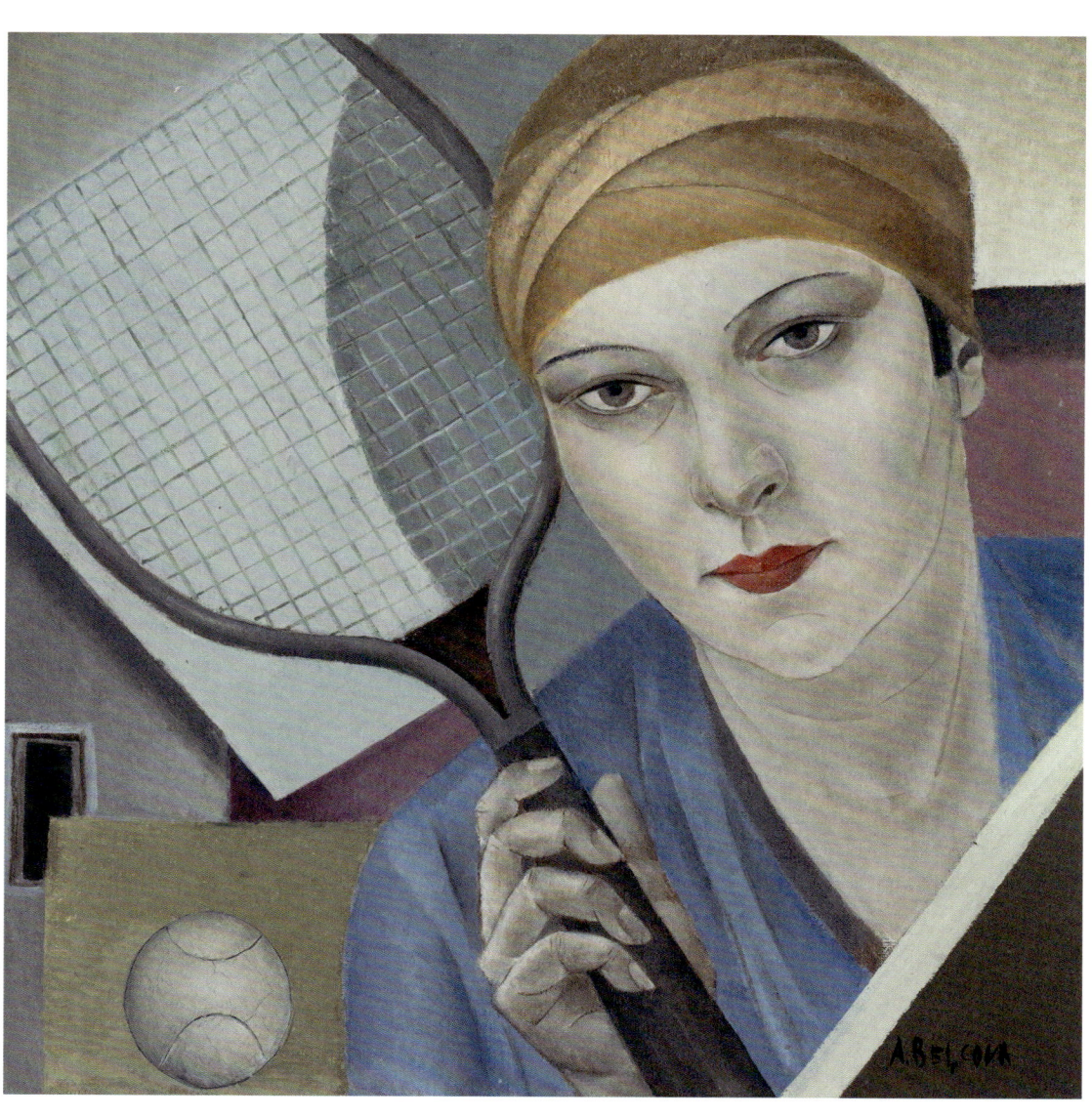

Aleksandra Beļcova (1892-1981)
Tenisiste, 1927
Tennisser | *Tennis Player*
olieverf op doek | oil on canvas
40,5 × 40,5 cm
**Collection of the Latvian National
Museum of Art, Riga**

Some observations on realism as an international phenomenon (1919–1939)

Het realisme als stijlaanduiding en stroming in de beeldende kunst heeft al sinds het begin van de twintigste eeuw een imagoprobleem. Met de intrede van de abstracte kunststromingen werd het synoniem voor 'klassiek' of 'traditioneel', met als ondertoon gezapig, ouderwets of zelfs reactionair. Het nieuwe realisme dat in de interbellumperiode ontstond, laat zien dat dit ten onrechte is. Het klopt dat deze kunstenaars zich richtten op de traditionele stijlvormen en ambachtelijke technieken uit voorbije eeuwen. Een teruggrijpen op de figuratie, niet zozeer vanuit een behoefte het verleden te herhalen, maar juist uit een gevoel van noodzaak om de eigen tijd zo accuraat mogelijk te beschrijven. Het gaat dus om een 'nieuw' realisme.

In de jaren tussen de twee wereldoorlogen – een periode die zich kenmerkte door optimisme en vooruitgang, maar ook door crisis en onzekerheid – werd het realisme op verschillende plaatsen in Europa dé stijl van de avant-garde. Duitsland, Frankrijk en Italië waren koplopers in deze internationale ontwikkeling. Na de Eerste Wereldoorlog waren kunstenaars op zoek naar een alternatief voor de vooroorlogse stijlen. Anders dan bij het futurisme was niet de toekomst, maar de eigen tijd het onderwerp. De egale, heldere stijl die zij hanteerden was bovendien geen uitdrukking van een persoonlijke beleving, zoals bij het expressionisme, maar een zoektocht naar een 'objectieve' schilderwijze die de verschrikkingen van de eigen tijd kon vatten. Het moest niet enkel fragmenten van die realiteit vastleggen, zoals het kubisme, maar haar integraal en zo accuraat en waarheidsgetrouw mogelijk in beeld brengen.

De tentoonstelling en publicatie *European Realities* laat zien dat het interbellumrealisme allesbehalve eendimensionaal was. Daarbij wordt uitgegaan van realisme als stijlaanduiding, maar ook als attitude. Hoewel de beweging zich moeilijk laat vangen in algemene termen, probeert dit overzicht de karakteristieken van de nieuwe realismen die in heel Europa ontstonden te onderzoeken en in kaart te brengen. Welke gelijkenissen zijn er op internationale schaal en hoe kunnen we

Realism as a style descriptor and a movement in visual art has suffered from an image problem ever since the start of the 20th century. With the rise of abstract art, it became synonymous with 'classical' or 'traditional', with an undertone of dull, old-fashioned and even reactionary. The new realism that emerged between the two world wars shows such views to be unjustified. While it is right to say that the artists in question focused on traditional stylistic forms and the craft techniques of earlier centuries, the return to figuration was driven not so much by an urge to repeat the past, but rather by a need to represent their own time as accurately as possible. This was, therefore, a 'new' realism.

The interwar years – simultaneously a period of optimism and progress as well as one of crisis and uncertainty – saw realism establish itself as the avant-garde style in several parts of Europe. Germany, France and Italy led the way in this international development. In the aftermath of the First World War, artists were looking for an alternative to prewar styles. Their subject matter – unlike that of the Futurists – was not the future, but their own time. The smooth, clear style they employed was likewise not an expression of a personal experience, as in Expressionism, but a search for an 'objective' mode of painting, capable of capturing the horrors of the age. It should be able to represent more than just fragments of that reality, as the Cubists did, but to visualize it as an integral whole, and as accurately and truthfully as possible.

The exhibition *European Realities* and the accompanying publication clearly show that interwar realism was anything but one-dimensional. It is treated not only as an artistic style but also an attitude. While it is not easy to sum up the movement in general terms, this survey sets out to explore and map the characteristics of the new realisms that emerged across

die verklaren? Belangrijk is dat dit essay geen allesomvattende analyse is, maar een reeks observaties die het internationale realisme vanuit verschillende invalshoeken zal belichten.

STUDIES NAAR EUROPESE REALISMEN UIT HET INTERBELLUM

Een eerste poging tot een overzicht van het internationale realisme tussen de twee wereldoorlogen vond plaats in 1980/81. Het Parijse Centre Georges Pompidou was de eerste locatie van de tentoonstelling *Les réalismes 1919-1939*. Die reisde daarna door naar de Staatliche Kunsthalle in Berlijn, onder de titel *Realismus 1919-1939*. Op deze reizende tentoonstelling waren vertegenwoordigers uit Italië, Duitsland, Nederland, Scandinavië, Frankrijk, Tsjecho-Slowakije, de Verenigde Staten, Spanje, Groot-Brittannië en Zwitserland samengebracht. Hoewel de ambitieuze poging om een rijk verspreide beweging in kaart te brengen lovenswaardig was, had de tentoonstelling ook zijn beperkingen. Zo waren er in retrospectief bijna geen vrouwelijke kunstenaars opgenomen en was de selectie behoorlijk westers georiënteerd.

Sindsdien is het onderzoek naar het realisme verrijkt met vele studies die de ontwikkelingen per land bekijken. De nieuwe realistische tendensen in Nederland zijn bijvoorbeeld voor het eerst op grote schaal geïnventariseerd in de tentoonstelling *Magie en zakelijkheid. Realistische schilderkunst in Nederland 1925-1945* in 1999 in het Museum voor Moderne Kunst in Arnhem (tegenwoordig Museum Arnhem). De bijbehorende publicatie geldt ruim een kwarteeuw later nog altijd als standaardwerk. Het Britse realisme werd pas in 2017 grootschalig onderzocht in de tentoonstelling *True to Life. British Realist Painting in the 1920s and 1930s* in de National Galleries of Scotland in Edinburgh. Meer recent pionierswerk werd verricht door onderzoekers in Midden- en Oost-Europa. Het boek *New Realisms. Modern Realist Approaches across the Czechoslovak Scene 1918-1945* uit 2019 is slechts één voorbeeld van een hele stroom aan publicaties.[1] In veel van deze landen belemmerde de erfenis van het sociaal realisme van de jaren 1940

Europe. What international affinities can we detect and how might we account for them? It is important to note that this essay does not offer a comprehensive analysis, but rather a series of observations intended to highlight international realism from different angles.

STUDIES OF INTERWAR EUROPEAN REALISMS

A first survey of international realism between the two world wars was attempted in 1980–81 with *Les réalismes 1919–1939* at the Pompidou Centre in Paris, which then travelled to the Staatliche Kunsthalle in Berlin as *Realismus 1919–1939*. The exhibition brought together representatives from Britain, Czechoslovakia, France, Germany, Italy, the Netherlands, Scandinavia, Spain, Switzerland and the United States. While this ambitious attempt to map out a wide-ranging movement was commendable, it had its limitations too. In retrospect, the exhibition included virtually no women artists, for instance, and the selection was heavily tilted towards the West.

Research into realism has been enriched since then by numerous studies that have examined developments in individual countries. New trends in Dutch realism, for example, were surveyed on a large scale for the first time at the exhibition *Magic and Objectivity: Realist Painting in the Netherlands, 1925–1945* held at the Museum of Modern Art in Arnhem (now Museum Arnhem) in 1999. More than a quarter of a century later, the accompanying publication remains a standard work on the subject. A major retrospective devoted to realism in the United Kingdom was not held until 2017, with *True to Life: British Realist Painting in the 1920s and 1930s* at the National Galleries of Scotland in Edinburgh. Pioneering work has also been done more recently by researchers in Central and Eastern Europe, with *New Realisms: Modern Realist Approaches across the*

en 1950 het zicht op het realisme van daarvoor.² Hier is pas de afgelopen twee decennia verandering in gekomen.

Vanaf de oprichting in 2015 heeft ook Museum MORE in Gorssel zich op het modern realisme uit de twintigste en eenentwintigste eeuw gericht, met speciale focus op de periode van 1920 tot 1940. Hoewel de eigen collectie uitsluitend bestaat uit Nederlandse realisten, hebben verschillende tijdelijke tentoonstellingen licht geworpen op internationale ontwikkelingen. *De gebroeders Barraud. Vier Zwitserse realisten uit de jaren '20 en '30* (2019) bracht werken samen van de Zwitserse François, Aimé, Aurèle en Charles Barraud. Datzelfde jaar vond *For Real. Britse Realisten uit de jaren '20 en '30* plaats. Begin 2022 presenteerde het museum *Nové Realismy. Tsjecho-Slowaaks realisme 1918-1945.* In *Naïef realisme. Van Rousseau tot Grandma Moses* (2023) werd het – door het werk van de Fransman Henri Rousseau ('Le Douanier') geïnspireerde – naïef realisme in heel Europa en de Verenigde Staten in beeld gebracht. Verschillende kunstwerken uit de collectie van Museum MORE waren vertegenwoordigd op de tentoonstelling *Focus on Europe. New Objectivities 1919-1939* in de zomer van 2021 in het Göteborgs Konstmuseum in Zweden. Voor het eerst werd het realisme in Scandinavië voor het voetlicht gebracht in een brede Europese context. Naast een grote vertegenwoordiging van Zweedse kunst waren er werken van kunstenaars uit Duitsland, Oostenrijk, België en Groot-Brittannië.

European Realities in Chemnitz had een primeur doordat werk van kunstenaars uit maar liefst 22 Europese landen was samengebracht. In Gorssel zijn 20 landen vertegenwoordigd: Bulgarije, Denemarken, Duitsland, Estland, Finland, Frankrijk, Groot-Brittannië, Hongarije, Italië, Kroatië, Letland, Nederland, Oostenrijk, Polen, Slovenië, Slowakije, Spanje, Tsjechië, Zweden en Zwitserland.³ In zekere zin zou gesteld kunnen worden dat de timing van dit grootse overzicht precies goed is. De afgelopen halve eeuw zijn er veel nieuwe studies verschenen en kunstenaars – met name vrouwelijke – aan de canon toegevoegd. Bovendien heeft de recente aandacht voor de realistische

Czechoslovak Scene 1918–1945 (2019) just one example from within a raft of publications.¹ In many of these countries, the legacy of 1940s and 50s Social Realism obscured the view of what had gone before.² This has only changed in the past two decades.

Since it was founded in 2015, Museum MORE in Gorssel has likewise focused on modern realism from the 20th and 21st centuries, with a particular emphasis on the period 1920 to 1940. While its own collection consists exclusively of Dutch realists, several temporary exhibitions have shed light on international developments too. *The Barraud Brothers: Four Swiss Realists from the 1920s and 1930s* presented work by François, Aimé, Aurèle and Charles Barraud from Switzerland in 2019, and the same year saw *For Real: British Realists from the 1920s and 1930s*. In early 2022, the museum held the exhibition *Nové Realismy: Czechoslovak Realism 1918–1945.* The exhibition *Naive Realism: From Rousseau to Grandma Moses* (2023), meanwhile, focused on work from all over Europe and the United States inspired by the Frenchman Henri ('Le Douanier') Rousseau. Several works of art from the Museum MORE collection were represented in the summer of 2021 at the exhibition *Focus on Europe: New Objectivities 1919–1939* at the Göteborgs Konstmuseum in Sweden, which highlighted Scandinavian realism for the first time in a broad European context. In addition to a large amount of Swedish art, artists were included from Germany, Austria, Belgium and Britain.

European Realities in Chemnitz had the distinction of bringing together for the first time work from no fewer than twenty-two European countries. There are twenty countries represented in Gorssel: Austria, Britain, Bulgaria, Croatia, the Czech Republic, Denmark, Estonia, Finland, France, Germany, Hungary, Italy, Latvia, the Netherlands, Poland, Slovenia, Slovakia, Spain, Sweden

tendensen in Midden-en Oost-Europese landen
een heel nieuw speelveld opgeleverd.

RETOUR À L'ORDRE

Over het algemeen worden Frankrijk, Italië en
Duitsland genoemd als epicentra van waaruit het
nieuwe realisme vanaf begin jaren 1920 over Europa
uitwaaierde. In Italië was al in de jaren 1910 een
beweging richting meer figuratieve kunst
opgekomen. Carlo Carrà en Giorgio de Chirico
[→ afb. 1] ontwikkelden de *pittura metafisica*, die van
invloed zou blijken op vrijwel alle andere Europese
realistische tendensen [→ afb. 2]. Hoewel zij zich
baseerden op elementen uit de zichtbare werkelijkheid, waren hun voorstellingen van verlaten stads-
pleinen raadselachtig en onheilspellend. De ideeën
van de *pittura metafisica* kregen internationale
bekendheid dankzij het Italiaanse tijdschrift *Valori
Plastici*, dat van 1918 tot 1922 werd uitgegeven
door kunstenaarsechtpaar Edita en Mario Broglio.
Daarnaast ontwikkelde zich vanaf 1922 een tweede
realistische beweging, met een sterk nationalistische
inslag. Deze groep, de Novecento Italiano, ontstond
in nauw contact met het opkomende fascisme van
Mussolini. Een herwaardering voor traditionele
stijlen uit het verleden van Italië resulteerde
hier in een monumentaal realisme in robuuste
vormen en ingetogen kleuren.

Tegelijkertijd was er in Parijs eveneens een
beweging die de richting uitging van de figuratie.
De Franse hoofdstad was als internationale en
multiculturele metropool in trek bij kunstenaars uit
heel Europa vanwege het actieve sociale en culturele
leven en de liberale kunstacademies en studio's die
er gevestigd waren. De zogenoemde *retour à l'ordre*
werd aangevoerd door Pablo Picasso en André
Derain, die na een kubistische periode werk gingen
maken geïnspireerd op het negentiende-eeuwse
classicisme van Jean-Auguste-Dominique Ingres.
De neoclassicistische stijl die ze ontwikkelden was
helder van lijn, overzichtelijk qua compositie en
monumentaal qua vormentaal [→ afb. 3]. Hij sloot
goed aan bij de behoefte in de naoorlogse tijd
aan rust, orde en harmonie. Ook het naïef realisme
van Henri Rousseau had in de jaren 1920 en

and Switzerland.[3] In a sense, the timing
of this major retrospective could not
be better: numerous new studies have
appeared in the past half century and
artists – women especially – have been
added to the canon. Recent attention
to realist trends in Central and Eastern
European countries, meanwhile, has
opened up a whole new playing field.

RETOUR À L'ORDRE

France, Italy and Germany are generally
cited as the epicentres of the new realism
that spread across Europe from the
early 1920s. A movement towards more
figurative art had already emerged
in Italy in the decade before that. Carlo
Carrà and Giorgio de Chirico [→ fig. 1]
developed *pittura metafisica*, which would
impact virtually every other European
realist trend [→ fig. 2]. While these artists
took their cue from elements of visible
reality, their images of deserted city
squares were enigmatic and ominous.
The philosophy behind the movement
gained international prominence thanks
to the Italian magazine *Valori Plastici*,
which the artist couple Edita and Mario
Broglio published between 1918 and 1922.
A second realist movement also began to
develop from the latter year onwards.
Novecento Italiano, as this strongly
nationalist group was known, arose in
close contact with Mussolini's emerging
fascism. In this case, a reappraisal of
traditional styles from Italy's past
resulted in a monumental realism of
robust forms and restrained colours.

A trend towards figuration was also
apparent in Paris at that time. As an
international and multicultural metro-
polis, the French capital remained
popular with artists from all over Europe
because of its active social and cultural
life and its liberal art schools and studios.
The *retour à l'ordre* as the movement was
termed, was led by Pablo Picasso and
André Derain, who followed their Cubist
period by beginning to create work
inspired by the 19th-century classicism

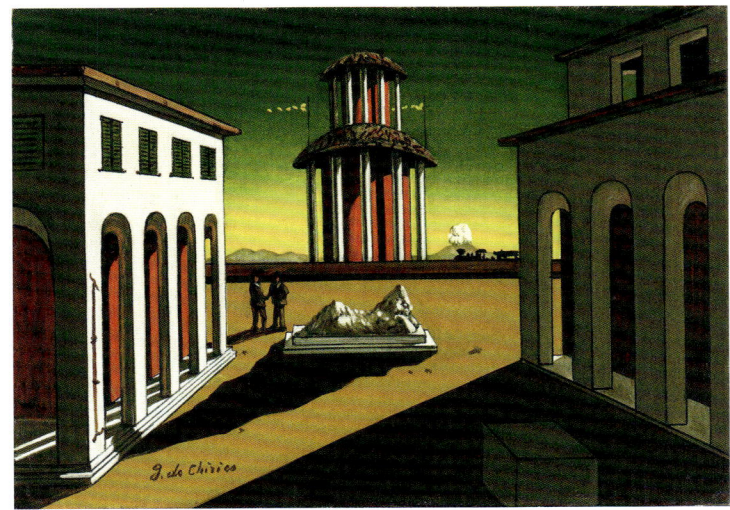

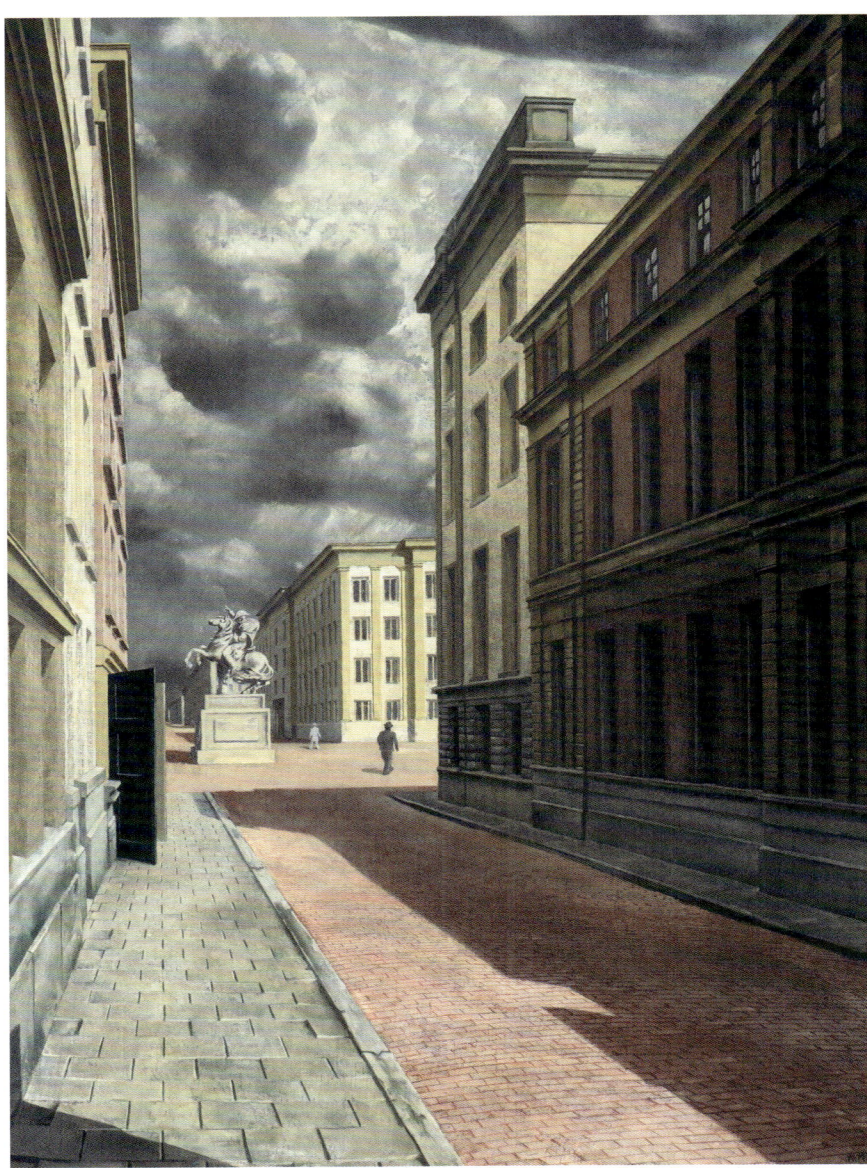

1
Giorgio De Chirico (1888-1978)
Piazza d'Italia, circa 1913
olieverf op doek | oil on canvas
25 × 35,2 cm
Art Gallery of Ontario, gift of
Sam and Ayala Zacks, 1970

2
Carel Willink (1900-1983)
Straat met standbeeld, 1934
Street with a Statue
olieverf op doek | oil on canvas
100 × 75 cm
Museum MORE, Gorssel & Ruurlo

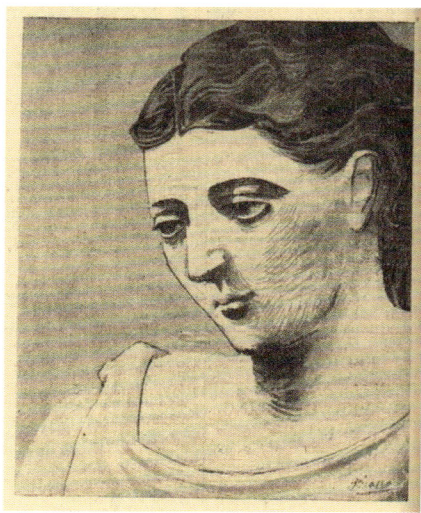

3

1930 veel navolgers. Al deze Italiaanse en Franse kunstenaars waren voorlopers van degenen die in *European Realities* verzameld zijn.

Parallel aan de gebeurtenissen in Parijs en Italië ontstond in Duitsland een realisme dat direct voortkwam uit, en reflecteerde op, de harde realiteit na de Eerste Wereldoorlog. Duitsland was de grote verliezer van de oorlog en werd politiek en sociaal hard getroffen door de sancties die het opgelegd kreeg. In een context van chaos en armoede kwam een realisme op dat zich tot doel stelde de zichtbare werkelijkheid zo 'objectief' mogelijk weer te geven. In 1925 bracht museumdirecteur Gustav Friedrich Hartlaub 132 werken van 32 kunstenaars samen in zijn Kunsthalle in Mannheim.[4] Deze tentoonstelling met de titel *Neue Sachlichkeit. Deutsche Malerei seit dem Expressionismus* zou de boeken in gaan als naamgever van een nieuwe beweging in Duitsland. Hartlaub zag zich begin jaren 1920 twee richtingen aftekenen: enerzijds een 'rechtervleugel' die vrij classicistisch was en de wereld zo waarheidsgetrouw mogelijk wilde weergeven. George Schrimpf [→ p. 95], Heinrich Maria Davringhausen [→ p. 118] en Alexander Kanoldt [→ p. 82] behoorden hiertoe. Anderzijds zag Hartlaub een 'linkervleugel' die maatschappijkritisch was en die hij 'verisme' noemde. Kunstenaars uit deze groep waren bijvoorbeeld George Grosz [→ afb. 4] en Otto Dix [→ pp. 14, 85, 108], die de vaak wrange realiteit haarscherp en onomwonden satirisch verbeeldden.

In kunsthistorisch opzicht is Franz Rohs *Nach-Expressionismus: Magischer Realismus: Problem der neuesten europäischen Malerei* (1925) eveneens belangrijk geweest om de nieuwe beweging een gezicht te geven. Roh stelde dat de nieuwe realistische bewegingen voortkwamen uit het expressionisme. Hij noemde het realisme een Europees fenomeen en gaf het de naam 'nach-Expressionismus' of 'Magischer Realismus'.[5] De 'post-expressionisten' deelde hij op in verschillende richtingen, met als belangrijkste de Italiaanse Valori Plastici, de 'München-groep' (met o.a. Alexander Kanoldt en George Schrimpf), Franse neoclassicistisch werkende kunstenaars (zoals Picasso en Derain), navolgers van Henri Rousseau,

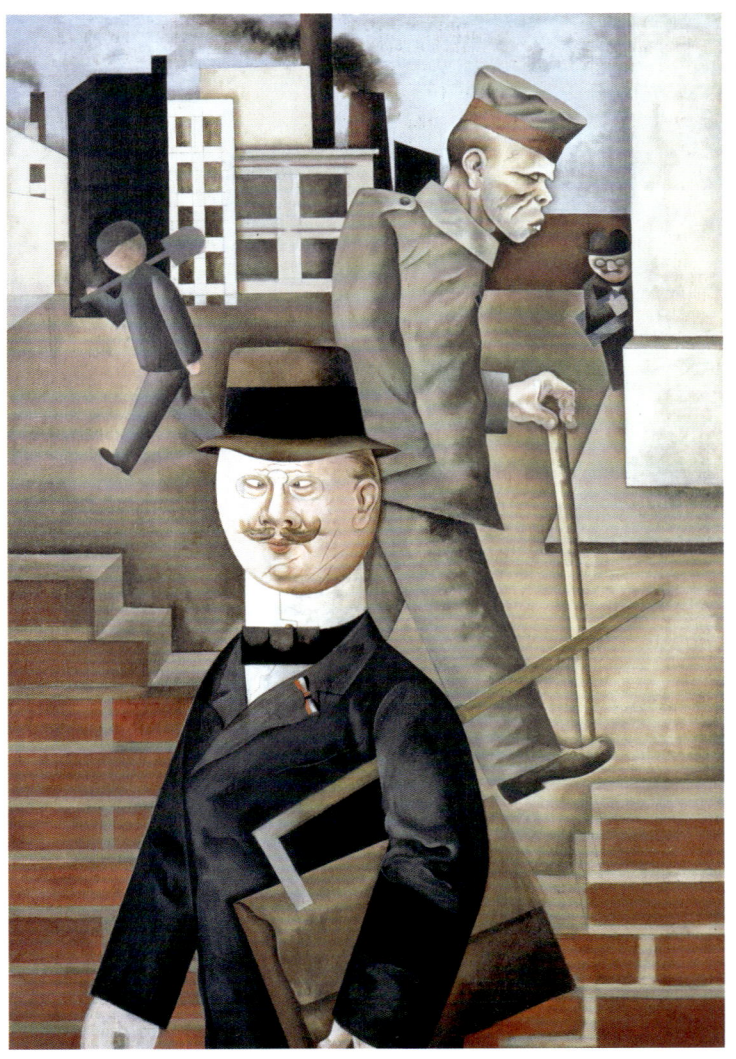

4

of Jean-Auguste-Dominique Ingres.
The neoclassical style they developed
was clear in line and composition and
monumental in its formal vocabulary
[→ fig. 3]. It aligned with a need in the
postwar period for calm, order and
harmony. Henri Rousseau's naive realism
likewise gained many adherents in
the 1920s and 30s. All these Italian
and French artists were the forerunners
of those grouped in *European Realities*.

In parallel with events in Paris
and Italy, a realism developed in Germany
that arose directly from – and reflected
upon – the harsh reality in the wake of
the First World War. Germany came out
of the conflict as the major loser and
was badly affected both politically and
socially by the sanctions imposed on it.
Against a backdrop of chaos and poverty,
the realism that emerged at this point
sought to express visible reality as
'objectively' as possible. In 1925, Gustav
Friedrich Hartlaub brought together
132 works by thirty-two artists at the
Kunsthalle in Mannheim, of which he
was director.[4] The exhibition was titled
*Neue Sachlichkeit. Deutsche Malerei seit dem
Expressionismus* (New Objectivity: German
Painting Since Expressionism), giving a
name to the new movement in his country.
Hartlaub detected two strands in the early
1920s. The first was a 'right wing' that was
quite classical in character and sought to
represent the world with as much verisim-
ilitude as possible. Leading figures included George Schrimpf [→ p. 95], Heinrich
Maria Davringhausen [→ p. 118] and Alexander Kanoldt [→ p. 82]. The other 'left wing',
which Hartlaub dubbed 'Verism', was
socially critical. Artists in this group were
George Grosz [→ fig. 4] and Otto Dix [→ pp. 14,
85, 108], among others, who depicted
an often bitter reality in a sharp and
unambiguously satirical manner.

From an art-historical perspective,
Franz Roh's *Nach-Expressionismus:
Magischer Realismus: Problem der neuesten
europäischen Malerei* (Post-Expressionism:
Magic Realism: The Problem of the Most

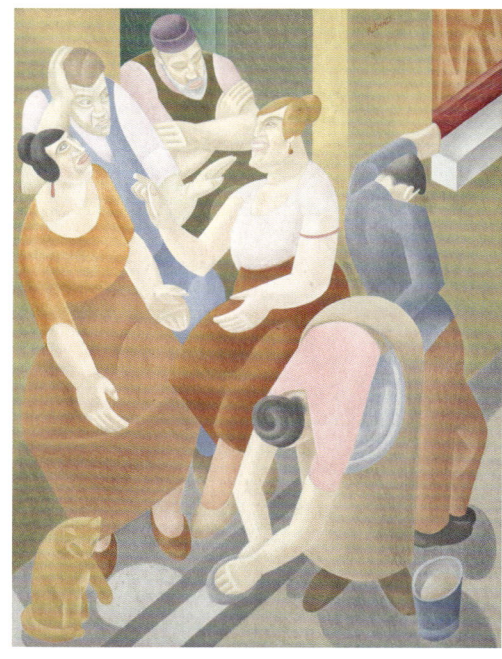

5

en tot slot de Duitse veristen (Otto Dix, George Grosz, Rudolf Schlichter en Georg Scholz).[6]

OORLOGSTRAUMA

Ook in Groot-Brittannië leidden de oorlogstrauma's tot een realistische stijl, die tijdens het interbellum de belangrijkste stroming zou worden. Het ontstaan is voornamelijk gekoppeld aan de kunstacademies en het onderwijs dat in de jaren 1920 en 1930 nog altijd gestoeld was op negentiende-eeuwse lesmethoden. Lange tijd werd het Britse realisme afgedaan als academisch en reactionair. Toch zijn er twee belangrijke modern realistische bewegingen aan te wijzen die in zowel onderwerp als stijl afwijken van de academische normen.[7] De eerste beweging ontstond in de kring van de Royal Academy Schools, waar kunstenaars als Meredith Frampton en Gerald Leslie Brockhurst waren opgeleid. Hun realisme kenmerkte zich door een gladde schildertechniek, waardoor hun schilderijen bijna foto's leken. Daarnaast was er The Slade School of Art, waar onder meer Algernon Newton, C.R.W. Nevinson, Dod Procter, Stanley Spencer en William Roberts afstudeerden. Zij lieten zich over het algemeen meer beïnvloeden door eigentijdse avant-gardistische kunststromingen en namen vaker sociaal-maatschappelijke thema's ter hand (zie Roberts' wasvrouw, → afb. 5). Net als hun collega's elders in Europa waren de Britse kunstenaars getekend door de Eerste Wereldoorlog. Sommigen hadden meegevochten in de oorlog, anderen als 'War Painters' de verschrikkingen in beeld gebracht. Het realisme bood een mogelijkheid om de eigen tijd weer te geven. Het geïdealiseerde portret van Marguerite Kelsey is een goed voorbeeld [→ p. 89]. Qua pose, compositie en kleurgebruik is het een toonbeeld van klassieke elegantie. De simpele kleding en haarstijl zijn een subtiele verwijzing naar de eigen tijd.

Net als Groot-Brittannië had Hongarije zich na de Eerste Wereldoorlog naar binnen gekeerd. Het land werd hard geraakt door de economische en politieke nasleep van de oorlog (het verloor een groot deel van zijn grondgebied) en probeerde lang afstand te houden tot de internationale artistieke

5
William Roberts (1895-1980)
The Char, 1924
De schoonmaker
olieverf op doek | oil on canvas
43,2 × 33 cm
Tate, presented by Lord Duveen
1926
[→ p. 75]

6
Vilma Kiss (1893-1943)
Vrouw. Meisje met narcis, 1927
Woman. Girl with Daffodil
olieverf op doek | oil on canvas
100 × 70 cm
Museum of Fine Arts, Boedapest
Budapest - Hungarian National
Gallery
[→ p. 69]

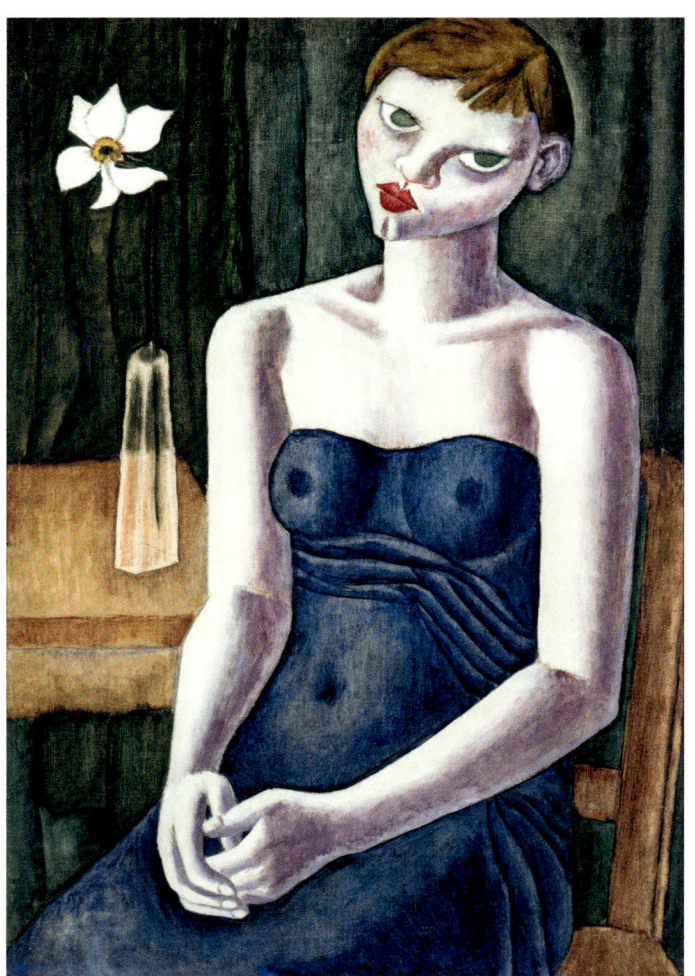

6

Recent European Painting; 1925) also played an important part in giving the new movement a face. The latest realist currents, Roh declared, arose out of Expressionism. He called realism a European phenomenon and gave it the name nach-Expressionismus (post-expressionism) or *Magischer Realismus* (magic realism).[5] He broke the post-expressionists down into different strands, chief among them Italian Valori Plastici, the 'Munich Group' (which included Alexander Kanoldt and George Schrimpf), French artists working in the neoclassical manner, like Picasso and Derain, followers of Henri Rousseau and, lastly, the German Verists (Otto Dix, George Grosz, Rudolf Schlichter and Georg Scholz).[6]

WAR TRAUMA

The trauma of conflict spawned a realist style in Britain too, where it went on to become the most important movement during the interwar period. Its emergence was linked primarily to the country's art schools, where the instruction on offer in the 1920s and 30s was still largely based on 19th-century teaching methods. British realism was long dismissed as academic and reactionary, yet two modern realist movements can be identified that deviated from the norms of the academy in terms of both subject matter and style.[7] The first of these grew out of the Royal Academy Schools, where artists like Meredith Frampton and Gerald Leslie Brockhurst received their training. Their realism was characterized by a smooth painting technique that gave their work a near-photographic look. The second was the Slade School of Art, where Algernon Newton, C.R.W. Nevinson, Dod Procter, Stanley Spencer and William Roberts were all taught. These artists were generally more influenced by contemporary avant-garde art movements and more likely to take on social and political themes (see Roberts' washerwoman, → fig. 5). British artists, like their counterparts elsewhere in Europe, were marked

gebeurtenissen. Er ontstonden kunstenaarsgroepen, zoals *De Nieuwe Acht* en *De Nieuwe Groep van Vrouwelijke Kunstenaars,* die een eigen neoclassicistische stijl adopteerden. Vilma Kiss behoorde tot de laatste groep. Zij maakte in deze tijd zeer herkenbare werken met archaïsch ogende vrouwfiguren [→ afb. 6]. Tegen 1930 kwam er een einde aan de artistieke isolatie, toen de overheid de noodzaak begon te voelen van een frissere en moderne officiële kunststijl. Vanaf 1928 stelde een gesubsidieerd stipendium kunstenaars in staat twee jaar lang aan de Accademia d'Ungheria in Rome te verblijven. De Hongaarse variant van het neoclassicisme die daarna ontstond vertoonde verwantschap met zowel de oude als de moderne Italiaanse meesters, zoals het werk van Jenő Medveczky [→ p. 88] en Béla Kontuly [→ p. 21] laat zien. Vanaf 1930 vond ook het Duitse neorealisme er navolging, onder meer bij Sándor Bortnyik.

Anders dan Hongarije was Polen een van de landen die in 1918 na jarenlange overheersing juist hun autonomie terugkregen.[8] Hoewel dit vanzelfsprekend tot optimisme leidde, waren de eerste jaren na de oorlog allesbehalve stabiel. Politiek maar ook artistiek schoof het land in de richting van Parijs. Toch werd het Poolse nieuwe realisme niet gevoed door de ontwikkelingen daar, maar door de eigen classicistische traditie. Het realisme leefde op bij kleine groepen kunstenaars. Een belangrijk voorbeeld is *Rytm* (1922-1932) uit Warschau. Deze groep propageerde een moderne vorm van classicisme, door eigentijdse onderwerpen in de stijl van de oude meesters uit de eigen Poolse musea uit te beelden. Een van de leden van *Rytm* was Ludomir Sleńdziński, tevens oprichter van de *De Vereniging van Beeldende Kunstenaars Vilnius* in 1920. De meeste kunstenaars die betrokken waren bij deze vereniging in Vilnius (de huidige Litouwse hoofdstad was van 1920 tot de Tweede Wereldoorlog Pools) – naast Sleńdziński onder meer Kazimierz Kwiatkowski [→ p. 93] – waren opgeleid in het Russische Sint-Petersburg, waar studie naar de oude meesters hoog in aanzien stond. In het koele classicisme van de Vilnius-groep zijn niet alleen de sporen van het negentiende-eeuwse classicisme

by the experience of the First World War: some of them had served during the conflict, while others were dispatched as official War Artists to record its horrors. Realism gave them the opportunity to depict their own time. The idealized portrait of Marguerite Kelsey is a good example [→ p. 89], its pose, composition and use of colour are the epitome of classical elegance. Her simple clothes and hairstyle form a subtle contemporary reference.

Like Britain, Hungary turned in on itself after the First World War. The country was badly hit by the economic and political aftermath of the conflict, which cost it a substantial part of its territory, and it sought for a long time to distance itself from international artistic goings-on. Artists' groups like 'The New Eight' and 'The New Group of Women Artists' were formed, which adopted a distinctive neoclassical style of their own. The latter group included Vilma Kiss, who produced highly recognizable works at the time, featuring archaic-looking female figures [→ fig. 6]. The country's cultural isolation began to give way by 1930, when the government detected a growing need for a fresher, modern style of official art. Starting in 1928, artists could apply for a grant to spend two years at the Accademia d'Ungheria in Rome. The Hungarian variant of neoclassicism that then arose displayed an affinity with both old and modern Italian masters, as illustrated by the work of Jenő Medveczky [→ p. 88] and Béla Kontuly [→ p. 21]. German neorealism was also emulated from 1930 onwards by Sándor Bortnyik, among others.

Unlike Hungary, Poland was one of the countries which saw its autonomy restored in 1918 after years of subjugation.[8] While this naturally sparked optimism, the early postwar years were far from stable. Not only politically but artistically too, the country oriented itself toward Paris. All the same, Polish new realism was not fuelled by developments in France, but by its own classical

te ontwaren, maar tevens Duitse en Italiaanse invloeden. Sleńdziński [→ p. 117] verbleef van 1923 tot 1925 in Italië en liet zich daar beïnvloeden door vijftiende-eeuwse meesters als Piero della Francesca. Net als de 'moderne' Italiaanse meesters van de Valori Plastici en de Novecento Italiano ging hij een dialoog aan met de kunsthistorische traditie van eigen bodem.

Voor Letland betekende het einde van de Eerste Wereldoorlog dat de overheersing door het Russische rijk ophield.[9] In de jaren 1920 was de overheersende kunststijl een lokale vorm van modernisme, een mengvorm van nationale en internationale invloeden. De *Kunstenaarsgroep Riga* (1920-1940) was belangrijk in de ontwikkeling en verspreiding van dit Letse modernisme. De meeste van deze kunstenaars waren op studiereis in Parijs geweest en lieten zich eerst door het expressionisme en daarna door het kubisme inspireren. Vanaf circa 1925 deed ook het realisme zijn intrede. De kunst van Uga Skulme, een van de belangrijkste vertegenwoordigers van het Letse realisme, heeft met haar ronde mensfiguren die het beeldvlak domineren duidelijke verbanden met het neoclassicistische werk van Picasso [→ afb. 9]. In Letland kreeg de realistische richting de naam 'post-expressionistisch realisme' of 'neotraditioneel realisme'. Later werd het omgedoopt tot 'nieuw realisme'.[10] Naast stedelijke onderwerpen zoals barscènes, waren portretten, naakten en stillevens steeds meer in trek. Aleksandra Beļcova [→ p. 24], eveneens lid van De Kunstenaarsgroep Riga, bezocht in 1922 en 1923 Berlijn en Parijs. Haar gestileerde werk is nauw verwant aan de art deco. De economische crisis van begin jaren 1930 betekende het einde van dit Letse realisme, en vanaf 1934 – na de Letse staatsgreep van Kārlis Ulmanis – kwam de kunst in het land in dienst te staan van de nieuwe staat.

EEN WAAIER AAN REALISMEN

Ook in landen die neutraal bleven in de Eerste Wereldoorlog, waaronder Nederland, Zwitserland en Zweden, ontwikkelden zich vormen van realisme. Maar hier leek het zich pas vanaf de tweede helft van de jaren 1920 te manifesteren en in de jaren 1930

tradition. Realism emerged among small groups of artists, an important example of which was the *Rytm* group (1922–1932) in Warsaw, which pursued a modern form of classicism by depicting contemporary subjects in the style of the old masters in Polish museums. *Rytm*'s members included Ludomir Sleńdziński, who also founded the 'Vilnius Association of Fine Arts' in 1920 (the city, now the capital of Lithuania, was part of Poland between 1920 and the end of the Second World War). Most of the artists involved with the group – besides Sleńdziński, they included Kazimierz Kwiatkowski, among others [→ p. 93] – were trained in St Petersburg in Russia, where study of the old masters was held in high esteem. In addition to traces of 19th-century artists, German and Italian influences can be detected in the Vilnius group's cool classicism. Sleńdziński spent time in Italy between 1923 and 1925 [→ p. 117], where he felt the influence of 15th-century masters such as Piero della Francesca. Like the 'modern' Italian painters of the *Valori Plastici* and *Novecento Italiano*, he engaged in a dialogue with his local art-historical tradition.

For Latvia too, the cessation of the First World War brought an end to Russian subjugation.[9] The dominant artistic style in the 1920s was a local variant of modernism that blended national and international influences. The 'Riga Artists Group' (1920–1940) played an important part in the development and dissemination of this Latvian modernism. Most of these artists had travelled to Paris, where they were inspired first by Expressionism and then by Cubism, before realism also made its appearance around 1925. With rounded human figures that dominate the picture plane, the art of Uga Skulme, one of the most important exponents of Latvian realism, shows clear affinities with Picasso's neoclassical work [→ afb. 9]. The realist strand was referred to in Latvia as 'post-expressionist' or 'neotraditional

te bloeien. Het 'kritische' realisme in de geest van Otto Dix en George Grosz had in deze landen nauwelijks navolging. Hoewel er zeker kunstenaars waren die reflecteerden op de lokale politieke situatie, deden ze dit bijna nooit in een bijtend realisme.

De realistische stijl in Nederland, vaak aangeduid als 'neorealisme' of 'nieuw realisme', kwam pas vanaf midden jaren twintig op en beleefde rond 1937 zijn hoogtepunt.[11] Veel Nederlandse neorealisten hadden hun wortels in het kubisme, het expressionisme of beide: kubo-expressionisme.[12] De artistieke trends uit Frankrijk, Duitsland en Italië dienden ook hier als inspiratie. Dankzij eigen reizen maar ook via publicaties, tijdschriften en (reizende) tentoonstellingen bleven zij op de hoogte van internationale ontwikkelingen. Zo bracht in 1929 het Stedelijk Museum in Amsterdam een tentoonstelling over de Duitse *Neue Sachlichkeit*, georganiseerd door de kunstenaarsvereniging De Onafhankelijken. Het was de enige eigentijdse tentoonstelling over dit onderwerp buiten Duitsland. Als belangrijkste Nederlandse neorealisten worden Raoul Hynckes [→ afb. 8], Dick Ket [→ afb. 7], Pyke Koch [→ p. 80], Wim Schuhmacher, Charley Toorop [→ p. 70] en Carel Willink [→ p.101] aangewezen.[13] Sommigen lieten hun politieke voorkeur doorschemeren in hun werk, zoals Johan van Hell [→ p. 110] en Louis Schrikkel [→ p. 4]. Toch bleef hun kunst tamelijk tam. Hoewel deze kunstenaars elkaar kenden en soms zelfs met elkaar exposeerden, vormden ze nooit een groep. Het waren individuen met een gelijkgestemde interesse.

Ook Zweden kende een eigen interbellumrealisme, dat vanaf de vroege jaren 1920 eerst klassiek realisme of neorealisme werd genoemd, maar tegen het einde van het decennium de naam *den nya sakligheten* kreeg: 'een nieuwe zakelijkheid'.[14] Het was een reactie op het expressionisme, dat in deze jaren het Zweedse modernisme bleef domineren. Net als in Nederland was hier een veelvoud aan invloeden. Arvid Fougstedt, een van de hoofdrolspelers, maakte studiereizen naar Parijs en Italië. Zijn werk *Boxare* laat typische nieuw-realistische kenmerken zien, zoals een verwrongen perspectief, vervormde proporties en boksen als modern

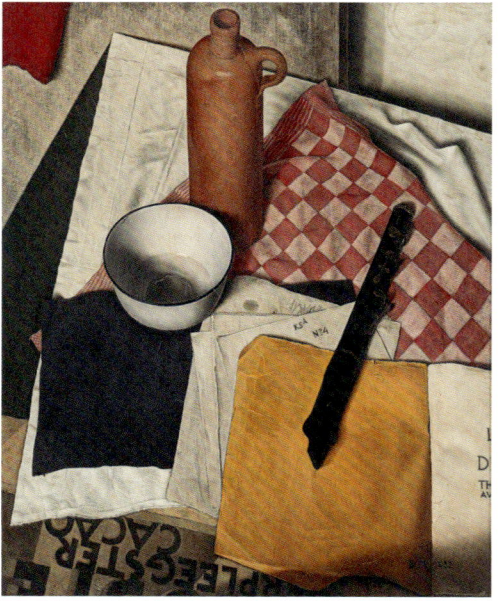

7

7
Dick Ket (1902–1940)
Stilleven met fluit, 1932
Still Life with Flute
olieverf op doek | oil on canvas
58 × 47 cm
Museum MORE, Gorssel & Ruurlo
[→ p. 87]

8
Raoul Hynckes (1893-1973)
Stilleven met mandoline, 1927
Still Life with Mandolin
olieverf op doek | oil on canvas
48,4 × 57,5 cm
Museum MORE, Gorssel & Ruurlo
[→ p. 86]

9
Uga Skulme (1895-1963)
Concert, 1923
olieverf op doek | oil on canvas
85,5 × 70 cm
Collection of the Latvian National
Museum of Art, Riga

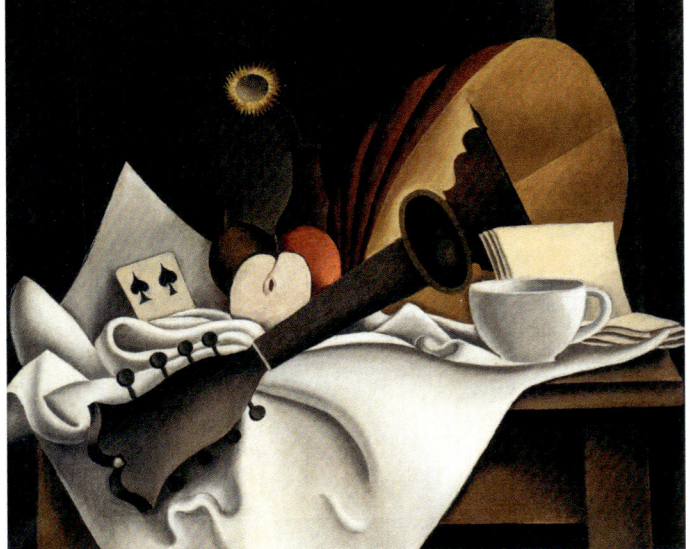

8

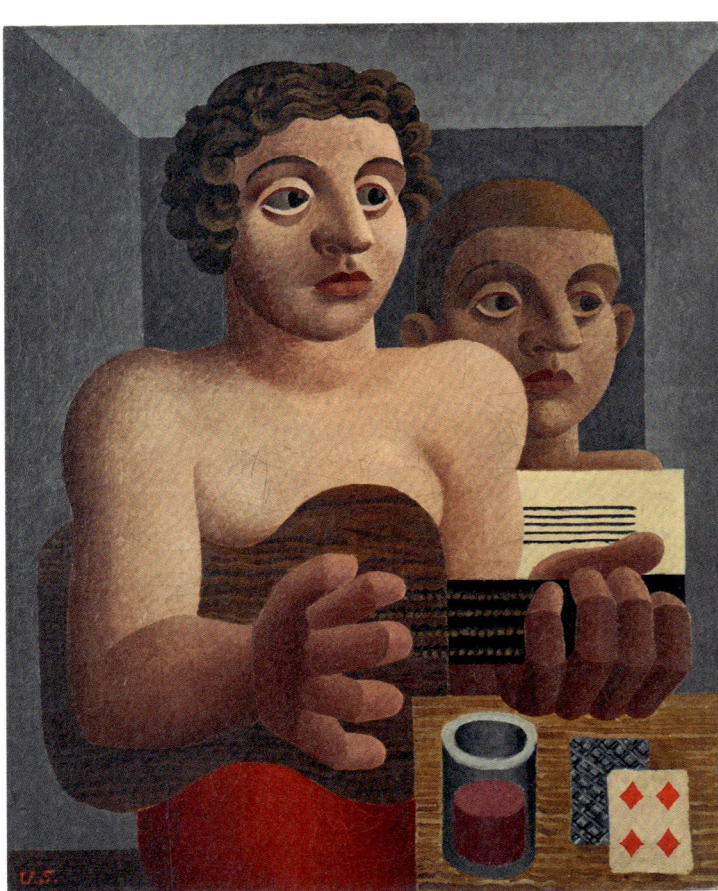

9

realism', before later being dubbed simply 'new realism'.[10] Portraits, nudes and still lifes became increasingly popular alongside urban subject matter such as bar scenes. Aleksandra Beļcova [→ p. 24], who also belonged to the Riga group of artists, visited Berlin and Paris in 1922 and 1923. Her stylized work is closely related to Art Deco. The economic crisis of the early 1930s brought an end to this strand of Latvian realism, with art now placed in the service of the new state as of 1934, following the coup of Kārlis Ulmanis.

A SPECTRUM OF REALISMS
Forms of realism also developed in countries that had remained neutral in the First World War, including the Netherlands, Switzerland and Sweden. Here, by contrast, it only seems to have made itself felt in the second half of the 1920s and to have flourished in the 1930s. 'Critical' realism in the spirit of Otto Dix and George Grosz found few followers in these countries. While there were certainly artists who reflected on the local political situation, they rarely did so through an acerbic realism.

The realist style in the Netherlands – where it was often referred to as 'neo-' or 'new realism' – did not arise until the mid-1920s, before peaking around 1937.[11] Many Dutch neorealists had their roots in Cubism, Expressionism or a combination of the two, referred to locally as *kubo-expressionisme*.[12] In this country too, artistic trends from France, Germany and Italy served as inspiration, with artists keeping up to date through their own travels, as well as books, magazines and (touring) exhibitions. In 1929 the Stedelijk Museum in Amsterdam hosted an exhibition on the German *Neue Sachlichkeit* (New Objectivity), organized by the artists' association *De Onafhankelijken* (The Independents), the only contemporary exhibition on the theme outside Germany. The most important Dutch neorealists were Raoul Hynckes [→ fig. 8],

tijdverdrijf [→ p. 97]. Stina Forssell combineerde vetplanten en cactussen in pot, een geliefd thema bij interbellumrealisten, met een uitzicht naar buiten [→ p. 85]. Het heldere licht in haar werk is ontegenzeggelijk Scandinavisch. Alle onderdelen in de voorstelling krijgen dezelfde aandacht. Bij Acke Hallgren is een Italiaanse invloed te ontwaren, maar het zou evengoed door het verhalende karakter, het klungelige perspectief en de gedetailleerde weergave het predicaat naïef realisme kunnen krijgen [→ p. 106]. De kleurrijke en sterk vereenvoudigde verbeelding van de moderne stad door Torsten Jovinge [→ p. 104] leunt sterk op het kubisme van André Lhote [→ afb. 10]. Net als in Nederland was een kritisch realisme schaars.

KUNST ALS IDENTITEIT
Na de Eerste Wereldoorlog werden verschillende nieuwe landen gesticht, waar kunst werd ingezet als verbindende factor die de nieuwe nationale identiteit vorm moest geven. Een voorbeeld is Joegoslavië, een multi-etnische staat waar de industrialisatie nog weinig sporen had gemaakt.[15] De jaren 1920 waren onstabiel, zowel economisch als politiek. Pogingen tot centralisatie en unificatie kwamen niet van de grond. Etnische Slovenen, Kroaten en Serviërs leefden dan wel binnen dezelfde landsgrenzen, maar leidden in de dagelijkse realiteit gescheiden levens. Doordat kunst gold als hét middel om de landen te verenigen, was de staat een belangrijke opdrachtgever. In de interbellumjaren was Zagreb de belangrijkste culturele ontmoetingsplaats en de enige stad met een kunstacademie.

In wat nu Kroatië is, werd de realistische koers met name bepaald door kunstenaars die hun opleiding in Parijs volgden.[16] Na terugkeer gaven zij met hun nieuwe werk en inzichten een impuls aan de lokale scene. Na zijn academieopleiding in Praag studeerde Sava Šumanović in 1920/21 aan de kunstacademie van André Lhote. Eenmaal terug in Zagreb, waar hij van 1921 tot 1925 verbleef alvorens weer naar Parijs te gaan, veranderde de kubistische vormentaal die hij in Parijs had opgedaan in de richting van een klassiek, monumentaal neoclassicisme, vergelijkbaar

Dick Ket [→ fig. 7], Pyke Koch [→ p. 80], Wim Schuhmacher, Charley Toorop [→ p. 70] and Carel Willink [→ p. 101].[13] Some of them – Johan van Hell [→ p. 110] and Louis Schrikkel [→ p. 4], for instance – hinted at their political stance in their work, but their art nevertheless remained fairly tame. While these artists knew one another and sometimes even exhibited together, they never formed a group as such: they were individuals with a similar interest.

Sweden too had its own brand of interwar realism, which was initially termed 'classic' or 'neorealism' in the early 1920s, but by the end of that decade had come to be called den *nya sakligheten*: 'the new objectivity',[14] a reaction against the Expressionism that continued to hold sway within Swedish modernism at the time. A multitude of influences were at play, as in the Netherlands. Arvid Fougstedt, one of the leading players, made study trips to Paris and Italy. His work Boxare displays typically new-realist elements, including distorted perspective and proportions, and the sport of boxing as a modern pastime [→ p. 97]. Stina Forssell combined potted succulents and cacti – a popular theme among interwar realists – with a view outdoors [→ p. 85]. The bright light in her work is indisputably Scandinavian and each element is given equal attention. An Italian influence can be detected in Acke Hallgren's work, although its narrative character, awkward perspective and detailed rendering might equally qualify it as naive realism [→ p. 106]. Torsten Jovinge's colourful and highly simplified depiction of the modern city [→ p. 104] is very much in keeping with the Cubism of André Lhote [→ fig. 10]. Politically engaged realism was as rare in Sweden as it was in the Netherlands.

ART AS IDENTITY
Several new countries were founded after the First World War, in which art was deployed as a unifying factor to help shape a new national identity. They

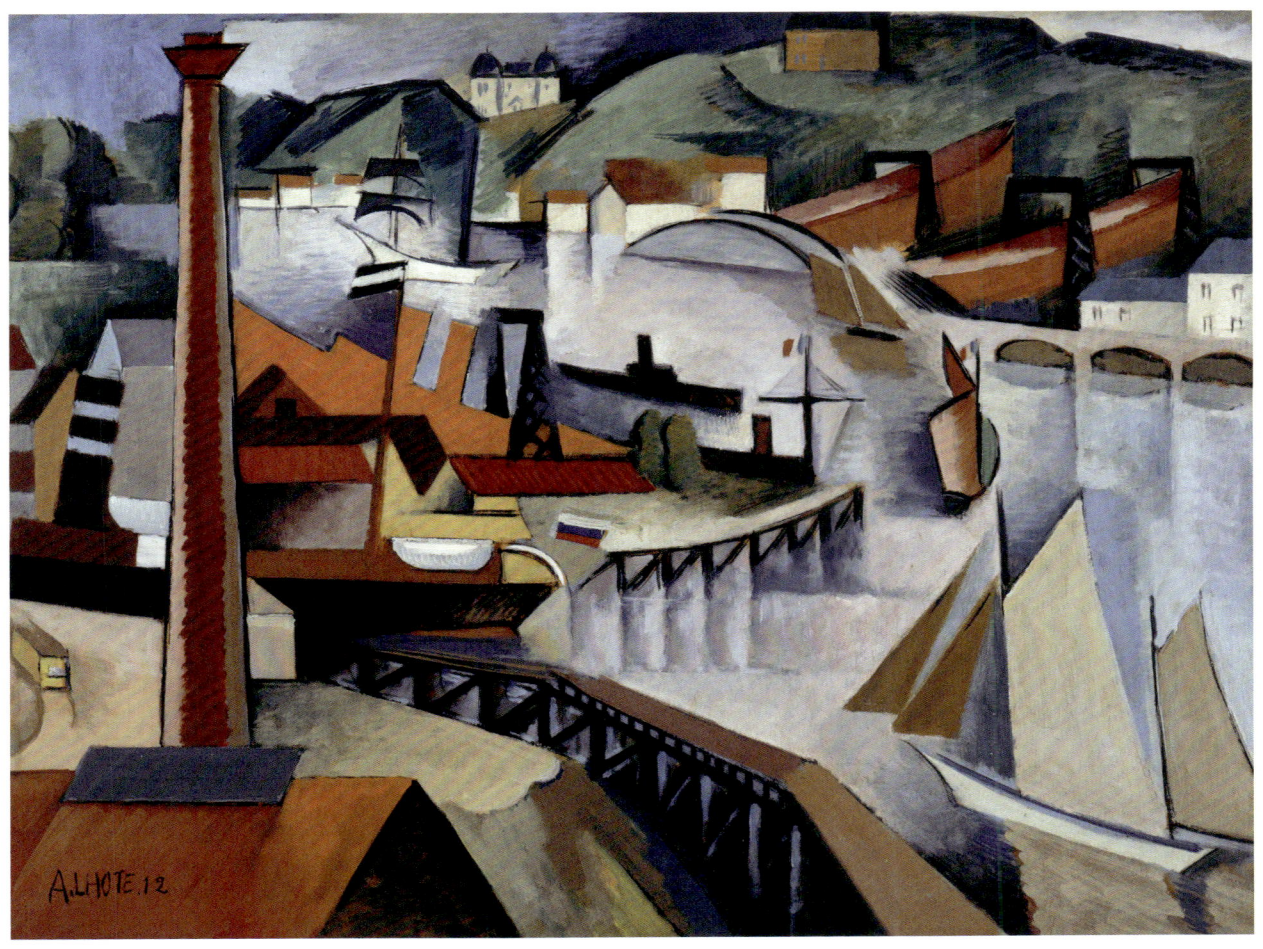

10
André Lhote (1885-1962)
De ingang van het getijdenbekken
in Bordeaux, 1912
The entrance to the tidal basin
in Bordeaux
olieverf op doek | oil on canvas
97 × 130 cm
Musée des Beaux-Arts, Bordeaux

met dat van zijn Parijse collega's. Šumanović volgde de filosofie van Lhote, die vond dat in kunst traditites en stijlen uit verleden en heden moesten samen-vloeien. Ook Marijan Trepše en Sonja Kovačić-Tajčević wijzigden van koers na een verblijf in Parijs. In hun realistische werk verbeeldden zij verschillen-de aspecten van het moderne leven, zoals de 'nieuwe' man en vrouw [→ p. 92] en de Afro-Amerikaanse gemeenschap in Parijs [→ p. 116]. Naast de moderne stad was het geïdealiseerde mediterrane landschap een wellicht nog geliefder onderwerp.

Een van de belangrijkste etnisch Sloveense kunstenaars was Tone Kralj [→ p. 67]. Hij volgde begin jaren 1920 zijn opleiding in Praag, waarna hij studiereizen maakte naar Wenen, Parijs en Venetië. Zijn narratieve werk verraadt een sterke sociale betrokkenheid en maatschappijkritische houding. Hij verbeeldde 'gewone' mensen die gevangen waren geraakt in de politieke onrust en sociale strijd van de tijd. Werk van Kralj was in 1932 te zien op een tentoonstelling in het Stedelijk Museum in Amster-dam met een selectie van kunst uit het 'bevrijde en onafhankelijke Joegoslavië' [→ afb. 11]. Meerdere kranten berichtten erover. In het *Algemeen Handels-blad* werd Kralj 'een talent van groote beteekenis en rijke beloften' genoemd: 'Technisch veelzijdig toegerust en blijkbaar voortreffelijk geschoold beschikt hij over den klaren, vasten, krachtig beheerschten stijl der voor het monumentale begaafde kunstenaars. Naast het grote stuk met het portret van den vader en dat van den schilderen-de zoon hangt de beeldtenis van diens vrouw, jong en blond in een helderblauw kleed tegen een lichten achtergrond met arbeidende figuren.'[17]

De beurskrach van 1929 zette heel Europa op z'n kop. Na een korte economische bloeiperiode stonden de jaren 1930 in het teken van crisis. Artistiek voltrok zich in Joegoslavië een kentering richting het sociaal realisme. De motor hierachter was kunstenaarsvereniging *Zemlja*, die een kritisch realisme propageerde. De vereniging, bestaand van 1929 tot 1935, was een soort platform tussen academisch getrainde kunstenaars en boeren en arbeiders. De Duitse kunstenaar George Grosz werd het grote voorbeeld.[18] Idyllische landschappen en

included the multi-ethnic state of Yugoslavia, where industrialization had yet to make much headway.[15] The 1920s were an unstable period for the new nation, both economically and politically, and attempts at centralization and unification failed to get off the ground, with ethnic Slovenians, Croats and Serbs sharing national borders, but otherwise living daily lives that were separate. Art was the chief means of bringing the peoples together, making the Yugoslavian state an important patron. Zagreb was the leading cultural meeting place in the interwar years and the only city with an art academy.

The realist strand in what is now Croatia was largely shaped by artists who had trained in Paris.[16] On returning, their new work and insights brought fresh impetus to the local scene. Having trained at the academy in Prague, Sava Šumanović studied under André Lhote in Paris in 1920–1921. Back in Zagreb, where he spent the period 1921 to 1925 before returning to the French capital, the Cubist idiom he had developed in France evolved towards a traditional and monumental neoclassicism, similar to that of his Parisian colleagues. Šumanović adhered to Lhote's philosophy, according to which past and present traditions and styles were supposed to merge. Marijan Trepše and Sonja Kovačić-Tajčević likewise changed course after spending time in Paris; they depicted various aspects of modern life in their realist work, such as the 'new' man and woman [→ p. 92] and the African-American community in Paris [→ p. 116]. In addition to the modern city, the idealized Mediterranean landscape was perhaps an even more favoured subject.

Tone Kralj was one of the most important ethnic Slovenian artists [→ p. 67]. After training in Prague in the early 1920s, he made artistic study trips to Vienna, Paris and Venice. Kralj's narrative work displays a powerful political engagement, depicting the 'ordinary'

naakten maakten plaats voor scènes uit het alledaagse leven, bij voorkeur op het platteland. Belangrijk in de ideologie van *Zemlja* waren de 'eigen' nationale identiteit en de ontwikkeling van een eigen Kroatische kunststijl, onafhankelijk van buitenlandse stijlen. Zo ontstond de Kroatische naïeve kunst, met Krsto Hegedušić als belangrijkste vertegenwoordiger. Door een sociaal realisme te combineren met motieven uit de volkskunst probeerde Hegedušić tot een beeldtaal te komen die toegankelijk en niet-academisch was. In *Requisition* [→ pp. 124-125] verbeeldde hij het staatsgeweld tegen boeren die zich tegen de centrale overheid verzetten.

ZIJN LANDSGRENZEN WEL GRENZEN?

Een overzicht per land van de ontwikkeling van het realisme in Europa biedt een hernieuwde blik op de weidsheid van deze beweging. Toch is een nationalistische kijk ook beperkend, zo blijkt wanneer we Tsjecho-Slowakije als casus nemen.[19] Net als Joegoslavië werd dit land na de Eerste Wereldoorlog opgericht als nieuwe staat op voormalig grondgebied van het Oostenrijks-Hongaarse rijk. De nieuwe landsgrenzen werden in 1919 min of meer willekeurig getekend en doorkruisten de eeuwenoude geografische gebieden Bohemen, Moravië, Silezië en Slowakije. Binnen die grenzen woonden mensen samen die niet alleen verschillende talen spraken, maar ook andere etnische achtergronden hadden. Naast Tsjechisch en Slowaaks waren Duits en Hongaars belangrijke talen.

Vanuit de landelijke politiek was de Tsjecho-Slowaakse kunst georiënteerd op Frankrijk. De nieuwe overheid promootte een nationalistische vorm van het kubisme als 'staatsstijl', die inwoners van verschillende etniciteit met elkaar moest verbinden. Veel Tsjechisch sprekende kunstenaars maakten studiereizen naar Parijs. Vlasta Vostřebalová-Fischerová, een van de eerste vrouwelijke kunstenaars die toegang kreeg tot de kunstacademie in Praag, ontwikkelde na haar bezoek aan Parijs een naïef realisme in de geest van Henri Rousseau [→ p. 59]. Ook Ester Šimerová-Martinčeková, de grande dame van het Slowaakse modernisme, verbleef vanaf 1927 enkele jaren in

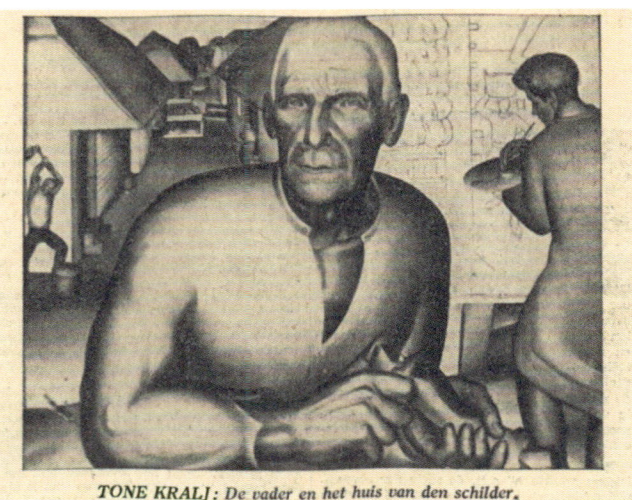

TONE KRALJ: *De vader en het huis van den schilder.*

11
Reproductie van het werk van Tone Kralj in het *Algemeen Handelsblad* bij de recensie van de tentoonstelling *Hedendaagsche Joegoslavische kunst* in het Stedelijk Museum te Amsterdam in 1932
Reproduction of a work by Tone Kralj in the Dutch newspaper *Algemeen Handelsblad* accompanying the review of the exhibition *Hedendaagsche Joegoslavische kunst* (Contemporary Yugoslavian Art) at the Stedelijk Museum in Amsterdam in 1932.
Algemeen Handelsblad, 6 oktober 1932, p. 9 (via Delpher)

de Franse metropool. Haar opleiding aan de Académie Moderne, waar ze les kreeg in het late kubisme van de Russische avant-gardekunstenaar Aleksandra Exter, had de meeste invloed op haar werk. Na terugkeer in Bratislava kwam Šimerová-Martinčeková tot een stijl die het midden hield tussen het kubisme en het realisme [→ p. 105].

Doordat de focus op de van oorsprong Tsjechische en Slowaakse kunstenaars lag, was er lange tijd geen aandacht voor anderstalige collega's. Bovendien lag de nadruk lang op Praag als cultuur-hoofdstad van het land, terwijl de nieuwe realistische tendensen zich vooral daarbuiten manifesteerden, zoals in Liberec en Košice. Pas sinds 2013 laten verschillende studies zien dat bijvoorbeeld de Duits-talige kunstenaars, die voornamelijk in de grens-gebieden woonden, veel meer georiënteerd waren op de artistieke gebeurtenissen in eerst Wenen en daarna Duitse steden als Berlijn, Dresden en München. Erika Streit, afkomstig uit Bohemen, ging bijvoorbeeld in de leer bij de Otto Dix. In Dresden werkte ze in korte tijd een stijl uit die aan Dix deed denken [→ afb. 12]. Streits oriëntatie op Duitsland is heel logisch, gezien de taalverwantschap en de geografische nabijheid. Maar die leidde er ook toe dat er lange tijd geen aandacht voor haar was. Vanuit Duits oogpunt was zij een Tsjecho-Slowaakse kunstenaar, vanuit het Tsjecho-Slowaakse een Duitse. In beide gevallen paste ze dus niet in de 'eigen' (kunst)geschiedenis. Een pleidooi voor een bredere benadering met oog voor verschillende taal- en etnische gebieden binnen de landsgrenzen van die tijd.

Op dit punt komt ook een andere vraag naar boven: in hoeverre zijn kunstenaars die lange tijd in een ander land dan hun geboorteland wonen nog vertegenwoordigers van een specifieke nationaliteit? Neem de in Polen geboren Moïse Kisling [→ afb. 13], die vanaf 1910 in Parijs woonde en in 1924 de Franse nationaliteit aannam. Of de Bulgaarse Kiril Tsonev [→ afb. 14, p. 111], die na zijn opleiding in Sofia verder studeerde in Wenen en München, van 1921 en 1930, zijn vormende jaren.[20] Laat de levensloop van zulke kunstenaars niet juist zien hoe internationaal de artistieke wereld in het interbellum was?

people caught up in the social unrest of the time. It was shown in 1932 at an exhibition at the Stedelijk Museum in Amsterdam, which featured a selection of art from the 'liberated and independent Yugoslavia' [→ fig. 11]. The event was reviewed by several Dutch newspapers, with the *Algemeen Handelsblad* describing Kralj as 'a talent of great importance and rich promise. Technically versatile and clearly excellently trained, he possesses the lucid, firm, powerful and controlled style of monumentally gifted artists. Alongside the large portrait of his father and that of the son painting, there hangs the likeness of the latter's wife, young and blonde in a bright-blue dress against a light background with labouring figures.'[17]

The stock market crash of 1929 turned Europe upside-down: following a brief economic boom, the 1930s were marked by crisis. Yugoslavia experienced an artistic turn towards social realism, in which *Zemlja*, champion of a critical strand, was a driving force. This artists' association, which existed from 1929 to 1935, acted as a bridge between academically trained artists and rural and industrial workers. Adopting the German artist George Grosz as their great example,[18] they abandoned idyllic landscapes and nudes in favour of scenes from everyday life, preferably in the countryside. Key elements of the *Zemlja* ideology were a distinct national identity and the development of a specifically Croatian artistic style, independent of foreign influences. This led to the birth of Croatian naive art, with Krsto Hegedušić as its principal representative. By combining social realism with motifs from folk art, he pursued an accessible and non-academic visual language. *Requisition* [→ pp. 124-125] is his depiction of the state violence that was inflicted on rural workers who opposed the central government.

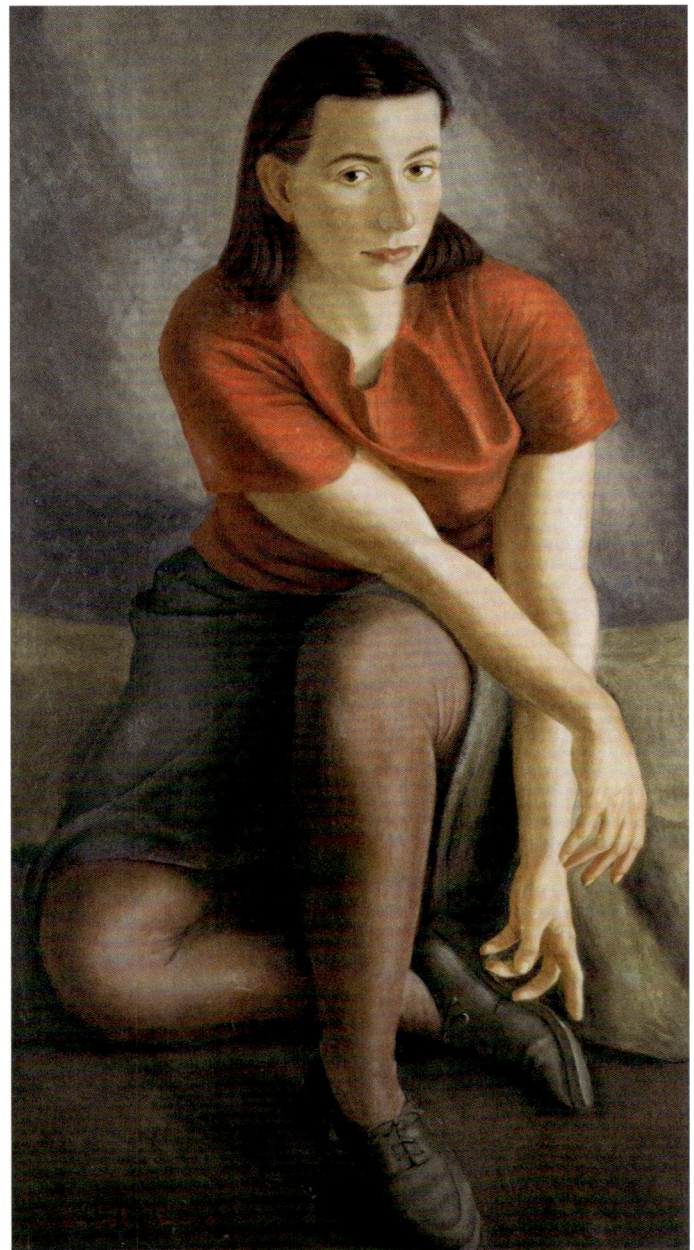

12
Erika Streit (1910-2011)
Zelfportret met rode blouse, 1933-34
Self-Portrait in a Red Blouse
tempera en olieverf op paneel
tempera and oil on plywood
108,5 × 59 cm
Sammlung Frieder Gerlach,
Konstanz

WERE NATIONAL FRONTIERS ACTUALLY RELEVANT?

A country-by-country survey of the development of realism in Europe offers a fresh understanding of the movement's broad scope. All the same, an overly nationalistic reading can be restrictive, as demonstrated by the case of Czechoslovakia.[19] Like Yugoslavia, the country was established after the First World War as a new state on territory formerly belonging to the Austro-Hungarian Empire. Its borders were drawn up more or less arbitrarily in 1919, cutting across the centuries-old regions of Bohemia, Moravia, Silesia and Slovakia. The people who found themselves living within these frontiers not only spoke different languages, they also had different ethnic backgrounds. Besides Czech and Slovak, German and Hungarian were important languages.

From a political perspective, Czechoslovakian art was oriented towards France. The new government promoted a national form of Cubism as a 'state style' designed to connect citizens of different ethnicities. Numerous Czech-speaking artists travelled to Paris to study. After spending time in the French capital, Vlasta Vostřebalová-Fischerová – one of the first women admitted into the art academy in Prague – developed a naive realism in the spirit of Henri Rousseau [→ p. 59]. Ester Šimerová-Martinčeková, the *grande dame* of Slovak modernism, also spent several years in Paris beginning in 1927. Her training at the Académie Moderne, where she was taught the late-Cubist style of the Russian avant-garde artist Aleksandra Exter, had the greatest influence on her work. After returning to Bratislava, Šimerová-Martinčeková developed a style somewhere between Cubism and realism [→ p. 105].

The initial focus on Czech and Slovak artists meant that for many years, no attention was paid to counterparts speaking a different language. What's more, emphasis was placed on Prague

Velen reisden door Europa, en sloten zich – korter of langer – aan bij kunstenaarsverenigingen. Zij bewogen zich vrij over het continent, op zoek naar nieuwe uitdagingen. Dat waarschuwt voor de beperkingen en valkuilen van een eenzijdige, nationale benadering van de kunstgeschiedenis, en toont de noodzaak van een breder perspectief, over landsgrenzen heen. Om deze reden is de expositie in zowel Gorssel als Chemnitz thematisch geordend.

Anderzijds pleit de Tsjecho-Slowaakse casus voor een benadering die niet alleen het grote plaatje overziet, maar tegelijk ruimte biedt voor de individuele verhalen en bewegingen van kunstenaars. Want wanneer enkel het geheel wordt beschouwd, vallen algauw tegendraadse of afwijkende kunstenaars buiten de boot. In dit overzicht ontbreekt bijvoorbeeld een aantal vertegenwoordigers van het realisme in landen als Spanje, Oostenrijk, Zwitserland en Estland, gewoonweg doordat de tekstruimte beperkt was. Maar wij beseffen dat we oog moeten houden voor de persoonlijke geschiedenissen van kunstenaars, voor een inclusieve blik op de kunstgeschiedenis met al die verschillende schakeringen.

CONCLUSIE

Net zo lastig als het vastleggen van het exacte begin en de stijlkenmerken van het nieuwe realisme in Europa, is het bepalen van het moment waarop het nieuwe realisme eindigde. Het verschilt per land. Als einde van de Duitse *Neue Sachlichkeit* geldt over het algemeen 1933, het jaar dat de democratische Weimarrepubliek ten val kwam en veel kunstenaars niet meer konden blijven werken, onder meer doordat hun kunst *'entartet'* werd verklaard of zelfs doordat hun leven op het spel kwam te staan. In andere landen, Nederland bijvoorbeeld, bereikte het nieuwe (vrije) realisme juist in deze jaren een hoogtepunt. Hier wordt de aanvang van de Tweede Wereldoorlog in 1940 vaak als officieel eindpunt genomen. In sommige gevallen zelfs 1945, het einde van de oorlog, want ook tijdens de oorlog waren er kunstenaars die onder de radar wisten door te werken. Wat het realisme in de jaren 1930 laat zien, is dat de ontwikkeling geleidelijk gaat. Onder de dreiging

as the new country's cultural capital, whereas the new-realist trends were chiefly manifested elsewhere, in cities like Liberec and Košice. It has only been since 2013 that a variety of studies have shown how German-speaking artists, for instance, who chiefly resided in the border regions, were much more oriented towards artistic developments in Vienna and later in German cities such as Berlin, Dresden and Munich. The Bohemian artist Erika Streit, for example, studied under Otto Dix and swiftly devised a style in Dresden reminiscent of her teacher [→ fig. 12]. Her orientation towards Germany is entirely understandable, given its linguistic affinity and geographical proximity. But it also meant that she was long overlooked: from a German perspective she was a Czechoslovakian artist and vice versa. In neither case did she fit neatly into the homegrown arthistorical narrative. Streit represents a plea for a broader approach that takes account of different linguistic and ethnic communities within the national frontiers of the time.

This begs another question: to what extent can artists who spent a long time living in a country other than that of their birth still be viewed as representatives of a specific nationality? Take the Polish-born Moïse Kisling [→ fig. 13], who lived in Paris from 1910 onwards and took French citizenship in 1924. Or the Bulgarian Kiril Tsonev [→ fig. 14, p. 111], who followed up his initial training in Sofia by studying in Vienna and Munich from 1921 and 1930 – his formative years.[20] The lives of artists like this surely demonstrate just how international the cultural world was between the wars. Many of them travelled all over Europe and joined artists' associations for varying lengths of time. They moved across the continent freely, seeking out new challenges. All this warns us of the limitations and pitfalls of a one-sided, national approach to art history, while demonstrating the need for a wider,

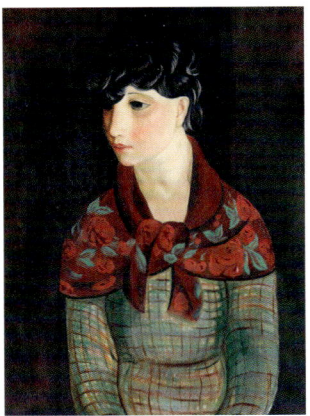

13

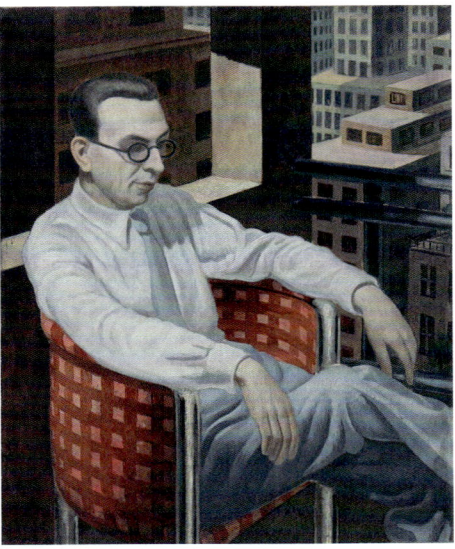

14

cross-border perspective. The exhibition in both Gorssel and Chemnitz has thus been organized thematically.

On the other hand, the case of Czechoslovakia argues for an approach that not only takes in the big picture, but also allows scope for the stories and movements of individual artists; a general survey can swiftly lose sight of those who fall outside the standard narrative. The present overview, for instance, omits a number of representatives of realism in countries such as Spain, Austria, Switzerland and Estonia, due simply to a lack of writing space. We recognize nevertheless that we need to keep an eye on the personal histories of artists if we are to achieve an inclusive view of the history of art, complete with all these different nuances.

CONCLUSION

It is just as tricky to determine the moment when the new realism came to an end in Europe as it was to pin down its precise starting point and stylistic characteristics. It differed from one country to another. The demise of German *Neue Sachlichkeit* is generally dated to 1933, the year in which the democratic Weimar Republic fell and many artists were left unable to work, their art having been labelled 'degenerate' (*entartet*) or because their very lives were now threatened. In other countries, this was precisely the period in which the new (free) realism was reaching its peak. In the Netherlands, for instance, the German invasion in 1940 is often taken as the official end point. For some countries, the date is as late as 1945, as some artists managed to keep working below the radar all the way through the conflict. What realism showed in the 1930s was that its development was gradual. Works grew steadily more neutral with the threat of war and occupation. The ideology of Nazi Germany slowly gained ground in other countries too, following which realism was enshrined as an authoritarian style.

13
Moïse Kisling (1891-1953)
Jeune fille, c. 1925
Meisje | *Young Girl*
olieverf op doek | oil on canvas
73 × 54 cm
**Moderna Museet, Stockholm,
schenking van** | donation from
**the Association for the Promotion of
Relations between Swedish
and French Artwork, 1929**
[→ p. 68]

14
Kiril Tsonev (1896-1961)
Портрет на Светослав Минков, 1939
Portret van Svetoslav Minkov
Portrait of Svetoslav Minkov
olieverf op doek | oil on canvas
102,5 × 84,5 cm
Sofia City Art Gallery
[→ p. 81]

van oorlog en politieke bezetting kregen de werken een steeds neutralere inhoud. De ideologie van nazi-Duitsland kreeg gaandeweg in meer landen voet aan de grond, waarna het realisme als officiële nazi-stijl werd ingelijfd.

Hoewel het nieuwe realisme in de jaren 1920 als vrije kunstvorm ontstond, is het niet los te zien van de politieke richting van verschillende Europese landen. In Midden-en Oost-Europa heroriënteerden veel landen zich richting Frankrijk. Het Parijse realisme dat zich onder invloed van Picasso en Derain uitkristalliseerde werd daar symbool voor een westers standpunt, met andere woorden anti-Russisch en anti-Duits.[21] Realisme gold er dus als progressief.

De tentoonstelling *European Realities* laat zien dat het realisme tussen de twee wereldoorlogen een breed concept was, met per land uiteenlopende invullingen en toepassingen. Niet alleen de verschijningsvorm verschilt, ook de relevantie die aan de realistische stijl wordt toegekend is in elke context anders. De ambitieuze tentoonstelling in Chemnitz heeft onderzoekers samengebracht uit alle windstreken in Europa, wat een belangrijke aanzet is tot een wijdere blik op het realisme als internationaal fenomeen. *European Realities* is belangrijk omdat zij landsgrenzen, taalbarrières en nationale perspectieven probeert te overbruggen en te overstijgen. Zij laat bovendien zien dat niet één perspectief 'het juiste' is, maar er ruimte is voor vele perspectieven naast elkaar.

Het blijkt ook dat diepgaander onderzoek naar pan-Europees realisme noodzakelijk is. Hoe verspreidde kennis van het realisme zich? Hoe zit het met kunstenaarsnetwerken? Wie gingen op pad, welke landen bezochten zij, welke tentoon-stellingen zagen ze daar, met wie spraken ze? Wat was het belang van internationale tijdschriften? Welke rol speelden kunstenaarsinitiatieven in de internationale netwerken? Het zijn maar een paar vragen die de tentoonstelling oproept, maar die vaak zullen leiden tot meer kennis en zo tot beter begrip van de situatie. Alleen met internationale samen-werking tussen experts, zoals bij *European Realities*, wordt het mogelijk deze vragen te beantwoorden.

So while the new realism emerged in the 1920s as a free art form, it cannot be disentangled from the political direction subsequently pursued by several European countries. Many Central and Eastern European nations reoriented themselves towards France, with the Parisian realism that crystallized under the influence of Picasso and Derain becoming a symbol of a Western stance, that is to say, anti-Russian and anti-German.[21] In this instance, therefore, realism was viewed as progressive.

The exhibition *European Realities* shows that realism between the two world wars was a broad concept, with inter-pretations and applications varying from one country to another. Besides differences in visual form, the relevance assigned to the realist style shifted according to the context. The ambitious event in Chemnitz has brought together researchers from all over Europe, delivering a major boost to a broader view of realism as an international phenomenon. *European Realities* is important because of the way it seeks to transcend frontiers, language barriers and national perspectives. It also shows that no single outlook is 'correct', but that there is room for many different ones, side by side.

The exhibition highlights the fact, moreover, that further in-depth research is needed into pan-European realism. How did awareness of realism spread? What part did artists' networks play in this? Who took to the road and which countries did they visit, which exhibitions did they see there and who did they talk to? What was the significance of inter-national journals? And how did artists' initiatives contribute to the international networks? These are just a few of the issues the exhibition raises, but in many cases they will generate additional knowledge and hence a better under-standing of the situation. Only through the kind of international cooperation between experts to which an initiative

European Realities is een eerste, ambitieuze poging om tot een bredere definitie van het nieuwe realisme te komen. Dit is van belang, omdat zo in de toekomst op gelijkwaardige manier kennis kan worden uitgewisseld. De terminologie die destijds in verschillende landen werd gebruikt verschilde nogal eens, qua woordkeuze maar ook inhoud. En hoewel realistische kunst altijd figuratief is, is figuratieve kunst niet altijd realistisch, en kunnen we ook niet alle realistische kunst als modern bestempelen. Waar liggen de grenzen? Ook is het belangrijk onze eigen blik te blijven bevragen. Het voorbeeld van Tsjecho-Slowakije toont dat de geschiedenis niet altijd gunstig is geweest voor iedereen. Zijn meer kunstenaars door discriminatie en uitsluiting nog niet op onze radar gekomen?

Een overkoepelend verhaal is wenselijk, waarin overeenkomsten en gelijkenissen uiteengezet en geanalyseerd worden tussen de verschillende landen – ook in andere werelddelen als Noord- en Zuid-Amerika. Maar het is niet zaligmakend, het blijft evenzeer van belang ook de individuele levens van de kunstenaars te bestuderen, in hun nationale context. En om deze studies in een internationale taal – het Engels ligt voor de hand – toegankelijk te maken voor buitenlandse onderzoekers. De kunstgeschiedenis verloopt niet lineair. Ze moet telkens opnieuw worden bevraagd en aangevuld. Vanuit een veelvoud aan perspectieven.

Dit overzicht van Europese realistische tendensen tussen grofweg 1919 en 1939 is voor een groot deel geschreven op basis van de essays die gebundeld zijn in de tentoonstellingscatalogus *European Realities. Realism movements of the 1920 and 1930s in Europe* (2025). Met dank aan Anja Richter en Florence Thurmes van Kunstsammlungen Chemnitz - Museum Gunzenhauser voor het samenstellen en redigeren van deze omvangrijke publicatie, en aan alle auteurs voor hun individuele bijdragen aan een beter begrip van de ontwikkeling van het interbellumrealisme in Europa.

like *European Realities* gives rise can we hope to answer these questions.

European Realities is a first, ambitious attempt to arrive at a broader definition of the new realism. This is important, as it will allow knowledge to be exchanged on an equal footing going forward. The terminology used at the time in different countries often differed not only in its phrasing, but in its content too. And while realist art is always figurative, figurative art is not always realist; nor can we classify all realist art as modern. Where do the boundaries lie? Furthermore, it is important that we constantly question our own view. The example of Czechoslovakia shows that history has not always been kind to everyone. Are there other artists too who have yet to show up on our radar because of past discrimination and exclusion?

An overarching story is desirable, in which correspondences and similarities between different countries – including those in other regions, such as North and South America – are enumerated and analysed. All the same, this is not a panacea: it is no less important to study the individual lives of the artists, including in their national context. And that studies are published in an international language – English being the obvious choice – so that they are accessible to researchers in other countries. Art history does not unfold in a linear fashion; it needs to be constantly interrogated and supplemented from a multitude of perspectives.

This survey of European realist tendencies between around 1919 and 1939 is based largely on the essays collected in the exhibition catalogue *European Realities: Realism Movements of the 1920 and 1930s in Europe* (2025). Thanks are due to Anja Richter and Florence Thurmes of Kunstsammlungen Chemnitz-Museum Gunzenhauser for compiling and editing this substantial publication, and to all the authors for their personal contributions to a better understanding of the development of interwar realism in Europe.

Noten

1
Ivo Habán & Anna Habanová,
New Realisms. Modern Realist Approaches across the Czechoslovak Scene 1918-1945,
Liberec: National Heritage Institute,
2019.

2
Anna Manicka, "Berliner Luft and
Bronsislaw Wojciech Linke, the apostate.
Classicism in Poland. A chronological
Classification" in: *European Realities*,
tent.cat. Kunstsammlungen Chemnitz,
Museum Gunzenhauser, München:
Hirmer Verlag, 2025, p. 365.

3
Vertegenwoordigers uit Luxemburg
en Litouwen zijn alleen opgenomen
in de tentoonstelling in Chemnitz.

4
Voor een recente analyse van deze
tentoonstelling, zie: Inge Herold &
Johan Holten (red.), *The New Objectivity.
A Centennial Anniversary*, tent.cat.
Kunsthalle Mannheim, 2025.

5
Franz Roh, *Nach-Expressionismus.
Magischer Realismus. Probleme der neuesten
europäischen Malerei*, Leipzig: Klinkhardt
& Biermann, 1925.

6
Olaf Peters, "The New Objectivity
Aesthetic" in: *Otto Dix and the New
Objectivity*, tent.cat. Kunstmuseum
Stuttgart & Staatliche Akademie
der Bildenden Künste Stuttgart,
Stuttgart: Hatje Cantz, 2013, p. 32.

7
Chloë Théault, "Unertain Realities.
British Realist Painting in the Interwar
Period" in: *European Realities* (op.cit.,
noot 2), p. 102. Over de Britse situatie,
zie ook: Patrick Elliott et al., *True to Life.
British Realist Painting in the 1920s & 1930s*,
tent.cat. National Galleries of Scotland,
Edinburgh, 2017; Ype Koopmans (red.),
*For Real. Britse Realisten uit de jaren
'20 en '30*, tent.cat. Museum MORE,
Gorssel & Ruurlo, 2019.

8
Katarzyna Nowakowska-Sito,
"Inspirations and interconnections.
New Classicism and Realism in Polish
Art between the Two World Wars"
in: *European Realities* (op.cit., noot 2),
pp. 95-99. Anna Manicka, "Berliner
Luft and Bronisław Wojciech Linke,
the Apostate. Classicism in Poland.
A Chronoligical Classification"
in: Ibid. pp. 365-367.

9
Zie: Eduards Kļaviņš, "Development
towards increased figurative representation. The 'New Realism' of Latvian
Modernists in the 1920s and 1930s
in the Social and Political Context"
in: *European Realities* (op.cit., noot 2),
pp. 59-63.

10
Ibid. p. 61.

11
Voor de ontwikkeling van het realisme
in Nederland, zie: Carel Blotkamp &
Ype Koopmans (red.), *Magie en Zakelijk-
heid. Realistische Schilderkunst in Nederland
1925-1945*, tent.cat. Museum Arnhem,
Zwolle: Waanders, 1999. Ype Koopmans
& Mieke Reijnders (red.), *In de schaduw
van morgen. Neorealisme in Nederland*,
tent.cat. Museum voor Moderne Kunst
Arnhem, 2012. Mieke Reijnders,
"Neo-Realism: Art-Critical Framing of
the New Objectivity in the Netherlands
1925-45" in: Kristoffer Arvidsson &
Johan Sjöström (red.), *Focus on Europe.
New Objectivities 1919-1939*, tent.cat.
Göteborgs Konstmuseum, 2021,
pp. 175-193.

12
Ype Koopmans, *Te waar om mooi te zijn.
Het kritisch realisme van Dix & Co 1920-1940*,
Arnhem: De Rijn 2010, p. 20.

13
Over Pyke Koch en de Nederlandse
interbellumkunstenaars, zie: Susana
Dolores Puente Matos, "'That's not Art!'
The Dutch Reaction to the Berlin Verists"
in: *European Realities* (op.cit., noot 2),
pp. 23-27. Voor een analyse van het werk
van Carel Willink en de ontwikkeling
van het Nederlandse neorealisme,
zie: Julia Dijkstra, "As Cold as Stone.
Carel Willink and Dutch Neo-Realism
(1920-1940)" in: *European Realities*
(op.cit., noot 2), pp. 153-157.

14
Kristoffer Arvidsson, "Affirmed Reality.
New Objectivity in Sweden" in: *European
Realities* (op.cit., noot 2), pp. 235-239.
Arvidsson & Sjöström, op.cit. (noot 11).

15
Eerst was er het Koninkrijk der Serviërs,
Kroaten en Slovenen (1918-29), dat daarna
werd omgedoopt tot Koninkrijk Joegoslavië (1929-41). Voor de situatie in
voormalig Joegoslavië, zie: Miha Colner,
"The Art of Unrest. Examples of Social
Realism in Yugoslavia in the 1920s
and 1930s" in: *European Realities* (op.cit.,
noot 2), pp. 335-339.

16
Voor het realisme in Kroatië, zie:
Lovorka Magaš Bilandžić & Petar Prelog,
"Croatian Painting of the 1920s and 1930s.
From Magic Realism to Socially Engaged
Art" in: *European Realities* (op.cit., noot 2),
pp. 53-57.

17
"Hedendaagsche Joegoslavische kunst
in het Stedelijk Museum. De schilders"
in: *Algemeen Handelsblad*, 6 oktober 1932,
p. 9.

18
In 1932 en 1933 werden tentoonstellingen
met werk van Grosz in Zagreb georganiseerd. Op.cit. (noot 13), p. 56.

19
Anna Habanová, "Neue Sachlichkeit
in Czechoslovakia" in: *European Realities*
(op.cit., noot 2), pp. 241-247. Zie tevens:
op.cit. (noot 1); *Nové Realismy. Tsjecho-
Slowaaks realisme 1918-1945*, tent. cat.
Museum MORE, 2019; Ivo Habán,
"New Objectivity or New Realisms?
Trends in the Successor States of
Austria-Hungaria with a Special Focus
on Czechoslovakia" in: *Beyond Klimt.
New Horizons in Central Europe*, tent.cat.
Österreichische Galerie Belvedere
(Wenen) & BOZAR: Centre for Fine Arts
(Brussel), 2018, pp. 278-286.

20
Neda Tsvetanova Zhivkova, "Influences of
New Objectivity in Bulgarian Art during
the 1930s and 1940s" in: *European Realities*
(2025), p. 204.

21
Katarzyna Nowakowska-Sito,
"Inspirations and interconnections.
New Classicism and Realism in Polish
Art between the Two World Wars" in:
European Realities (op.cit., noot 2), p. 96.

Notes

1
Ivo Habán and Anna Habanová, *New Realisms. Modern Realist Approaches across the Czechoslovak Scene 1918–1945*, Liberec: National Heritage Institute, 2019.

2
Anna Manicka, 'Berliner Luft and Bronisław Wojciech Linke, the Apostate. Classicism in Poland. A chronological Classification' in: *European Realities*, exh.cat. Kunstsammlungen Chemnitz, Museum Gunzenhauser, Munich: Hirmer Verlag, 2025, p. 365.

3
Artists representing Luxembourg and Lithuania are only included in the Chemnitz exhibition.

4
A recent analysis of this exhibition can be found in Inge Herold and Johan Holten (eds.), *The New Objectivity. A Centennial Anniversary*, exh.cat. Kunsthalle Mannheim, 2025.

5
Franz Roh, *Nach-Expressionismus. Magischer Realismus. Probleme der neuesten europäischen Malerei*, Leipzig: Klinkhardt & Biermann, 1925.

6
Olaf Peters, 'The New Objectivity Aesthetic' in: *Otto Dix and the New Objectivity*, exh.cat. Kunstmuseum Stuttgart and Staatliche Akademie der Bildenden Künste Stuttgart, Stuttgart: Hatje Cantz, 2013, p. 32.

7
Chloë Théault, 'Unertain Realities. British Realist Painting in the Interwar Period' in: *European Realities* (op. cit., note 2), p. 102. Regarding the British situation, see also Patrick Elliott et al., *True to Life. British Realist Painting in the 1920s & 1930s*, exh.cat. National Galleries of Scotland, Edinburgh, 2017; Ype Koopmans (ed.), *For Real. Britse Realisten uit de jaren '20 en '30*, exh.cat. Museum MORE. Gorssel & Ruurlo, 2019.

8
Katarzyna Nowakowska-Sito, 'Inspirations and interconnections. New Classicism and Realism in Polish Art between the Two World Wars' in: *European Realities* (op. cit., note 2), pp. 95–99. Anna Manicka, 'Berliner Luft and Bronisław Wojciech Linke, the Apostate. Classicism in Poland. A Chronoligical Classification' in: Ibid. pp. 365–367.

9
See Eduards Kļaviņš, 'Development towards increased figurative representation. The "New Realism" of Latvian Modernists in the 1920s and 1930s in the Social and Political Context' in: *European Realities* (op. cit., note 2), pp. 59–63.

10
Ibid. p. 61.

11
See regarding the development of realism in the Netherlands, Carel Blotkamp and Ype Koopmans (eds.), *Magie en Zakelijkheid. Realistische Schilderkunst in Nederland 1925–1945*, exh.cat. Museum Arnhem, Zwolle: Waanders, 1999. Ype Koopmans and Mieke Reijnders (eds.), *In de schaduw van morgen. Neorealisme in Nederland*, exh.cat. Museum voor Moderne Kunst Arnhem, 2012. Mieke Reijnders, 'Neo-Realism: Art-Critical Framing of the New Objectivity in the Netherlands 1925–45' in: Kristoffer Arvidsson and Johan Sjöström (eds.), *Focus on Europe. New Objectivities 1919–1939*, exh.cat. Göteborgs Konstmuseum, 2021, pp. 175–193.

12
Ype Koopmans, *Te waar om mooi te zijn. Het kritisch realisme van Dix & Co 1920–1940*, Arnhem: De Rijn 2010, p. 20.

13
For Pyke Koch and the Dutch interwar artists, see Susana Dolores Puente Matos, '"That's not Art!" The Dutch Reaction to the Berlin Verists' in: *European Realities* (op. cit., note 2), pp. 23–27. An analysis of Carel Willink's work and the development of Dutch neorealism can be found in: Julia Dijkstra, 'As Cold as Stone. Carel Willink and Dutch Neo-Realism (1920–1940)' in: *European Realities* (op. cit., note 2), pp. 153–157.

14
Kristoffer Arvidsson, 'Affirmed Reality. New Objectivity in Sweden' in: *European Realities* (op. cit., note 2), pp. 235–239. Arvidsson and Sjöström, op. cit. (note 11).

15
The first entity was the Kingdom of Serbs, Croats and Slovenes (1918–1929), which was subsequently renamed the Kingdom of Yugoslavia (1929–1941). Regarding the situation in the former Yugoslavia, see: Miha Colner, 'The Art of Unrest. Examples of Social Realism in Yugoslavia in the 1920s and 1930s' in: *European Realities* (op. cit., note 2), pp. 335–339.

16
For realism in Croatia, see Lovorka Magaš Bilandžić and Petar Prelog, 'Croatian Painting of the 1920s and 1930s. From Magic Realism to Socially Engaged Art' in: *European Realities* (op. cit., note 2), pp. 53–57.

17
'Hedendaagsche Joegoslavische kunst in het Stedelijk Museum. De schilders' in: *Algemeen Handelsblad*, 6 October 1932, p. 9. '[...] een talent van groote beteekenis en rijke beloften [...]. Technisch veelzijdig toegerust en blijkbaar voortreffelijk geschoold beschikt hij over den klaren, vasten, krachtig beheerschten stijl der voor het monumentale begaafde kunstenaars. Naast het grote stuk met het portret van den vader en dat van den schilderende zoon hangt de beeldtenis van diens vrouw, jong en blond in een helderblauw kleed tegen een lichten achtergrond met arbeidende figuren.'

18
Exhibitions of Grosz' work were organized in Zagreb in 1932 and 1933. Op. cit. (note 13), p. 56.

19
Anna Habanová, 'Neue Sachlichkeit in Czechoslovakia' in: *European Realities* (op. cit., note 2), pp. 241–247. See also op. cit. (note 1); *Nové Realismy. Tsjecho-Slowaaks realisme 1918–1945*. exh.cat. Museum MORE, 2019; Ivo Habán, 'New Objectivity or New Realisms? Trends in the Successor States of Austria-Hungary with a Special Focus on Czechoslovakia' in: *Beyond Klimt. New Horizons in Central Europe*, exh.cat. Österreichische Galerie Belvedere (Vienna) and BOZAR: Centre for Fine Arts (Brussels), 2018, pp. 278–286.

20
Neda Tsvetanova Zhivkova, 'Influences of New Objectivity in Bulgarian Art during the 1930s and 1940s' in: *European Realities* (2025), p. 204.

21
Katarzyna Nowakowska-Sito, 'Inspirations and interconnections. New Classicism and Realism in Polish Art between the Two World Wars' in: *European Realities* (op. cit., note 2), p. 96.

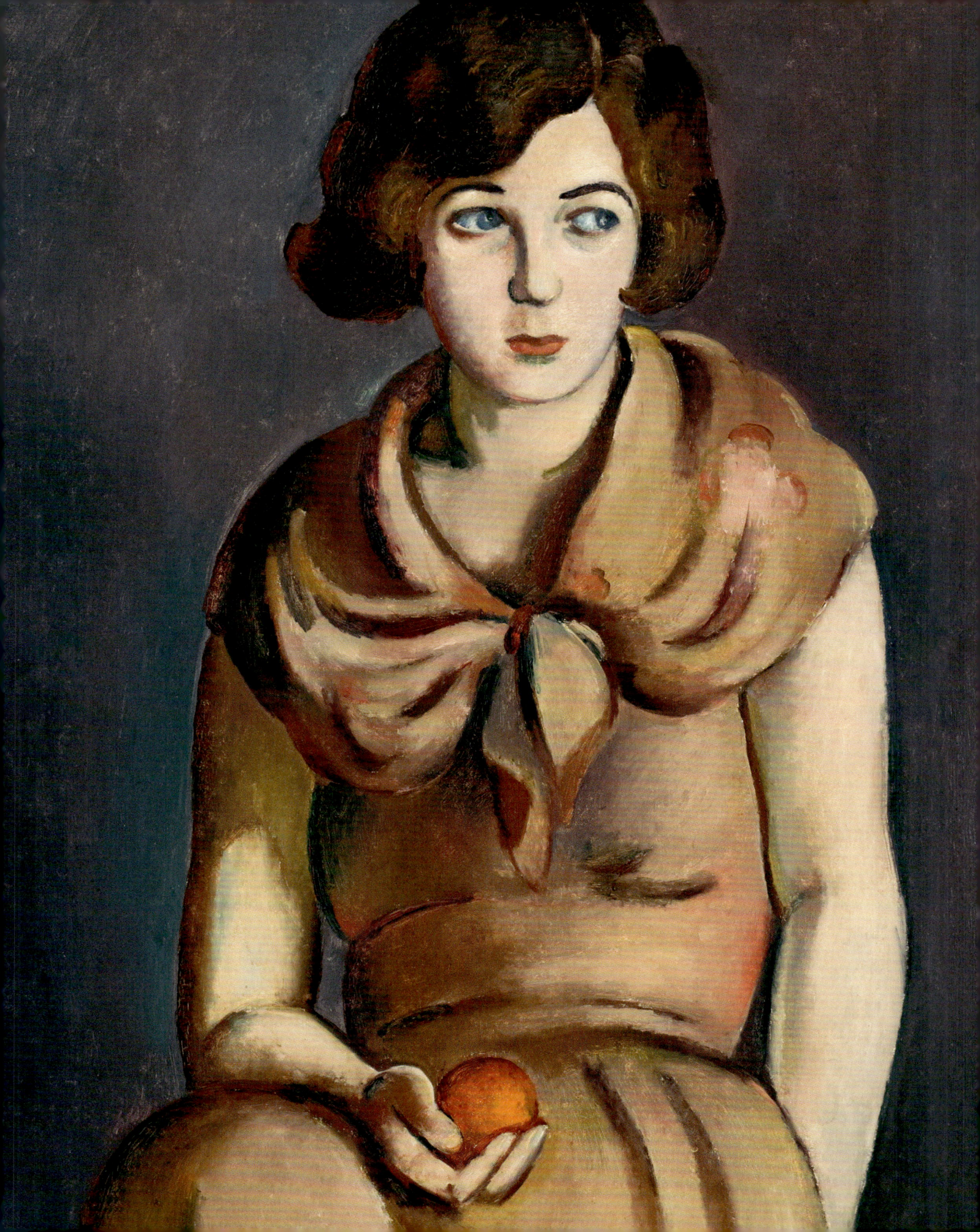

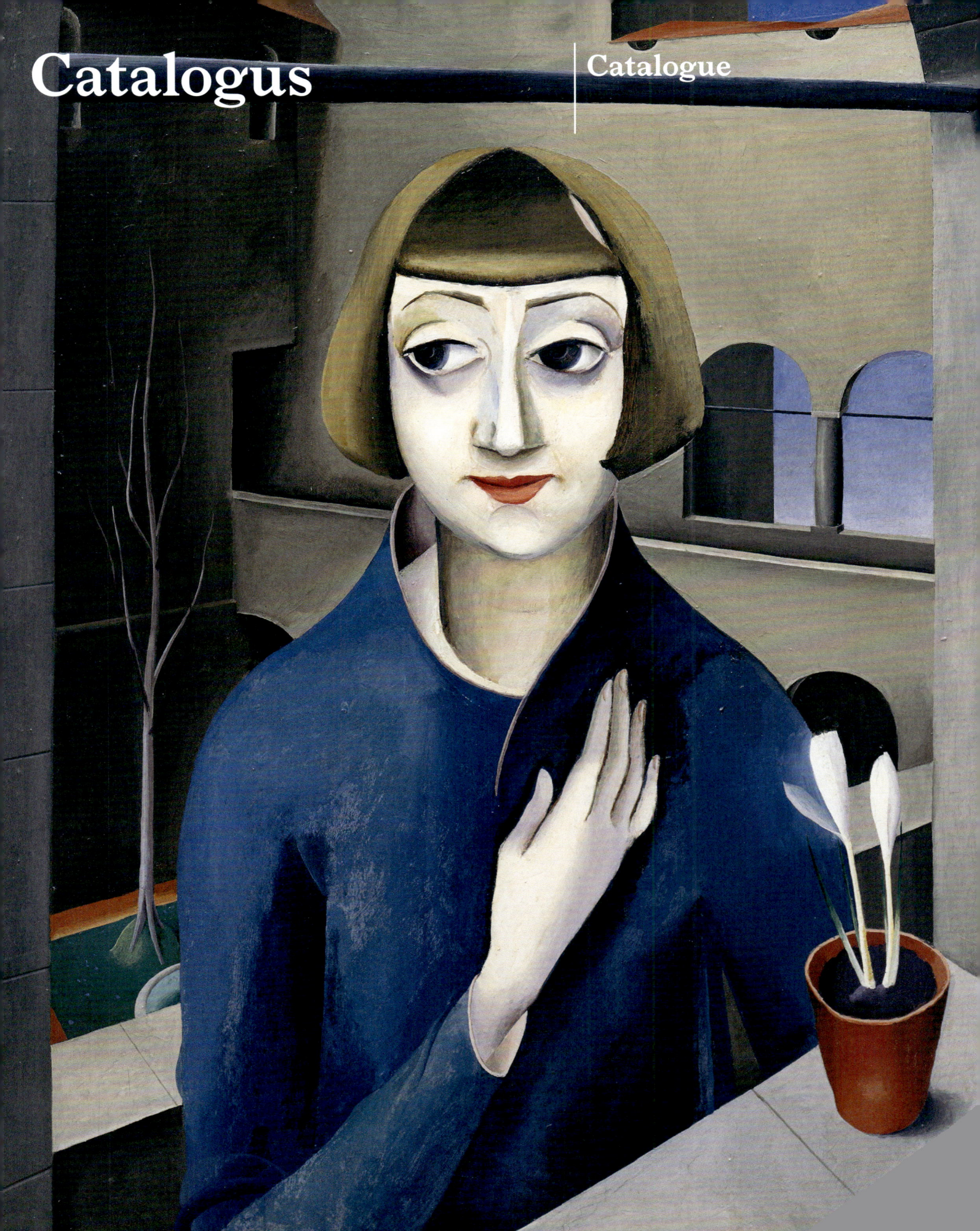

Oorlog en vrede

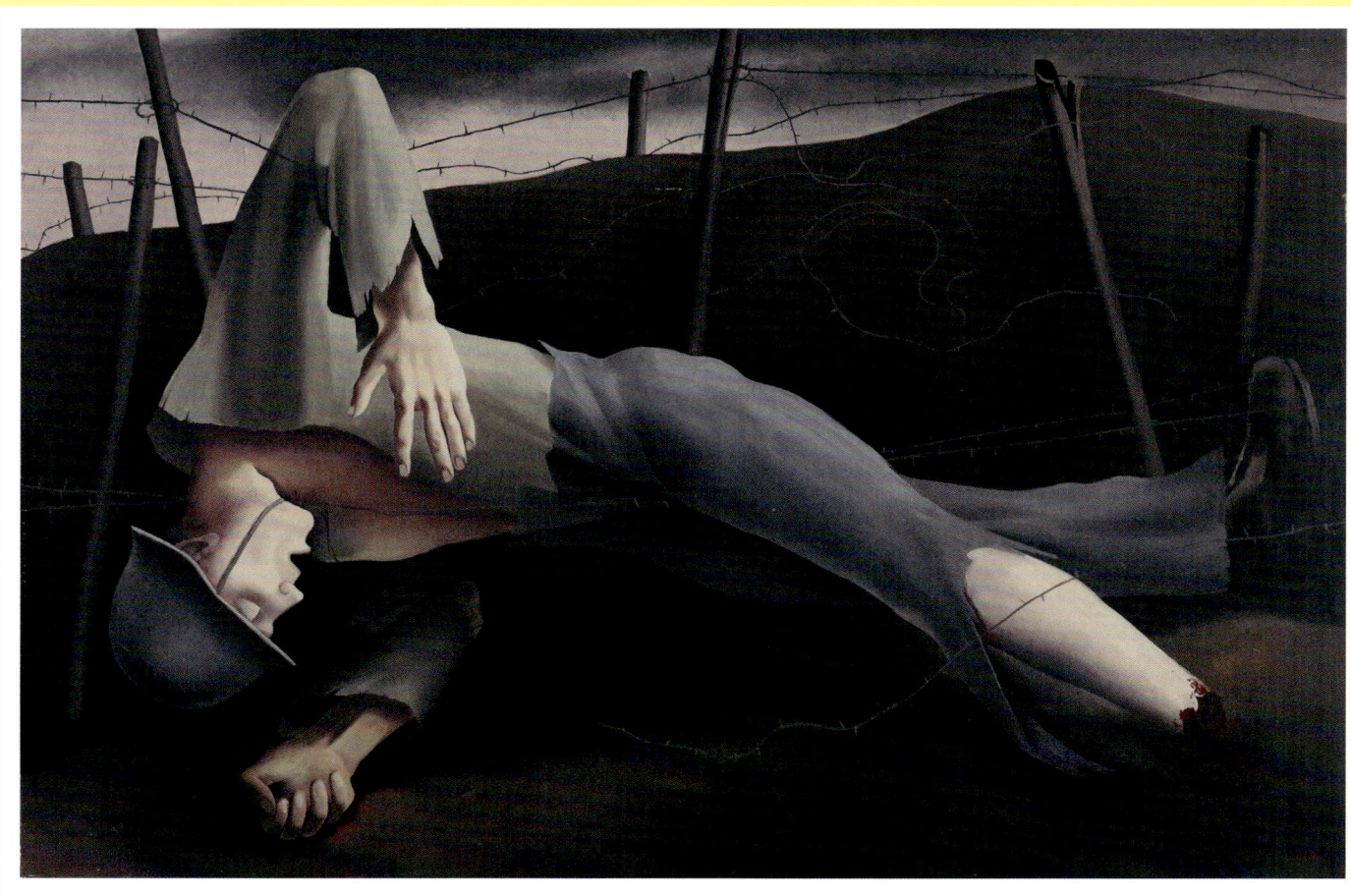

Robert Angerhofer (1895-1987)
Toter Krieger im Stacheldraht, c. 1920
Dode strijder in prikkeldraad
Dead Warrior in the Barbed Wire
olieverf op doek | oil on canvas
97,5 × 146,5 cm
Nordico Stadtmuseum, Linz

Een gesneuvelde soldaat verstrikt in het prikkeldraad: dit schilderij van kunstenaar Robert Angerhofer uit 1920 balt de verschrikkingen van de voorgaande jaren samen in een krachtig beeld. De toekomst van deze jongen en die van het oude Europa zijn op het slagveld verloren gegaan. Tijdens en vlak na de Eerste Wereldoorlog (1914-1918) zijn tientallen miljoenen Europeanen gestorven in de loopgraven, van de honger of aan de Spaanse griep. Het politieke landschap van het Europese continent is totaal veranderd door de oorlog. De Duitse en Russische keizerrijken zijn uiteengevallen, net als de Oostenrijks-Hongaarse dubbelmonarchie, die heeft plaatsgemaakt voor nieuwe landsgrenzen en staten als Joegoslavië en Tsjecho-Slowakije.

Toch gloort er ook hoop. De totale vernietiging biedt ruimte voor vernieuwing en vooruitgang. Op de ruïnes van Europa moeten eerlijkere samenlevingen ontstaan, democratischer en gelijkwaardiger. In 1918 krijgen vrouwen in bijna alle Europese landen kiesrecht, worden emancipatoire bewegingen (feminisme, antiracisme en queer) breder gedragen en de nieuwe technologische mogelijkheden gevierd.

Tegen deze achtergrond wordt het realisme in de beeldende kunst nieuw leven ingeblazen. Kunstenaars proberen grip te krijgen op een nieuwe wereld die verre van eenduidig is, door hun dagelijks bestaan zo objectief mogelijk weer te geven.

War and Peace

A fallen soldier entangled in barbed wire: this 1920 painting by Robert Angerhofer powerfully encapsulates the horrors of the preceding years. The future of this young man – and of the old Europe – is lost on the battlefield. During and shortly after World War I (1914–1918), tens of millions of Europeans die in the trenches, from hunger or the Spanish flu. The war completely transforms the political landscape of the European continent. The German and Russian empires collapse, as does the Austro-Hungarian Dual Monarchy, making way for new national borders and for states such as Yugoslavia and Czechoslovakia.

And yet, there is a glimmer of hope. Total destruction creates space for renewal and progress. On the ruins of Europe, fairer, more democratic and more egalitarian societies are to emerge. In 1918, women in nearly all European countries gain the right to vote, emancipatory movements (feminism, anti-racism and queer) find broader support, and new technological possibilities are celebrated.

It is against this background that new life is breathed into realism in the visual arts. Artists seek to make sense of a new world – far from straightforward – by depicting their daily lives as objectively as possible.

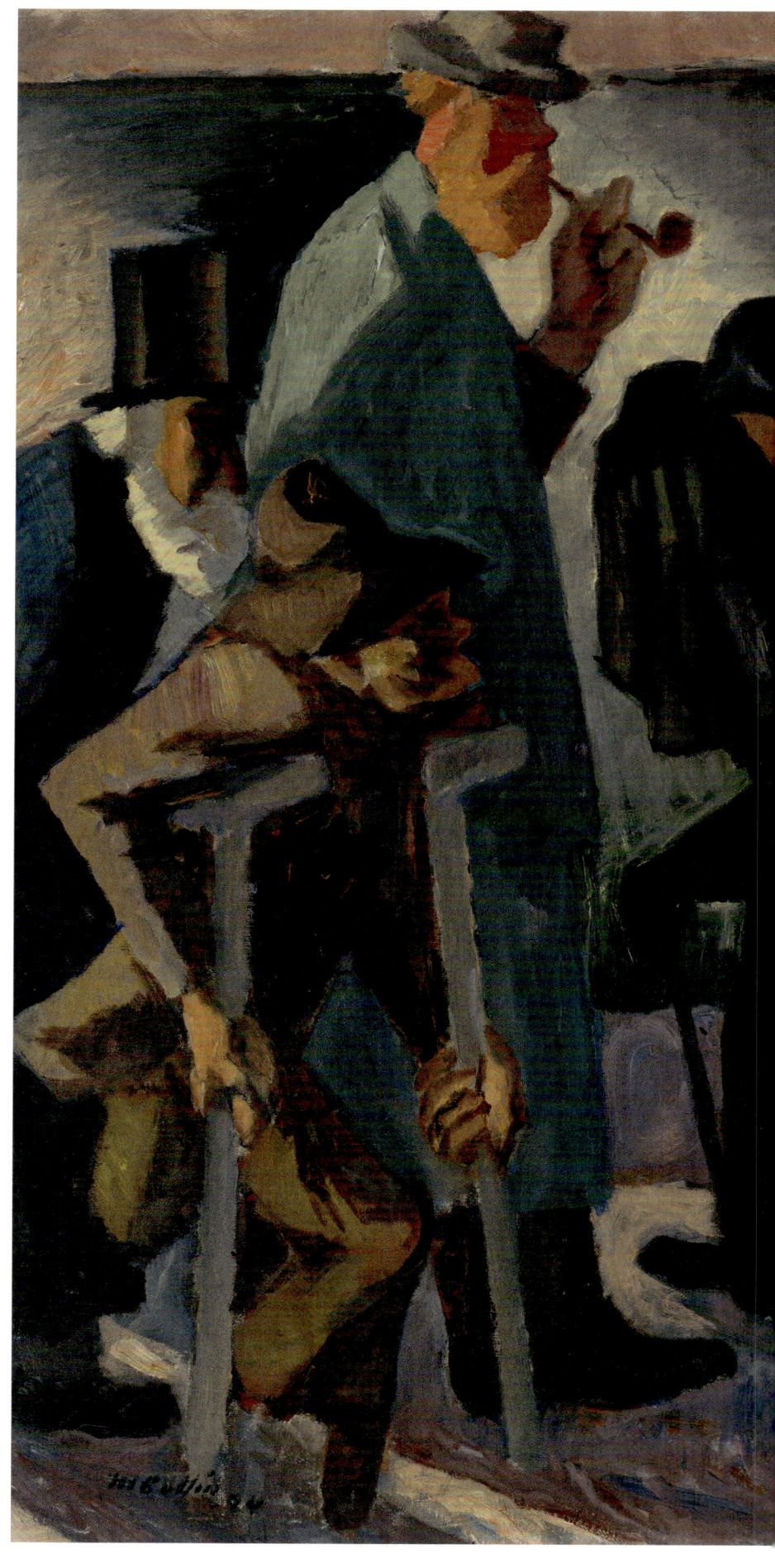

Marcus Collin (1882-1966)
Katu, 1923–1924
Straat | *Street*
olieverf op doek | *oil on canvas*
97,8 × 121 cm
Helsinki Art Museum (HAM),
Leonard en | and **Katarina**
Bäcksbacka Collectie | Collection

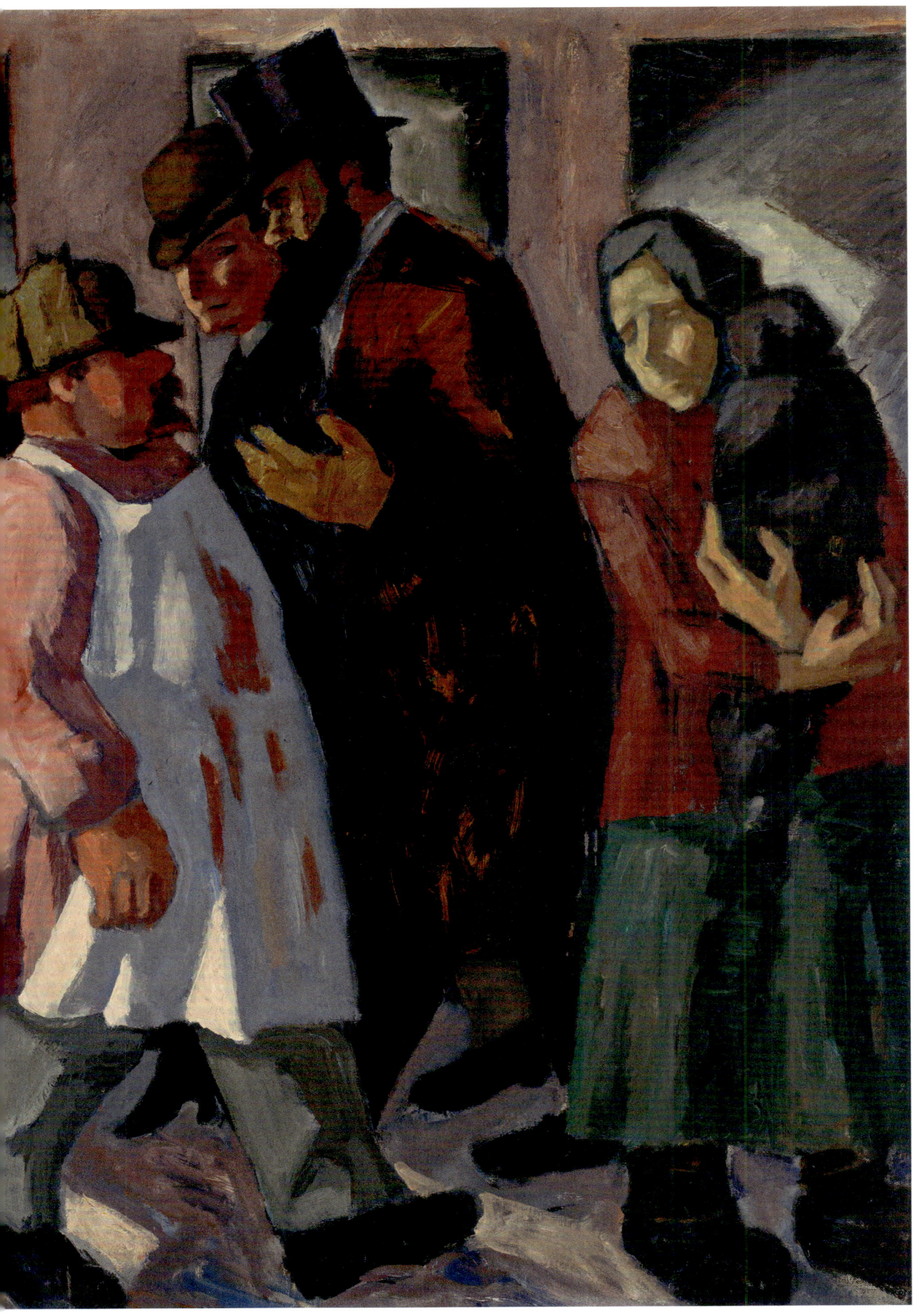

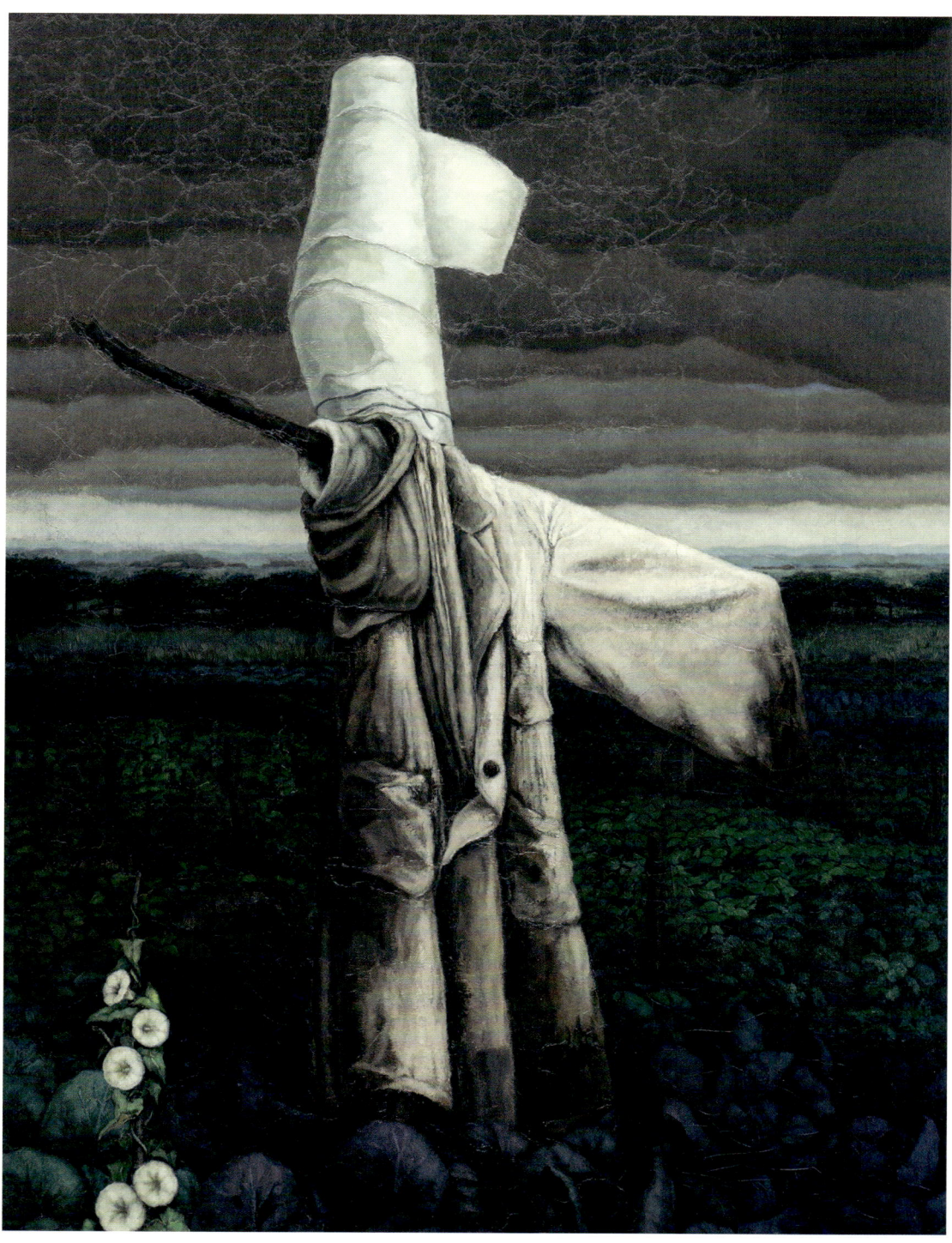

Johan Mekkink (1904-1991)
De schieuw, 1937
The scarecrow
olieverf op doek | oil on canvas
70 × 54 cm
Museum MORE, Gorssel & Ruurlo

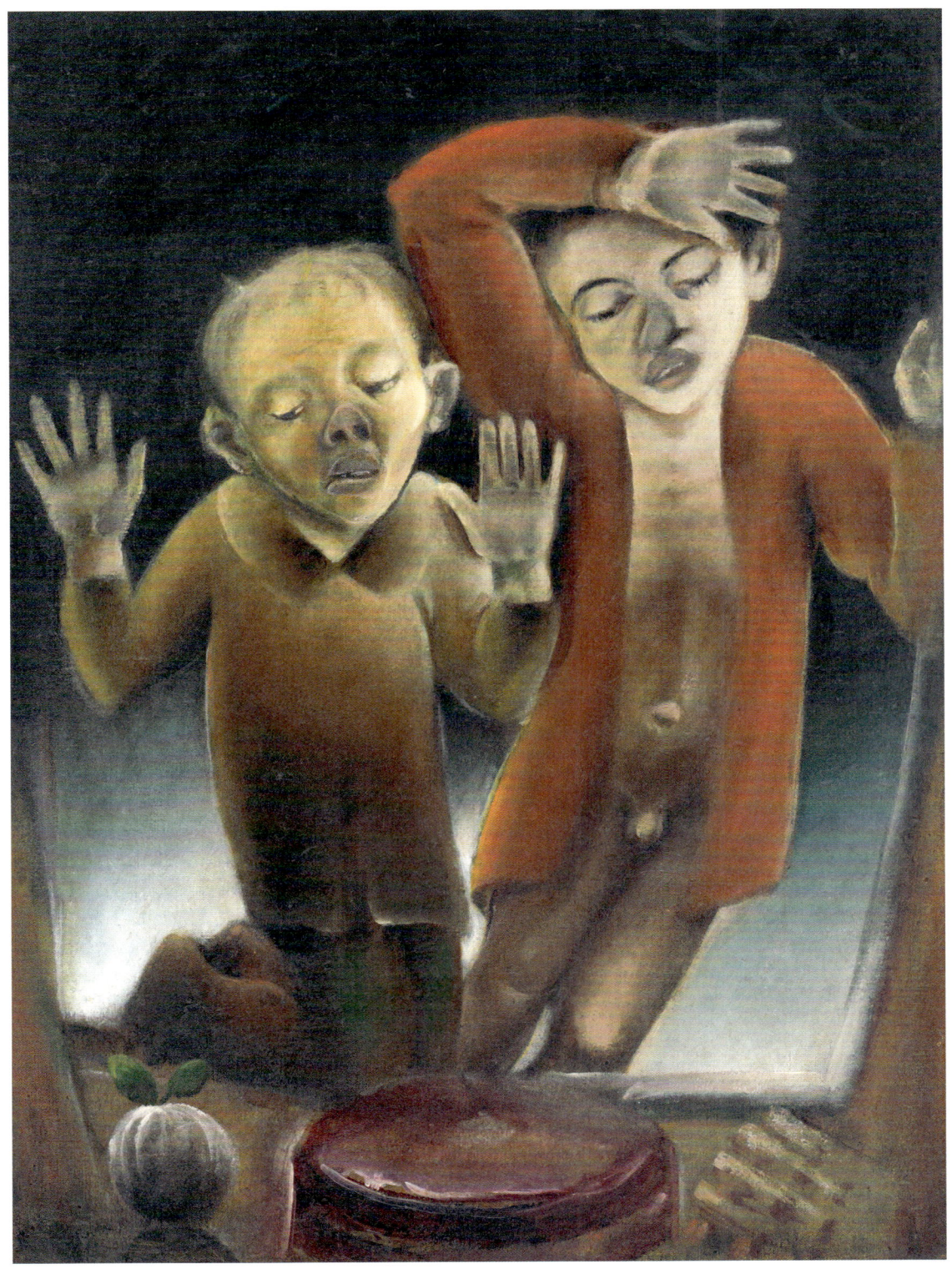

Martin Nagy (1901-1990)
Deti pred výkladom, 1924
Kinderen voor een etalage
Children in front of a Shop Window
olieverf op doek | oil on canvas
74 × 54 cm
Slovak National Gallery, Bratislava

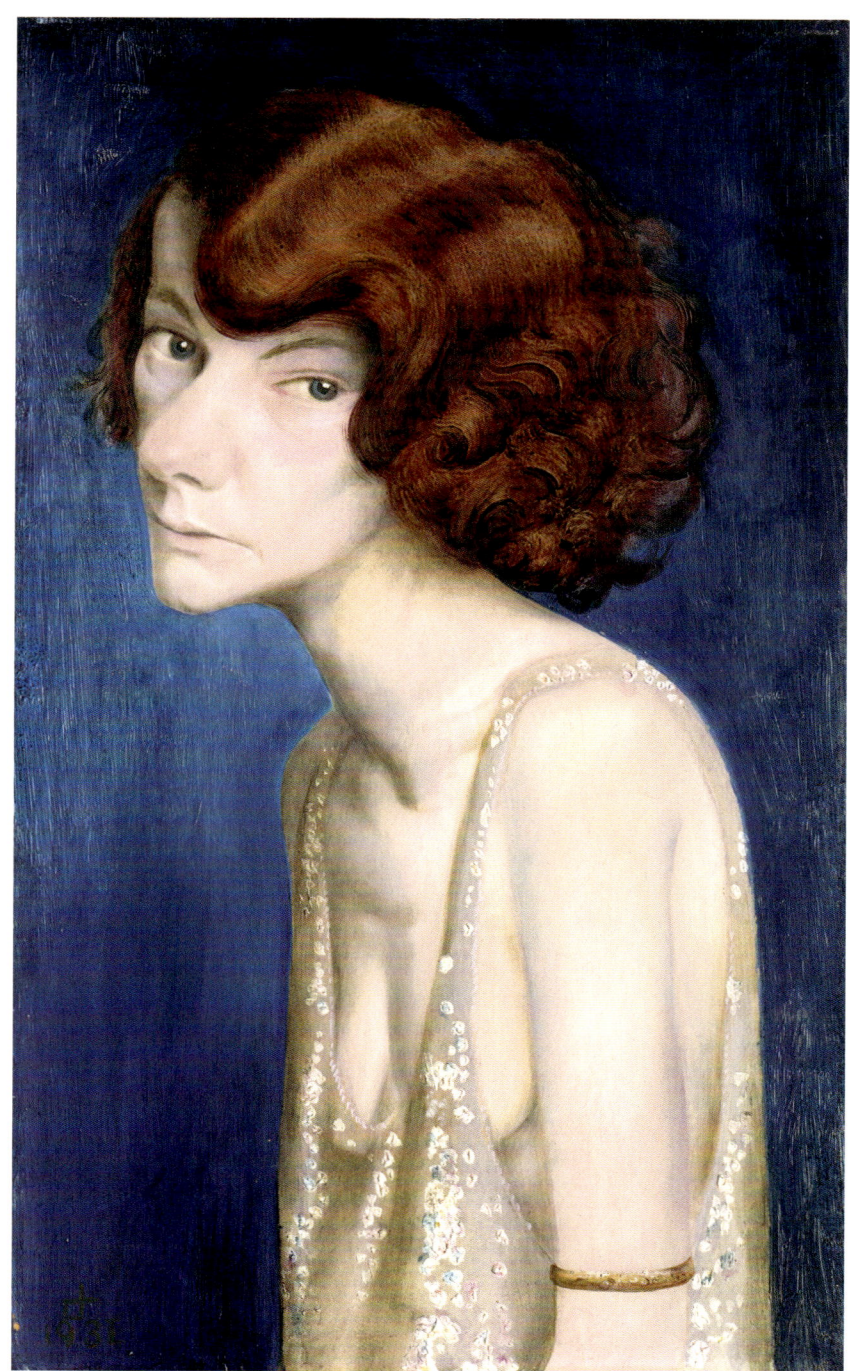

Otto Dix (1891-1969)
*Rothaarige Frau
(Damenporträt)*, 1931
*Roodharige vrouw (portret
van een dame)* | *Red-Haired
Woman (Portrait of a Lady)*
gemengde techniek op canvas
op blokplaat | mixed media
on canvas on blockboard
60,8 × 36,6 cm
Kunstsammlungen Chemnitz,
Museum Gunzenhauser, eigendom
van | property of the Stiftung
Gunzenhauser, Chemnitz

Vlasta Vostřebalová-Fischerová
(1898-1963)
Piják, 1922–1923
Drinker | *Drinker*
olieverf op doek | oil on canvas
146 × 114 cm
National Gallery Prague, Praag
Prague

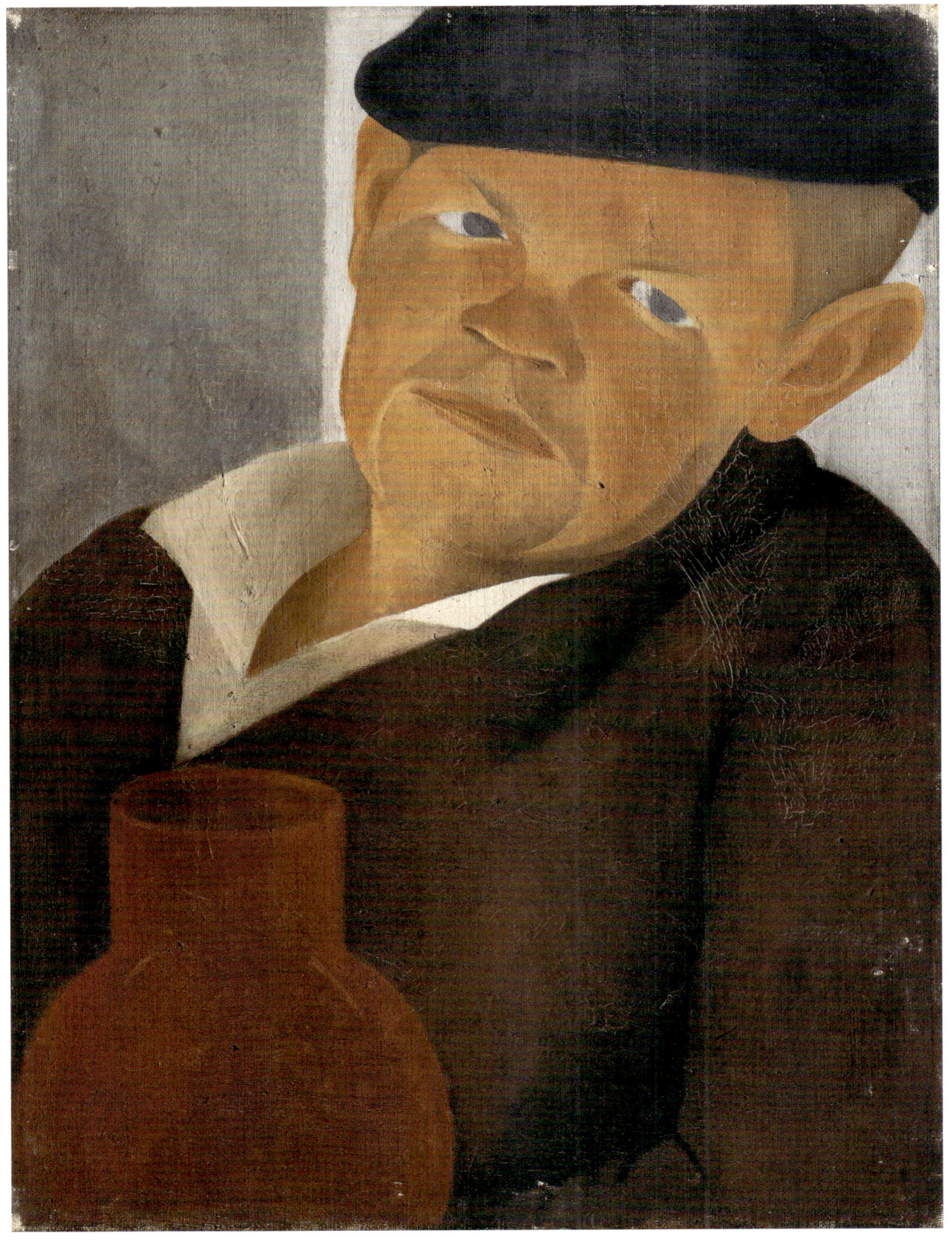

Nieuw mensbeeld

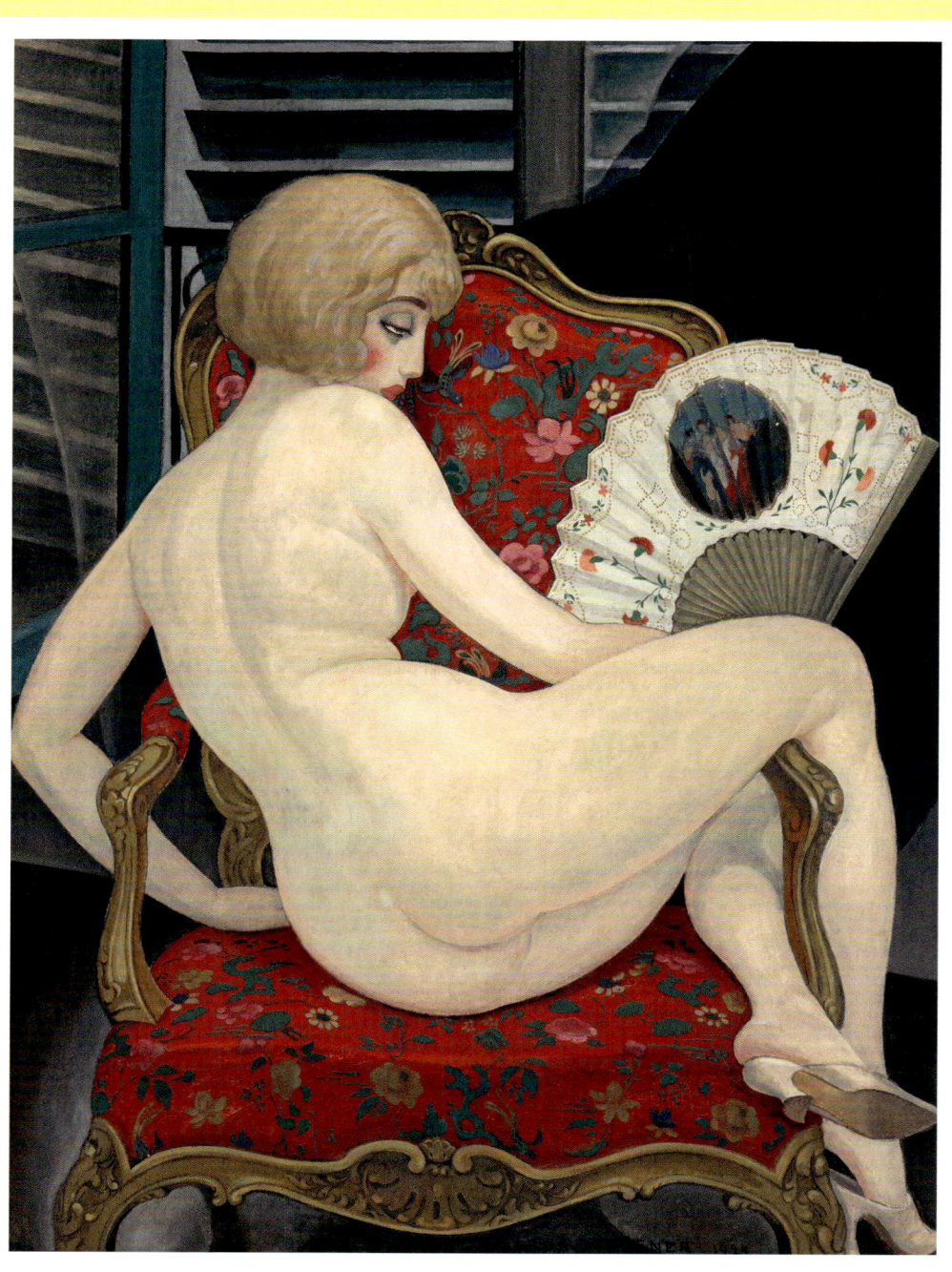

Gerda Wegener (1886-1940)
I sommervarmen (Lili), 1924
In de zomerhitte (Lili)
In the Heat of Summer (Lili)
olieverf op doek | oil on canvas
115 × 87 cm
particuliere collectie, Denemarken
private collection, Denmark

Tijdens de Eerste Wereldoorlog nemen vrouwen op grote schaal het werk over van de mannen die naar het front zijn gestuurd. Na de oorlog komt daardoor de traditionele rolverdeling ter discussie. De mannen eisen hun posities weer op, maar veel vrouwen willen niet wijken. Hun nieuwverworven sociale status doet verlangen naar meer vrijheden. Om hier uiting aan te geven, eigenen veel vrouwen zich mannelijke codes toe, zoals kort haar, broekpakken en een sportief lichaam.

Ook genderfluïditeit wordt een belangrijk thema: de androgyne *look* floreert, travestie wordt in het uitgaansleven in de grote steden meer geaccepteerd, de eerste geslachtsoperaties vinden plaats. De partner van de Deense kunstenaar Gerda Wegener ondergaat begin jaren 1930 als een van de eersten een geslachtsoperatie. 'Lili', haar bijnaam die ze na haar transitie als officiële naam aanneemt, was in de jaren 1920 al herhaaldelijk door Wegener als vrouw geportretteerd.

Hoewel deze emancipatiegolven voor velen nieuwe vrijheden betekenen, ervaren sommigen ze als dreigend. Zij willen terug naar de vooroorlogse situatie, waarin de vrouw thuisbleef en het traditionele gezin de hoeksteen van de samenleving vormde.

Niet alleen het patriarchaat, ook klassenongelijkheid en rassendiscriminatie zijn onderwerpen in de kunst. Realistische kunstenaars proberen het veranderende mensbeeld te vangen in een zakelijke stijl, waarbij de afgebeelde mensen zoveel mogelijk van hun persoonlijke kenmerken worden ontdaan.

A New View of Humanity

During World War I, women take over much of the work of the men sent to the front. As a result, after the war, the traditional division of roles comes under discussion. The men reclaim their positions, but many women are unwilling to give way. Their newly acquired social status sparks a yearning for greater freedoms. Many women express this by adopting male-coded conventions, such as short hair, trouser suits and an athletic physique.

Gender fluidity also becomes an important theme: the androgynous look flourishes, cross-dressing gains wider acceptance in the nightlife of major cities, and the first gender-affirming surgeries are performed. In the early 1930s, the partner of the Danish artist Gerda Wegener is one of the first to undergo such a procedure. 'Lili', her nickname – which she officially adopts following her transition – has already been portrayed many times as a woman by Wegener in the 1920s.

While these waves of emancipation bring new freedoms for many, others experience them as a threat. They want to return to the pre-war situation, in which women stayed at home, and the traditional family formed the cornerstone of society.

In the visual arts, not only the patriarchy, but also class inequality and racial discrimination come under scrutiny. Realist artists attempt to capture this changing view of humanity in an objective style, stripping the people they depict of as many individual characteristics as possible.

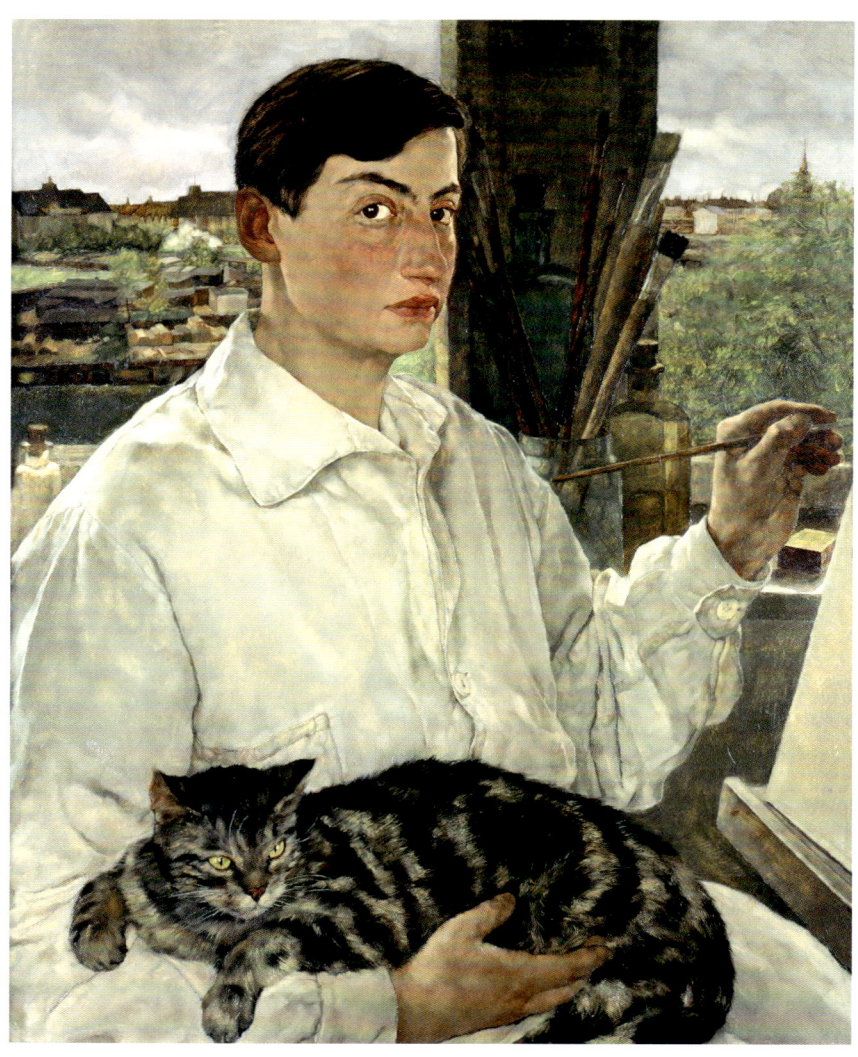

Lotte Laserstein (1898-1993)
Selbstporträt mit Katze, 1928
Zelfportret met kat
Self-Portrait with Cat
olieverf op paneel | oil on panel
61 × 51 cm
Leicester Museum and Art Gallery

Leonore Maria Stenbock-Fermor
(1906-1990)
*Porträt Hildegard Schroeder
(Konzertpianistin)*, c. 1930
*Portret van Hildegard Schroeder
(concertpianiste)* | *Portrait of
Hildegard Schroeder (Concert Pianist)*
olieverf op doek | oil on canvas
45 × 40 cm
Stiftung Stadtmuseum Berlin

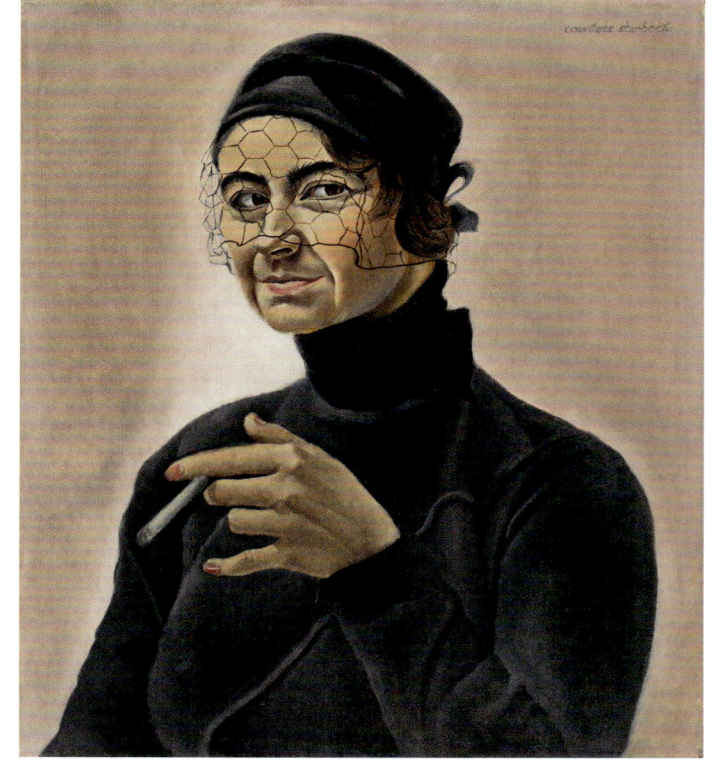

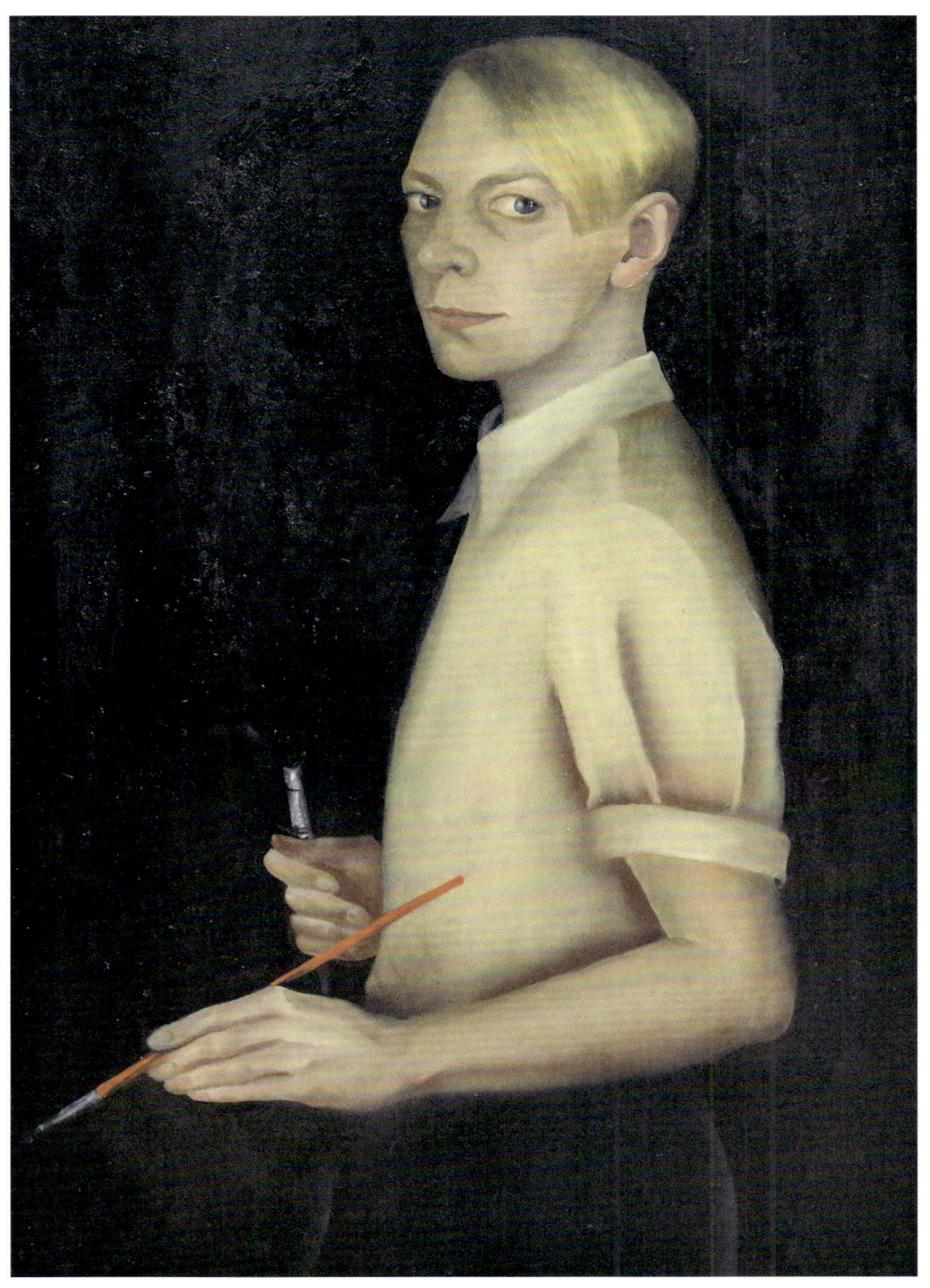

Kate Diehn-Bitt (1900-1978)
Selbstbildnis als Malerin, 1935
Zelfportret als schilder
Self-Portrait as Painter
olieverf op multiplex
oil on plywood
100 × 70 cm
Kunsthalle Rostock

Chris Lebeau (1878-1945)
Portret van Hannah Höch, 1933
Portrait of Hannah Höch
olieverf op paneel | oil on panel
104.5 × 74 cm
Drents Museum, Assen,
schenking van de | gift of the
Stichting Schone Kunsten
rond 1900

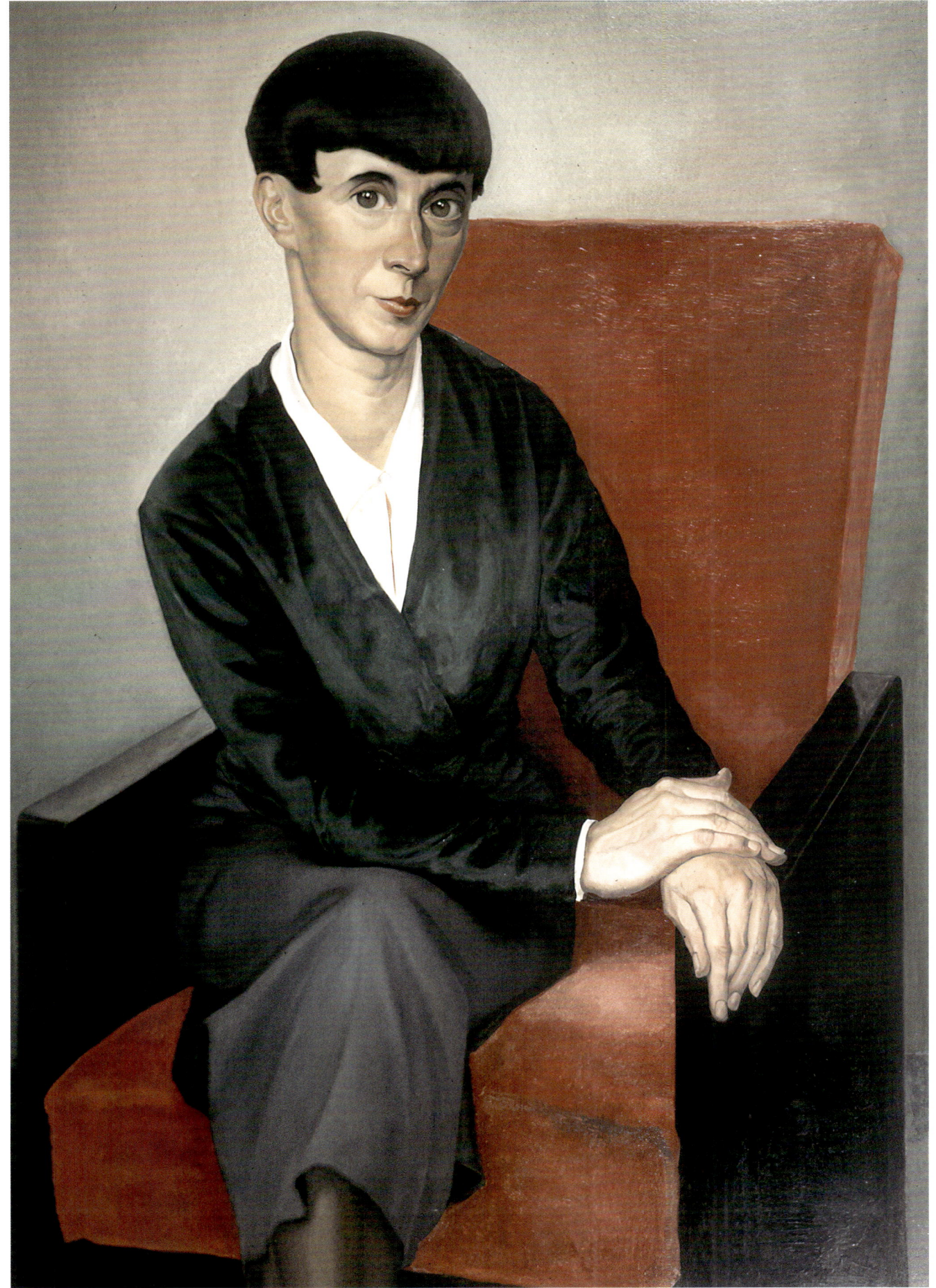

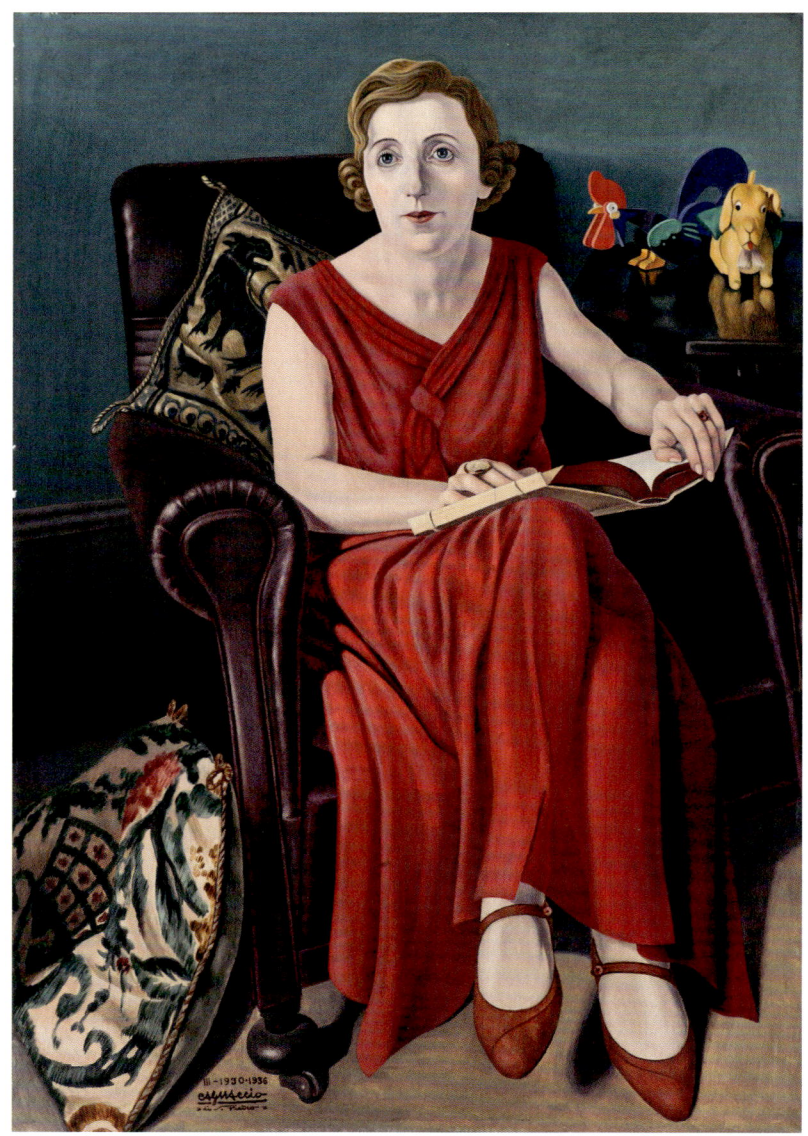

Cagnaccio di San Pietro (1897-1946)
Ritratto della signora Wighi, 1930-1936
Portret van mevrouw Wighi
Portrait of Signora Wighi
olieverf op karton | oil on cardboard
103,5 × 71 cm
Museo di arte moderna e contemporanea
di Trento e Rovereto (Mart),
Collezione VAF-Stiftung

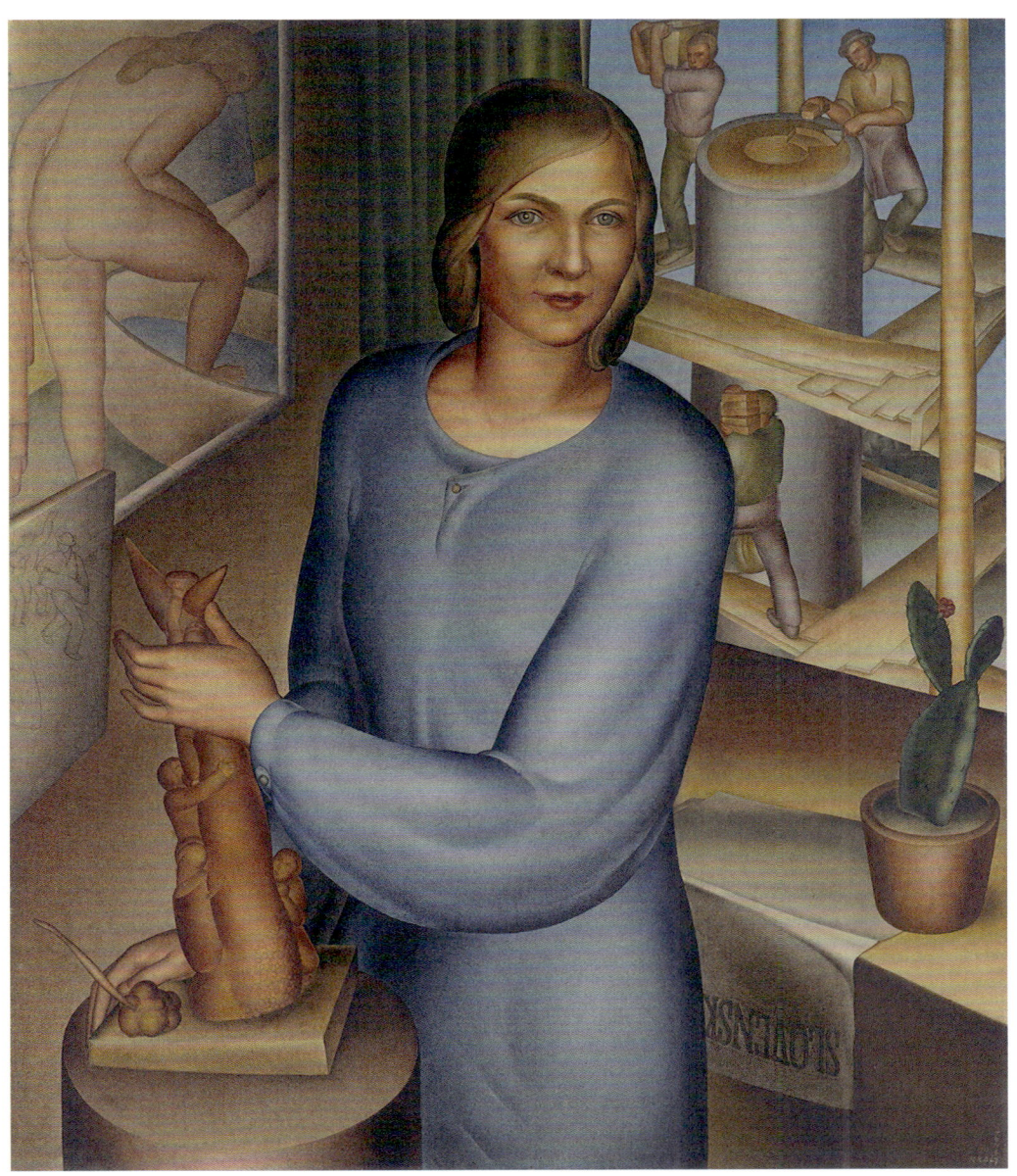

Tone Kralj (1900-1975)
Moja žena, 1930
Mijn vrouw | *My Wife*
olieverf op doek | oil on canvas
132 × 111 cm
Maribor Art Gallery, Slovenië
Slovenia

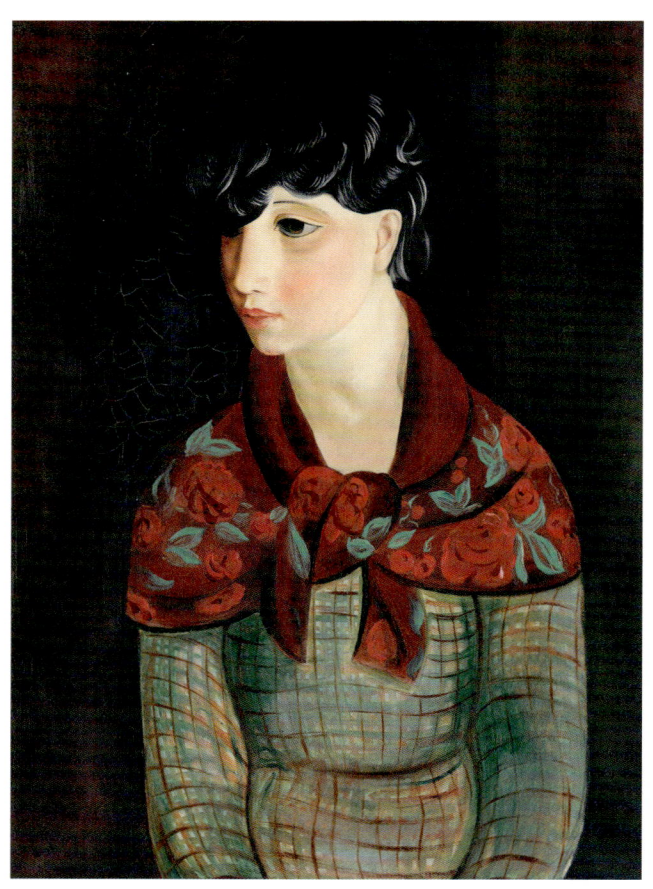

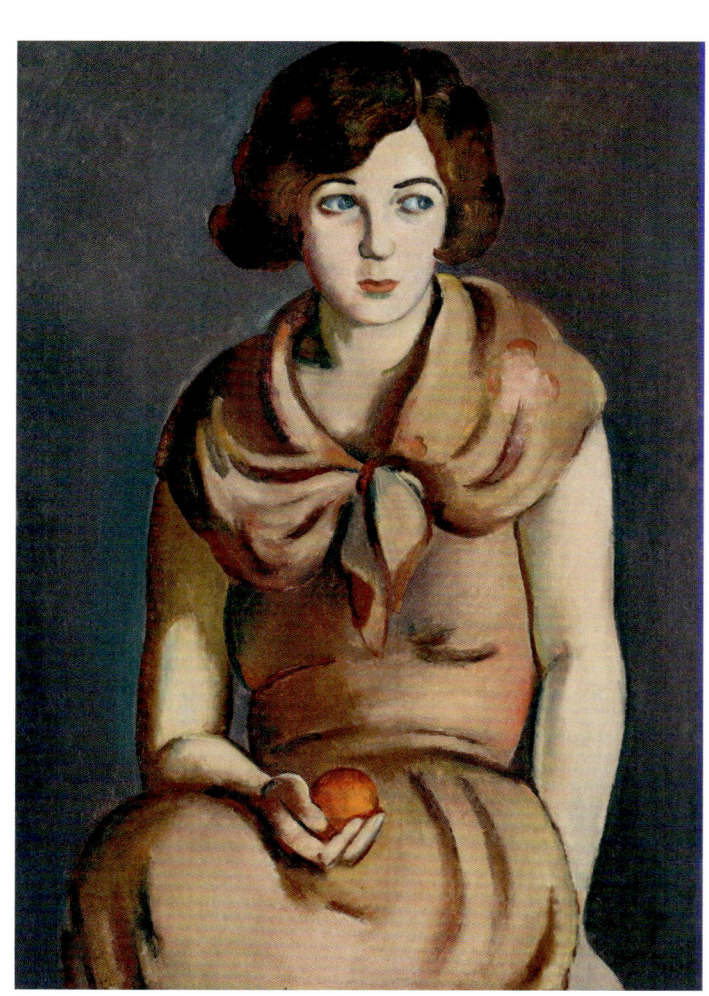

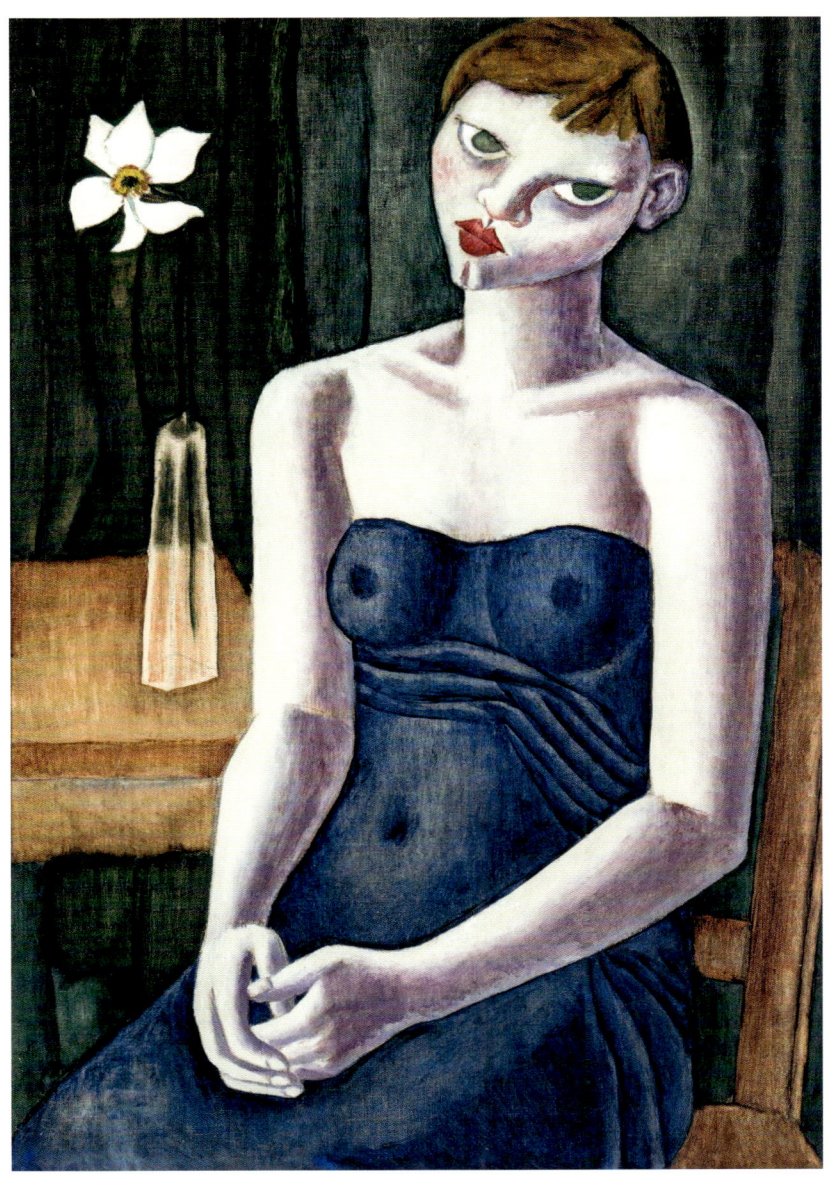

Moïse Kisling (1891-1953)
Jeune fille, c. 1925
Meisje | *Young Girl*
olieverf op doek | oil on canvas
73 × 54 cm
**Moderna Museet, Stockholm,
schenking van** | donation from
**the Association for the Promotion
of Relations between Swedish
and French Artwork, 1929**

Ilmari Vuori (1898-1975)
Tyttö, 1929
Meisje | *Girl*
olieverf op doek | oil on canvas
81,1 × 58,4 cm
**Helsinki Art Museum (HAM),
Leonard en** | and **Katarina
Bäcksbacka Collectie** | Collection

Vilma Kiss (1893-1943)
Nő. Leány nárcisszal, 1927
Vrouw. Meisje met narcis
Woman. Girl with Daffodil
olieverf op doek | oil on canvas
100 × 70 cm
Museum of Fine Arts, Boedapest
Budapest - **Hungarian National
Gallery**

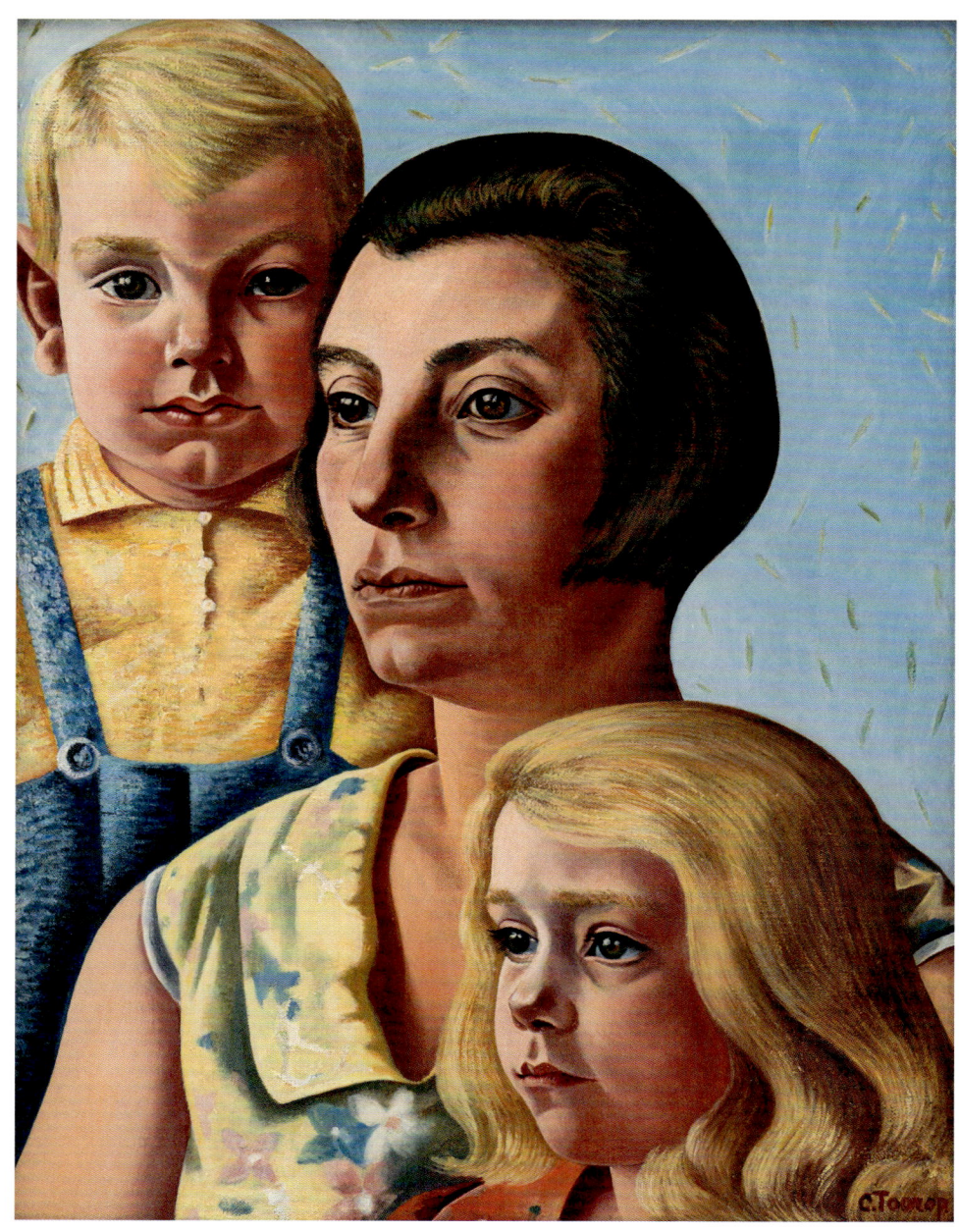

Charley Toorop (1891-1955)
Portret van mevrouw
N.F. van Gelder-Schrijver en
haar beide kinderen, 1935
Portrait of Mrs N.F. van Gelder-
Schrijver and both her children
olieverf op doek | oil on canvas
72,5 × 56,3 cm
Museum MORE, Gorssel & Ruurlo

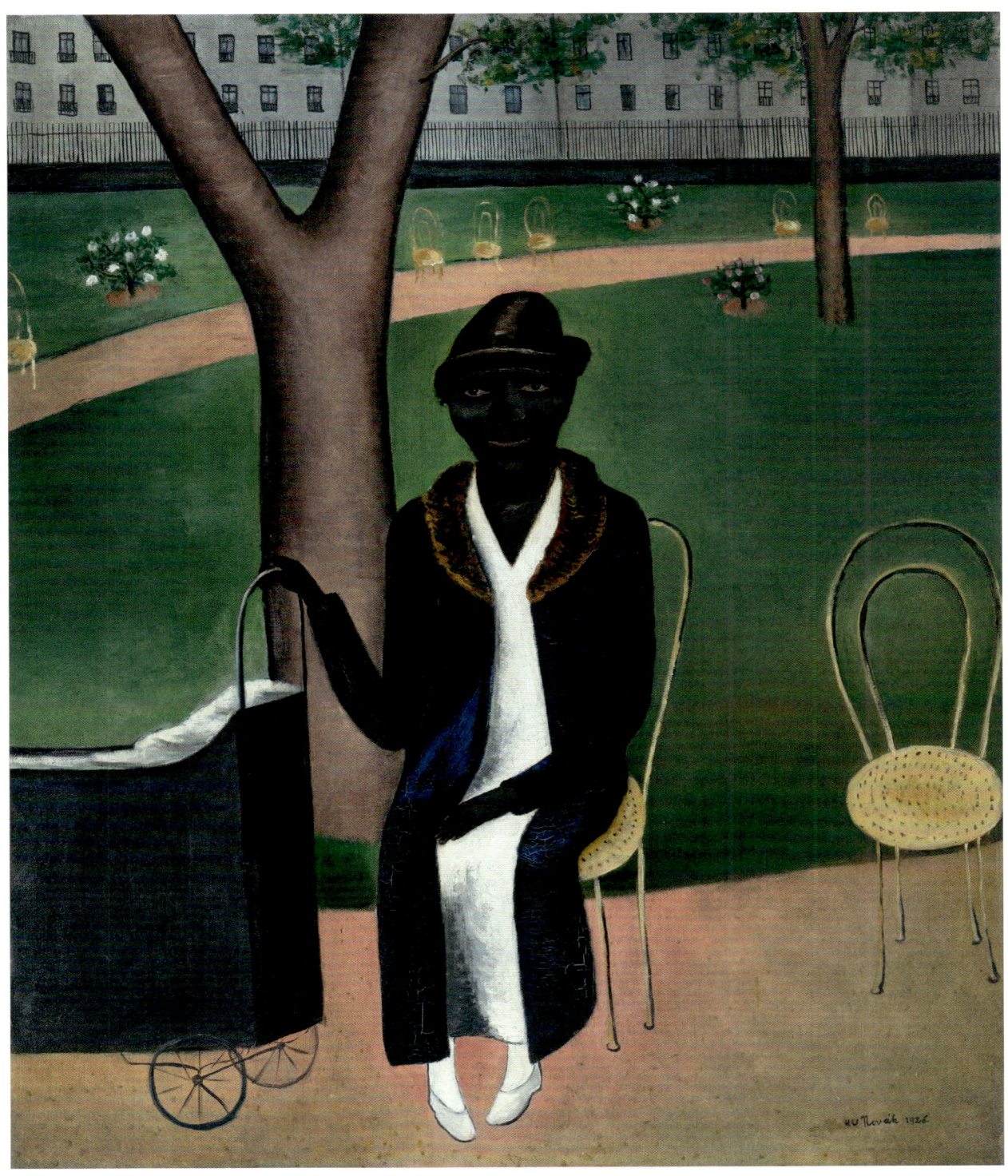

Václav Vojtěch Novák (1901-1969)
Černoška, 1926
Vrouw | *Woman*
olieverf op doek | oil on canvas
87 × 74 cm
National Gallery Prague, Praag
Prague

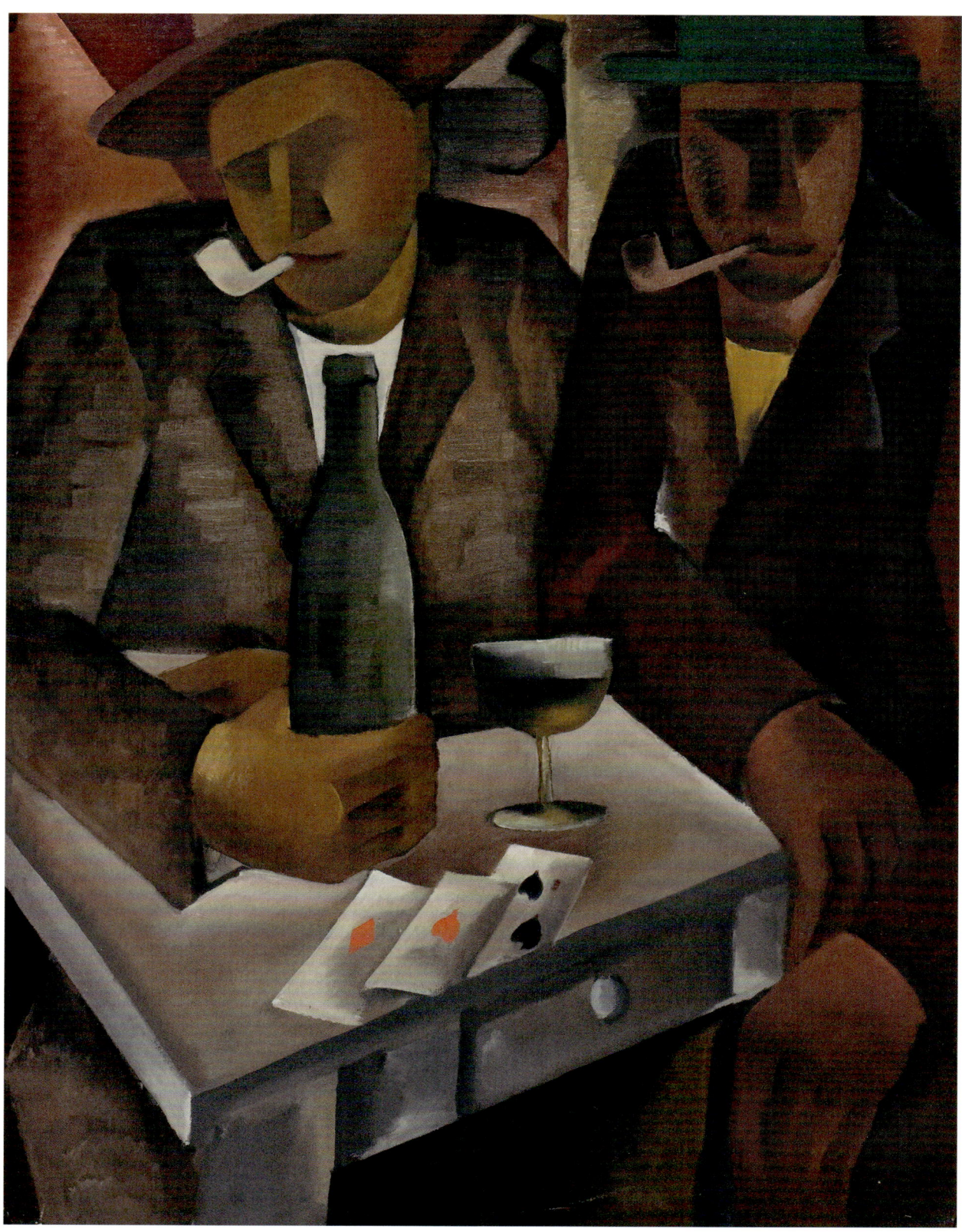

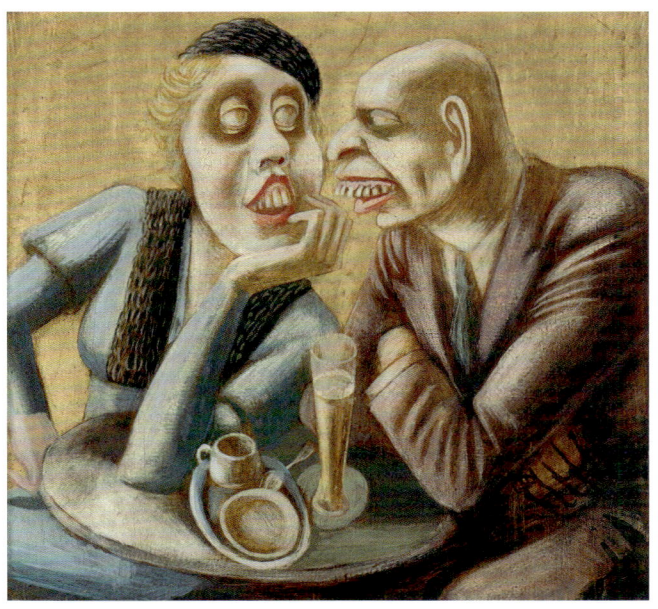

Jānis Liepiņš (1894-1964)
Dzērāji, 1920
Drinkers | *Drunkards*
olieverf op doek | oil on canvas
80 × 62 cm
**Collection of the Latvian National
Museum of Art, Riga**

Karl Hubbuch (1891-1979)
Verlobung steht bevor, c. 1935
De verloving is nabij
Imminent Engagement
**harsolieverf op gouden
ondergrond op hardboard**
resin oil paint on gold ground
on hardboard
30 × 32 cm
**Kunstsammlungen Chemnitz,
Museum Gunzenhauser,
eigendom van** | property of the
Stiftung Gunzenhauser, Chemnitz

William Roberts (1895-1980)
The Char, 1924
De schoonmaker
olieverf op doek | oil on canvas
43,2 × 33 cm
Tate, presented by Lord Duveen
1926

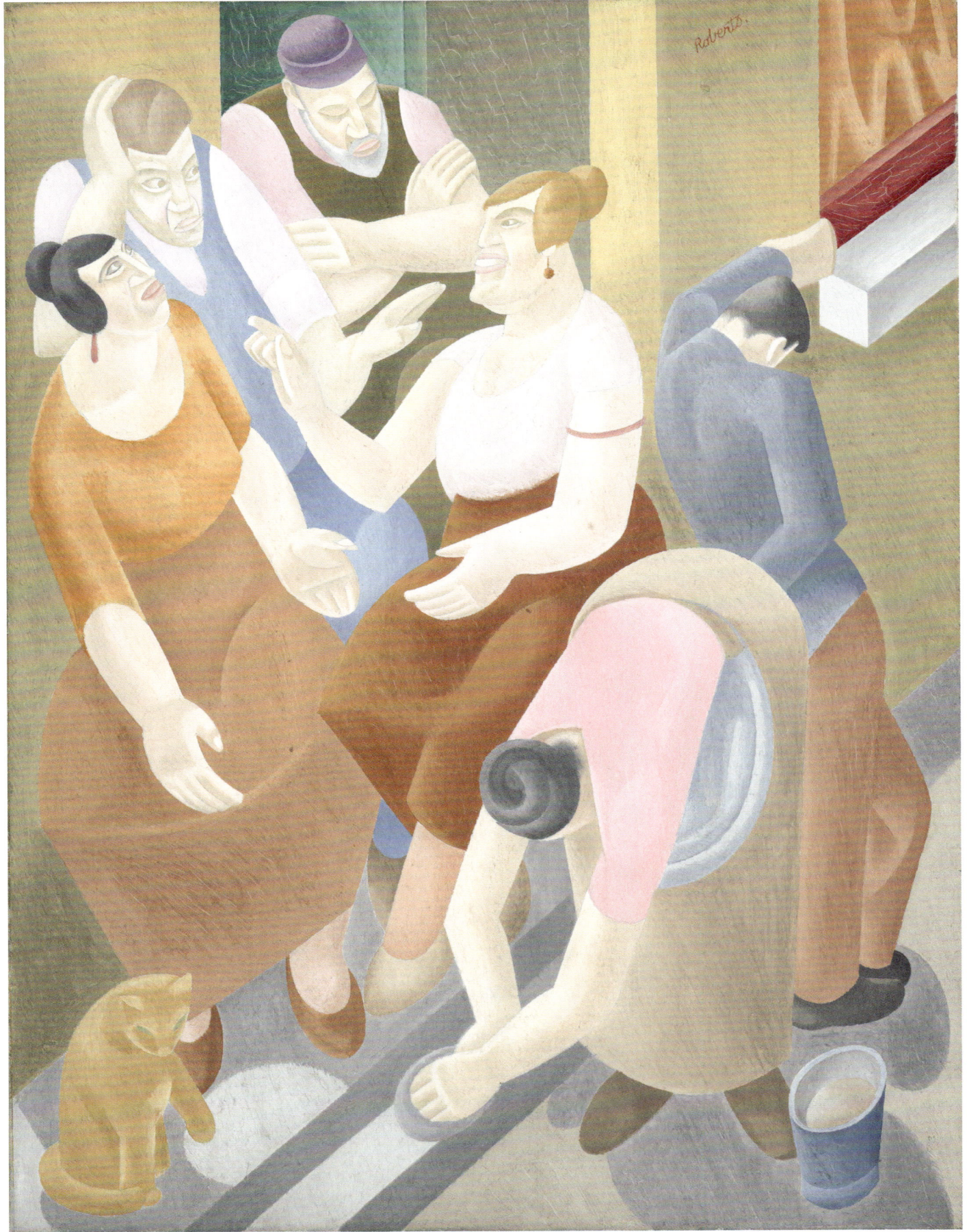

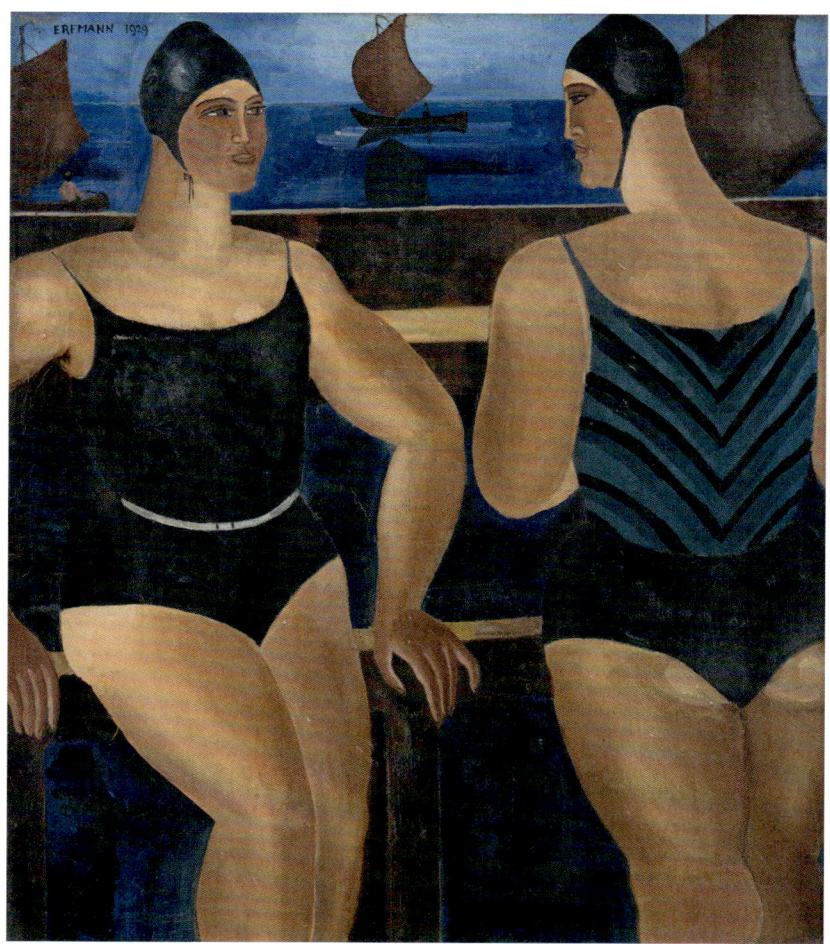

Ferdinand Erfmann (1901-1968)
Baadsters, 1929
Bathers
olieverf op doek | oil on canvas
47,5 × 41,2 cm
Museum MORE, Gorssel & Ruurlo

Jānis Liepiņš (1894-1964)
Cīkstoņi, 1928
Worstelaars | *Wrestlers*
olieverf op doek | oil on canvas
91 × 71 cm
Collection of the Latvian National Museum of Art, Riga

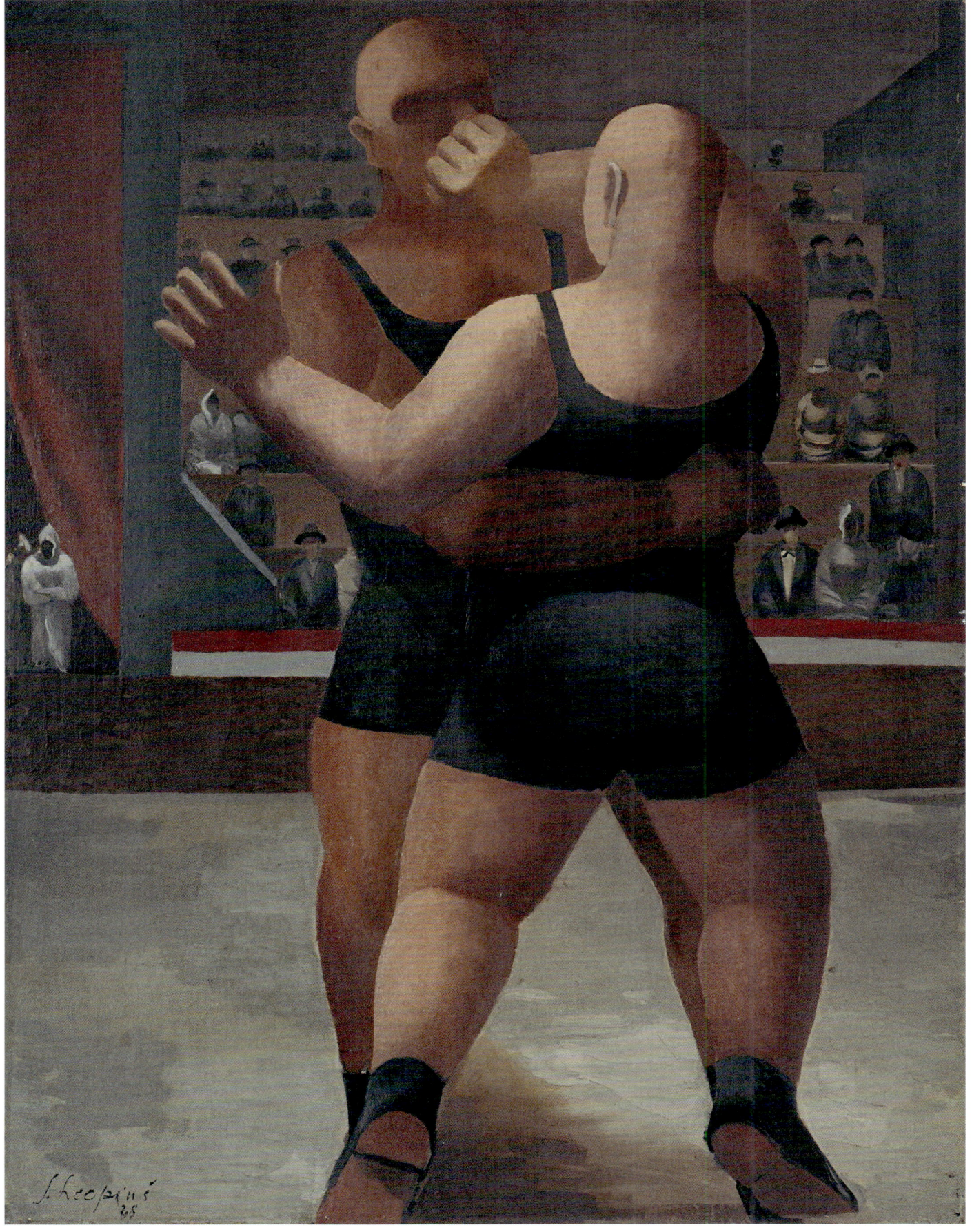

Arvid Fougstedt (1888-1949)
Boxare, 1920
Boksers | *Boxers*
olieverf op doek | oil on canvas
116 × 81 cm
Norrköpings Konstmuseum

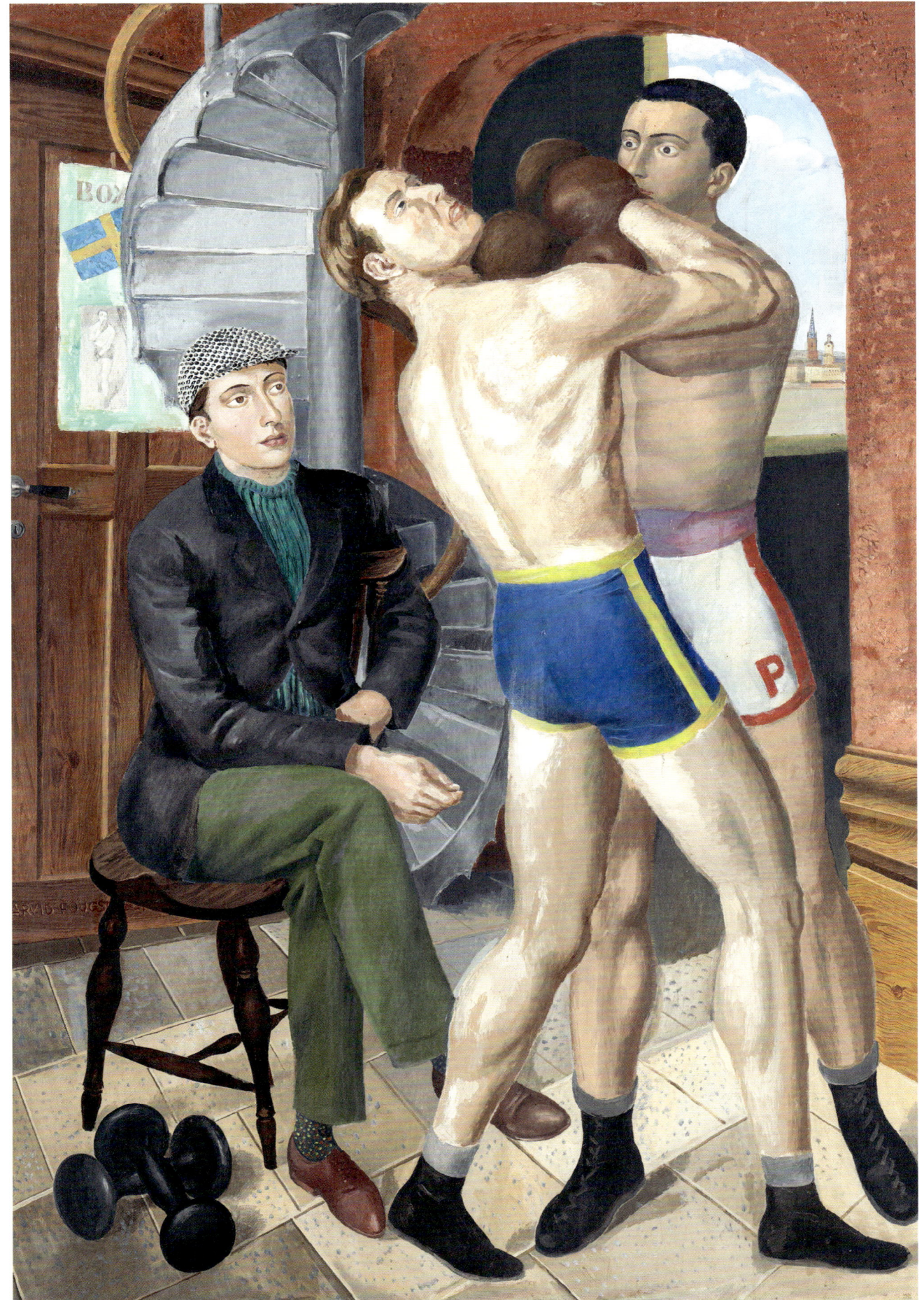

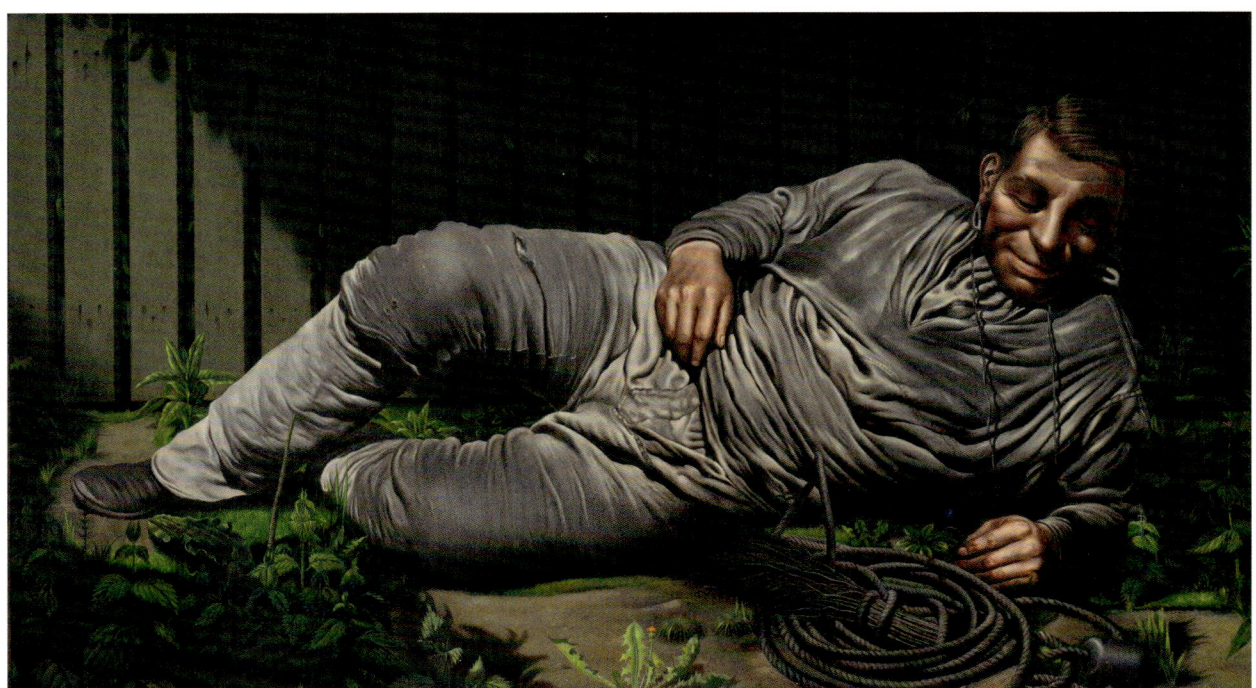

Pyke Koch (1901-1991)
Rustende schoorsteenveger, 1936
Resting chimney sweep
olieverf op paneel | *oil on panel*
30 × 52 cm
Museum MORE, Gorssel & Ruurlo

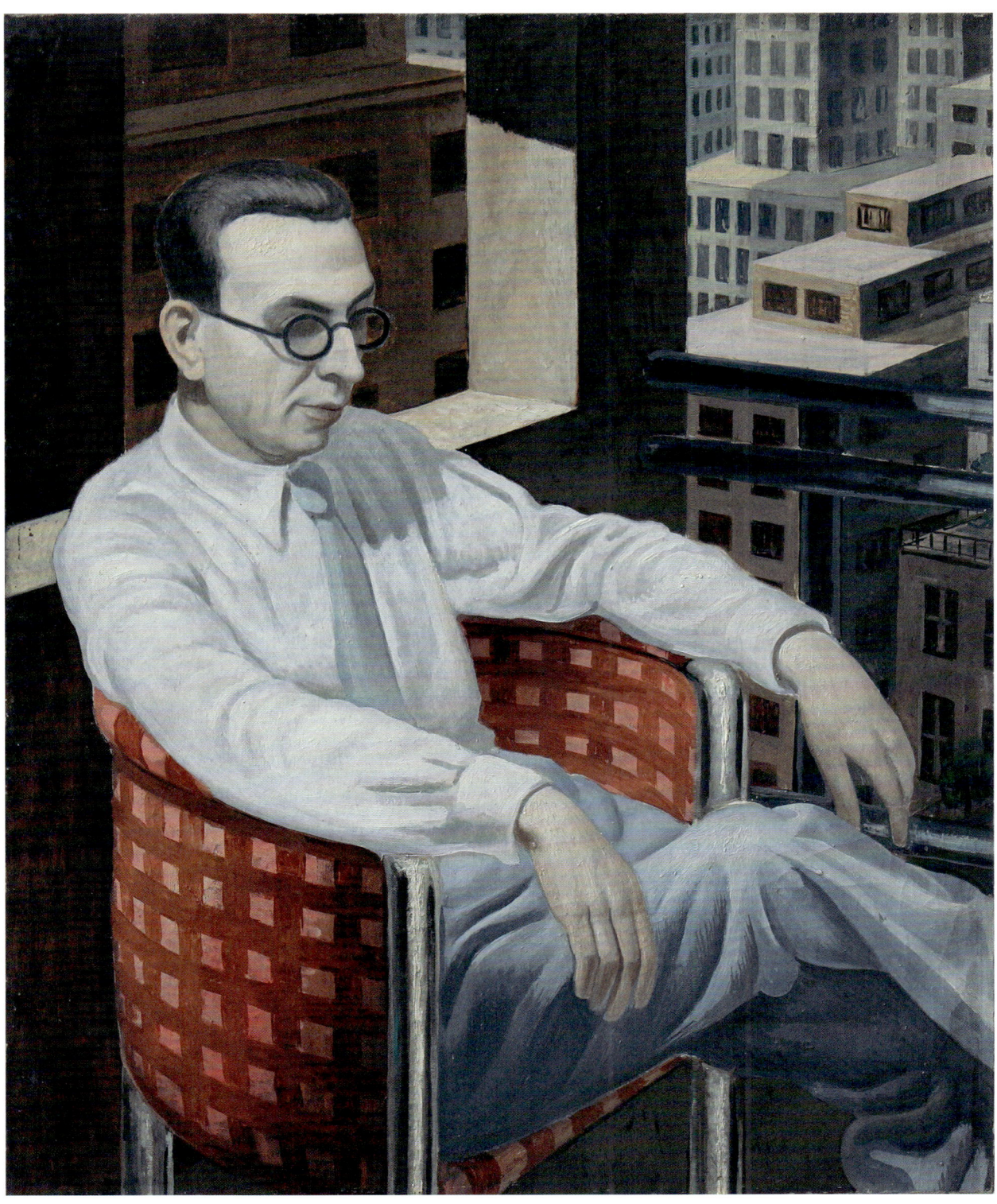

Kiril Tsonev (1896-1961)
Портрет на Светослав Минков, 1939
Portret van Svetoslav Minkov
Portrait of Svetoslav Minkov
olieverf op doek | oil on canvas
102,5 × 84,5 cm
Sofia City Art Gallery

Intieme
binnenwereld

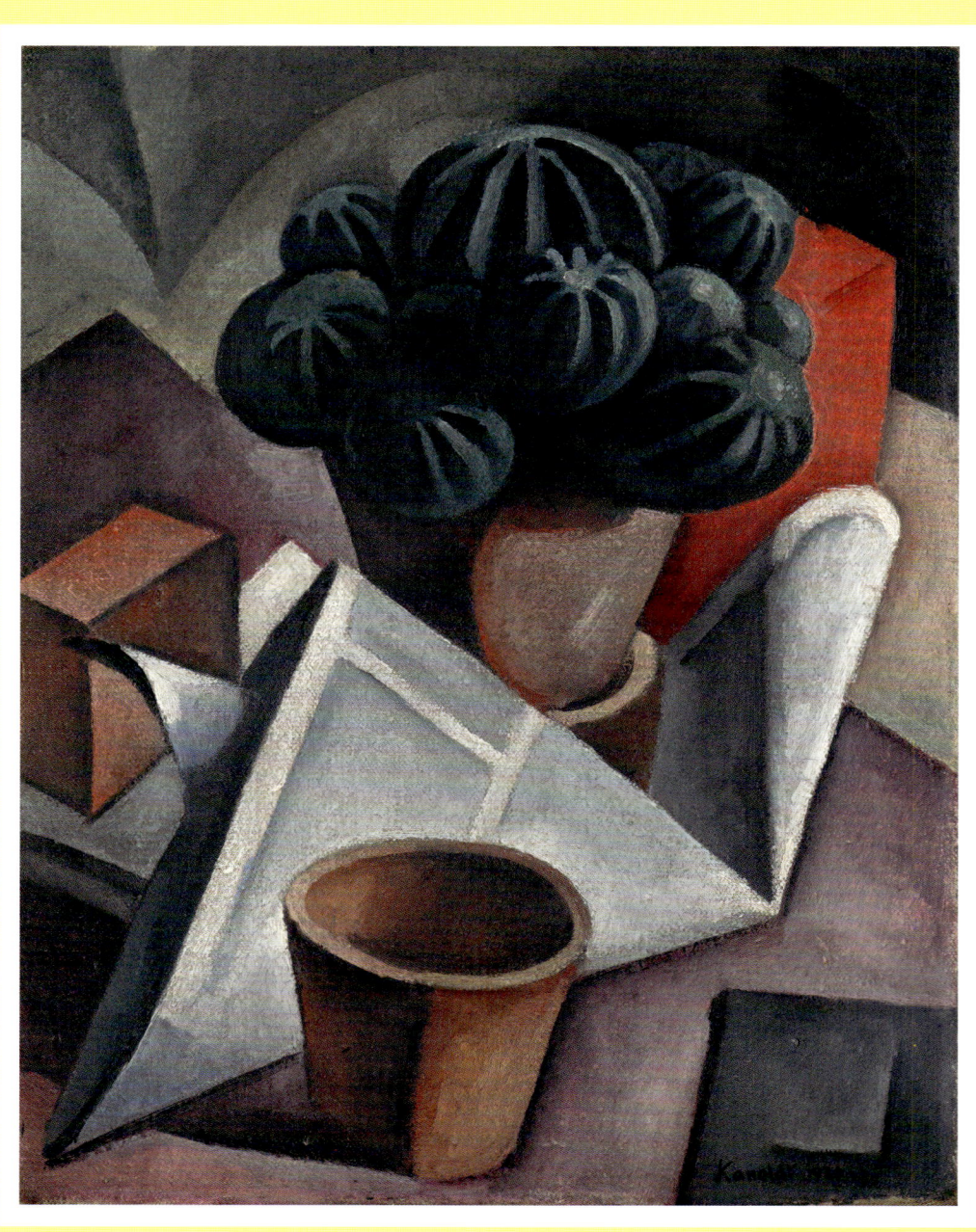

Het stilleven is een motief dat veel neo-realistische kunstenaars in Europa omarmen. Het wordt 'het meest zakelijke van alle onderwerpen' genoemd, want het leent zich voor een objectieve, nuchtere blik op de materiële werkelijkheid. Geen beweging, geen actie en weinig verhalende elementen.

De kunstenaar legt de focus op de objecten – een tafel met allerhande voorwerpen zoals eetgerei of planten in een kamer (de cactus was een favoriet) – en neemt een hoog standpunt in. Dat vermindert overlap tussen de geschilderde objecten, die vereenvoudigd en met strakke contouren zijn weergegeven. Voor- en achtergrond hebben vaak dezelfde scherpte, waardoor de illusie van ruimte of diepte ontbreekt. De kleuren zijn vrijwel egaal, schaduwen zijn er niet. Alles is even belangrijk, gestold in de tijd.

Dit statische, tijdloze karakter biedt intimiteit en veiligheid in een tumultueuze wereld. Vaak wordt een venstermotief gebruikt, als metafoor voor de barrière tussen deze intieme binnenwereld en de chaotische buitenwereld. Door een raam of open deur biedt de kunstenaar een blik naar buiten.

Intimate Inner World

Many neo-realist artists in Europe embrace the still life as a motif. It is described as 'the most objective of all subjects', as it lends itself to a clear-eyed, sober view of the material reality: no movement, no action, and few narrative elements.

The artist focuses on the objects – a table set with various items, such as tableware, or plants in a room (cactuses were a particular favourite) – and adopts a high vantage point. This minimises the overlap between the painted objects, which are simplified and outlined with bold contours. The foreground and background are often rendered in equal focus, so there is no illusion of space or depth. The colours are almost uniform, with no shadows. Everything carries equal weight, suspended in time.

This static, timeless quality offers intimacy and a sense of safety in a turbulent world. A window motif is often used as a metaphor for the barrier between the intimate interior and the chaos outside. Through a window or open door, the artist offers a glimpse beyond.

Alexander Kanoldt (1881-1939)
Stillleben III, 1920
Stilleven III | *Still Life III*
olieverf op doek | oil on canvas
41,3 x 33,5 cm
Kunstsammlungen Chemnitz, Museum Gunzenhauser, eigendom van | property of the Stiftung Gunzenhauser, Chemnitz

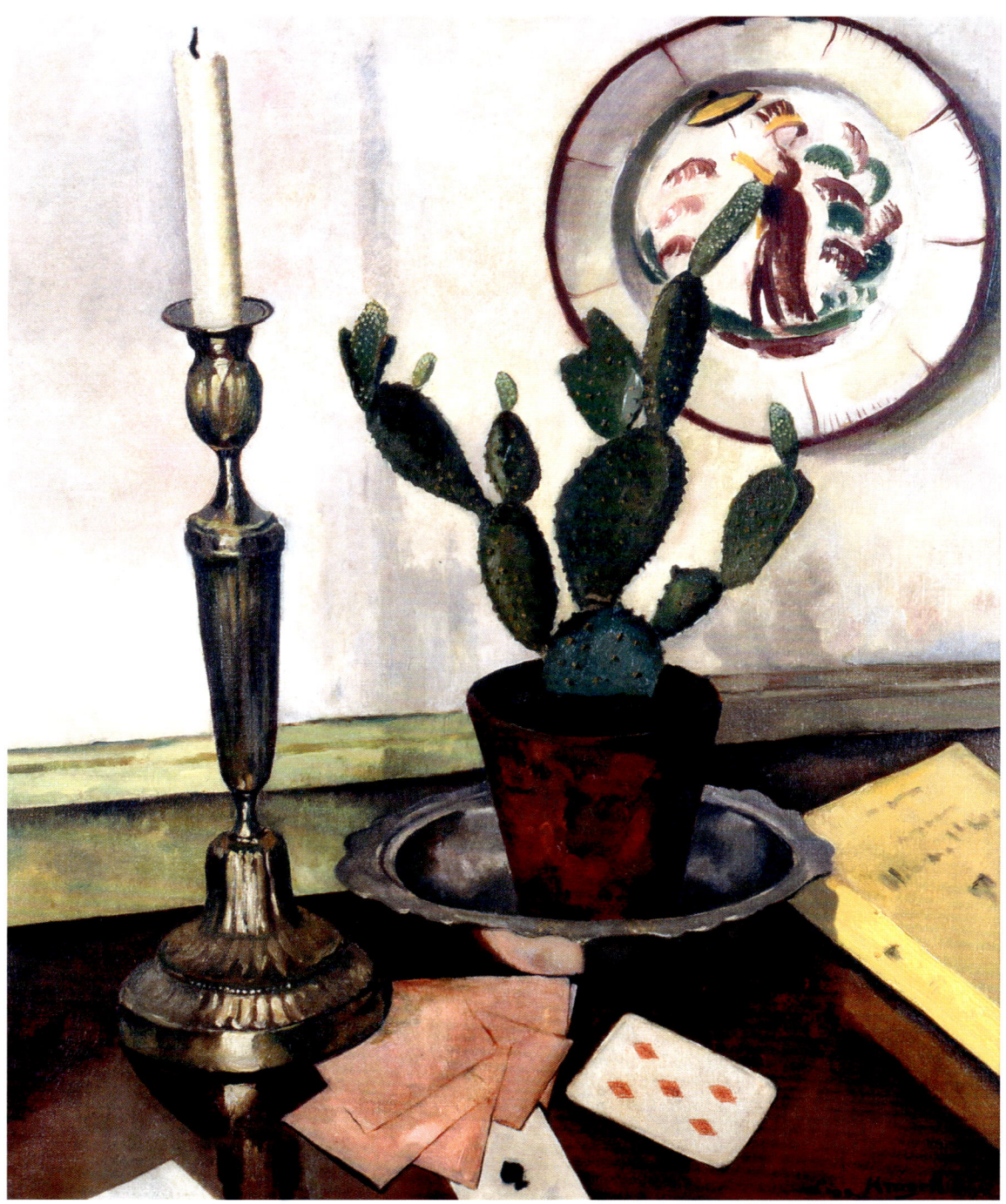

Lisa Elisabeth Krugell (1893-1977)
Nature morte au cactus, 1927
Stilleven met cactus
Still Life with Cactus
olieverf op doek | oil on canvas
65 × 54 cm
Centre national des arts
plastiques, Parijs | Paris,
in langdurig bruikleen bij
on deposit at Musée d'Art moderne
et contemporain de Strasbourg

Stina Forssell (1906-1970)
Fönster mot bakgård, 1933
Raam naar de binnenplaats
Courtyard Window
olieverf op karton
oil on cardboard
75,5 × 60,5 cm
Stiftelsen Bohusläns museum,
Uddevalla, Zweden | Sweden

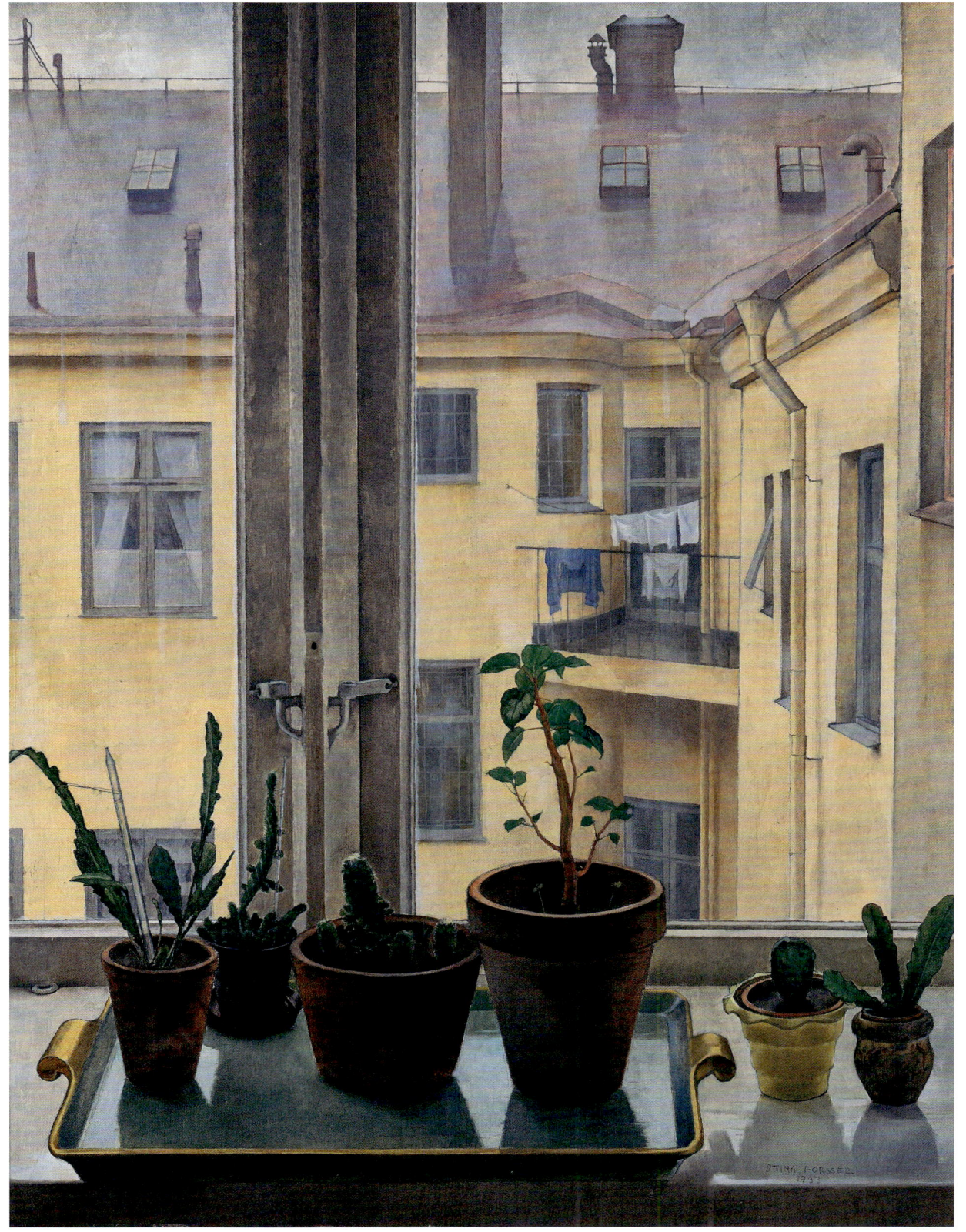

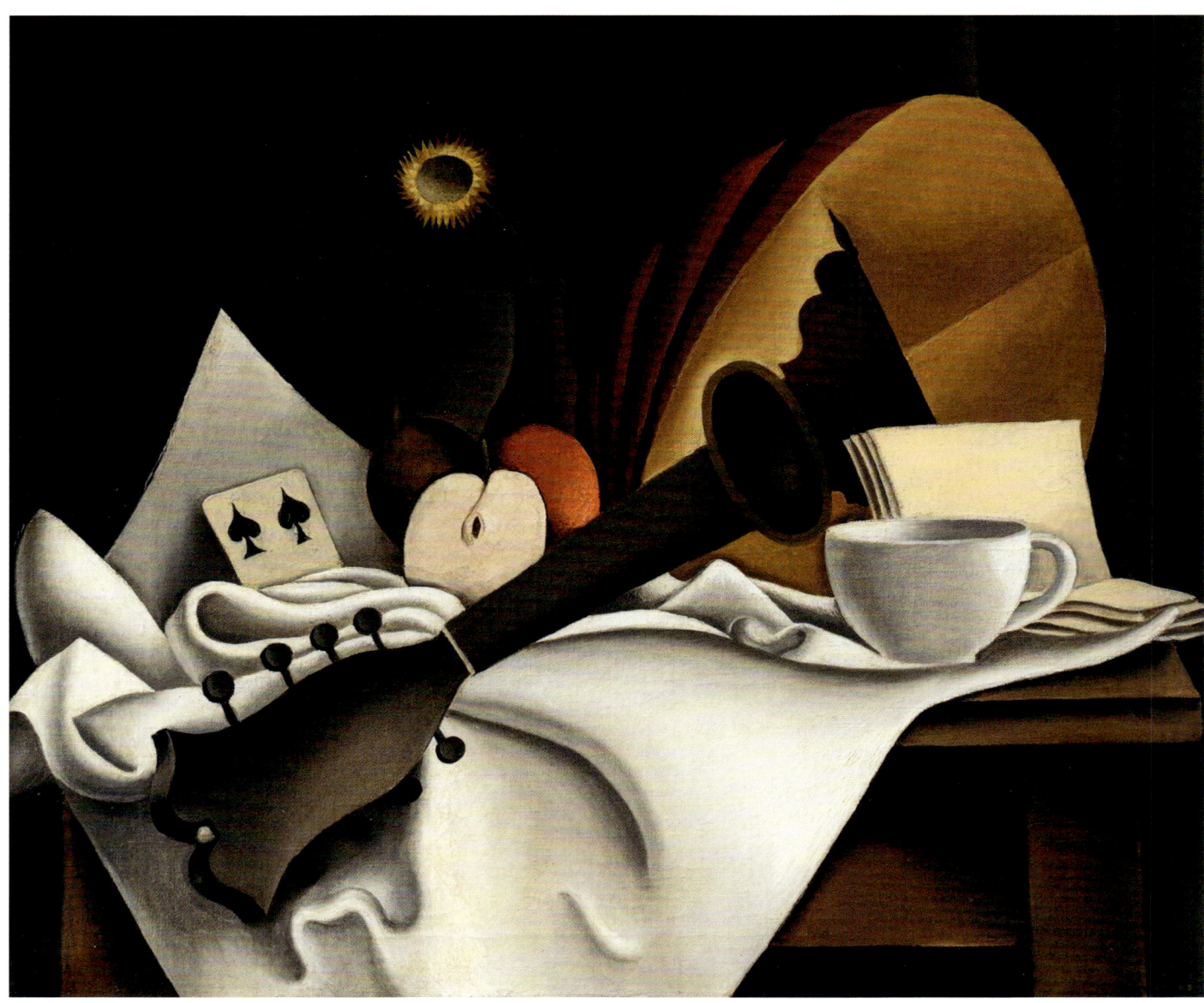

Raoul Hynckes (1893-1973)
Stilleven met mandoline, 1927
Still Life with Mandolin
olieverf op doek | oil on canvas
48,4 × 57,5 cm
Museum MORE, Gorssel & Ruurlo

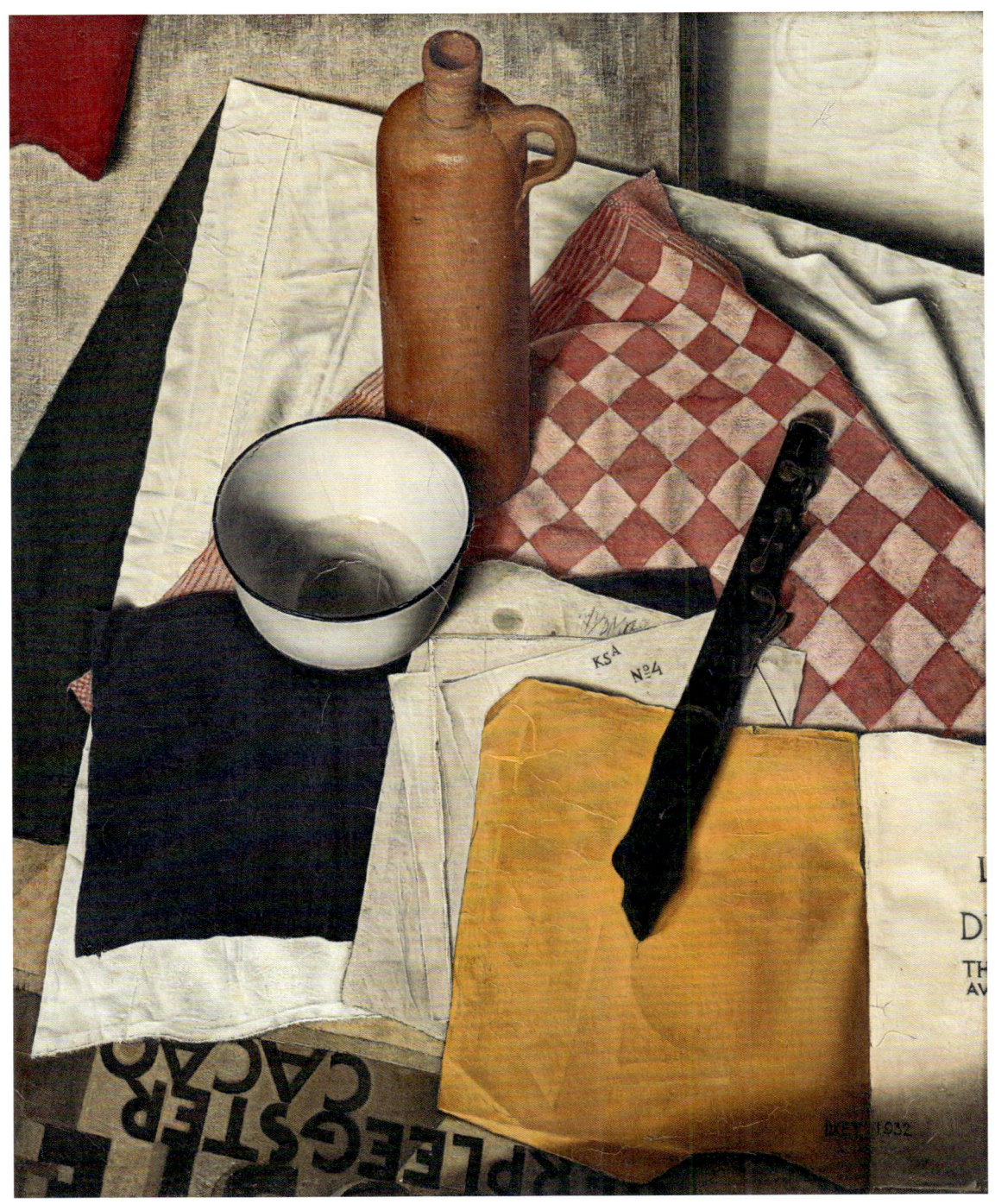

Dick Ket (1902–1940)
Stilleven met fluit, 1932
Still Life with Flute
olieverf op doek | oil on canvas
58 × 47 cm
Museum MORE, Gorssel & Ruurlo

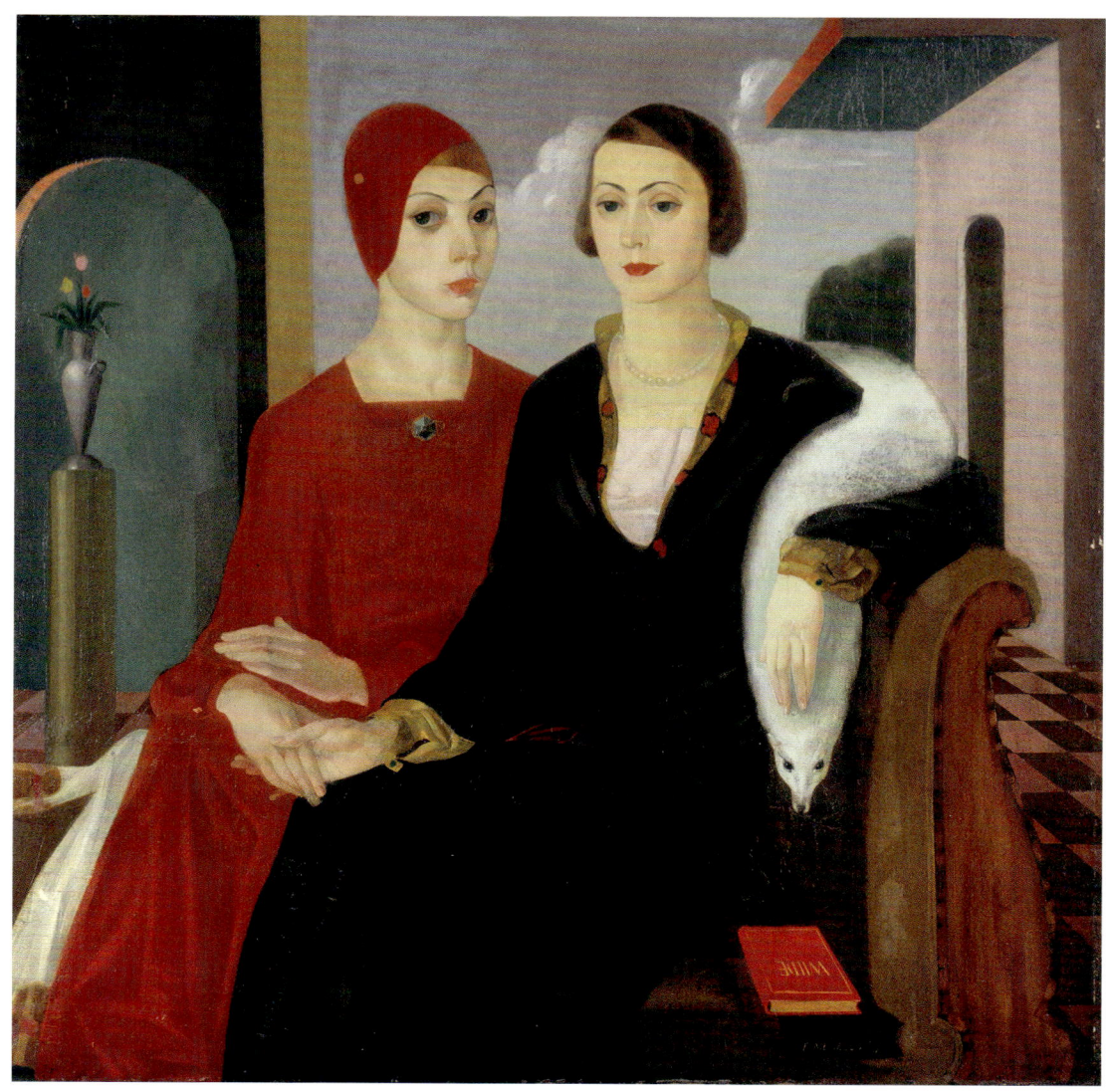

Jenő Medveczky (1902-1969)
Nővérek, 1929
Zussen | *Sisters*
olieverf op doek | oil on canvas
111 × 110 cm
Museum of Fine Arts, Boedapest
Budapest **- Hungarian National**
Gallery

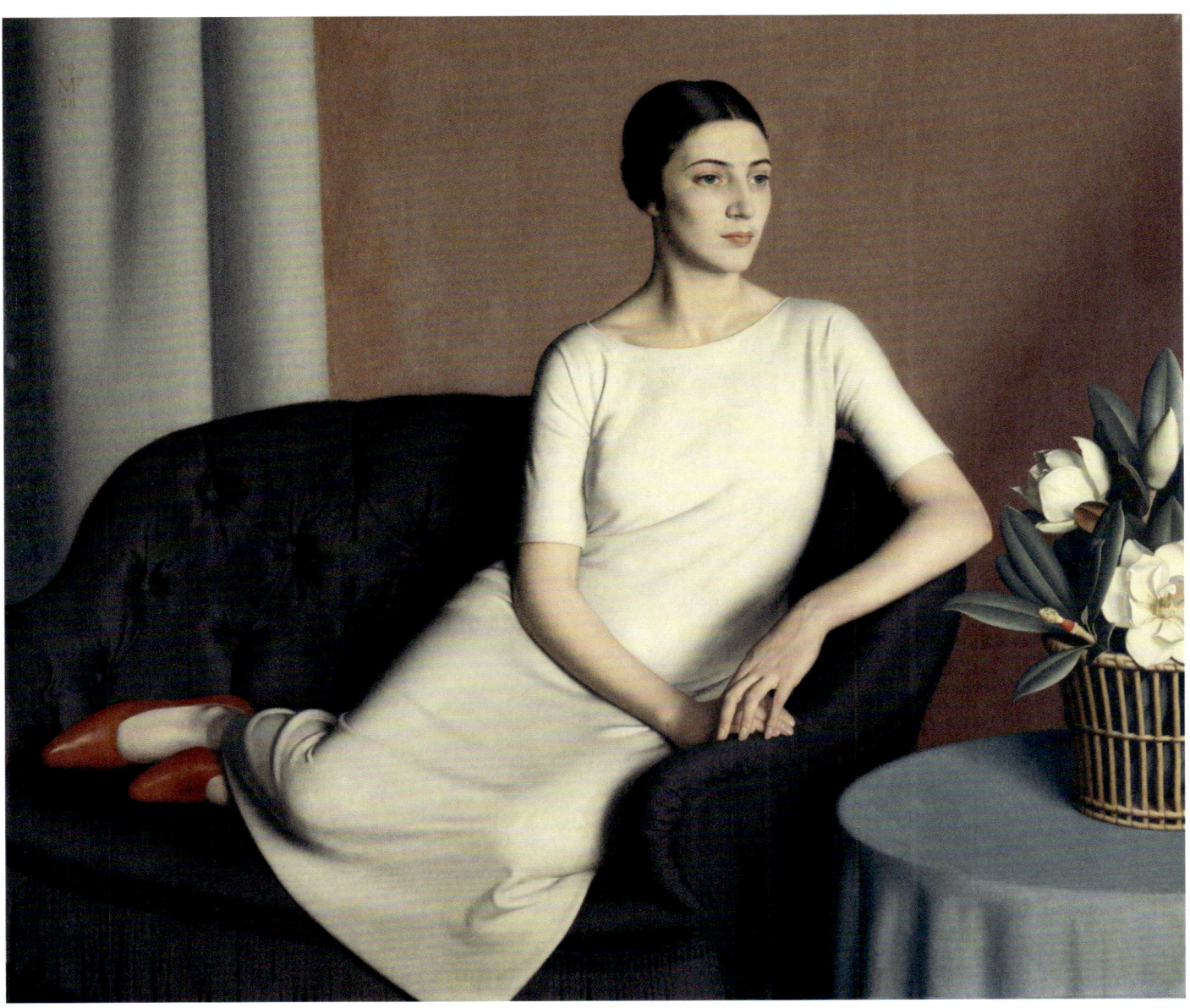

Meredith Frampton (1894-1984)
Marguerite Kelsey, 1928
olieverf op doek | oil on canvas
120,8 × 141,2 cm
**Tate, presented by the Friends of
the Tate Gallery 1982**

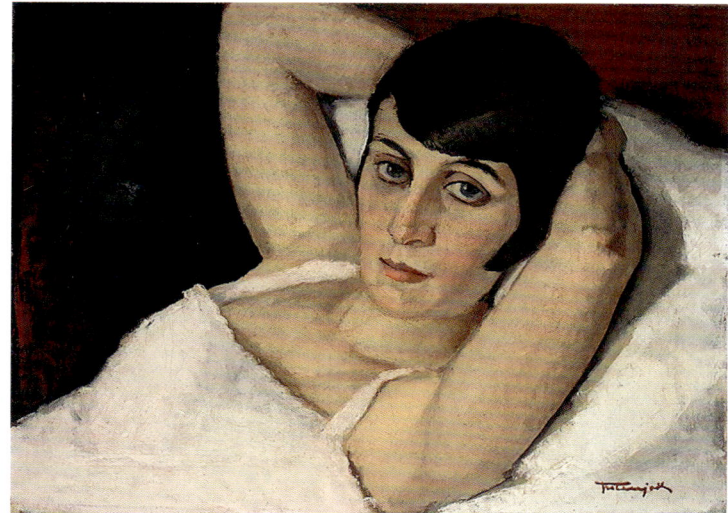

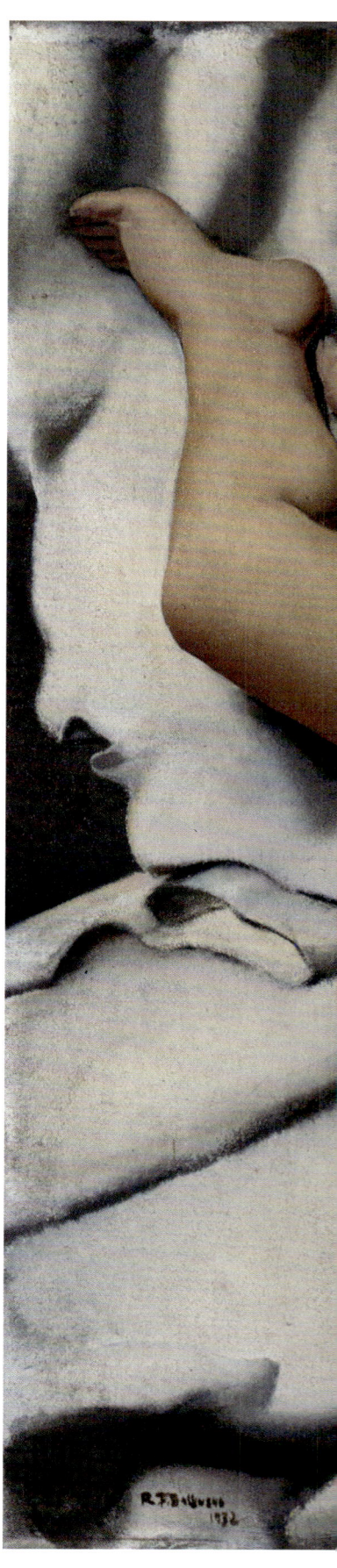

Ante Trstenjak (1894-1970)
Moja žena, c. 1928
Mijn vrouw | *My Wife*
olieverf op doek | oil on canvas
42 × 58 cm
Maribor Art Gallery, Slovenië
Slovenia

→
Roberto Fernández Balbuena
(1890-1966)
Desnudo, 1932
Naakt | *Nude*
olieverf op doek | oil on canvas
102 × 115 cm
Museo Nacional Centro de Arte
Reina Sofía, Madrid

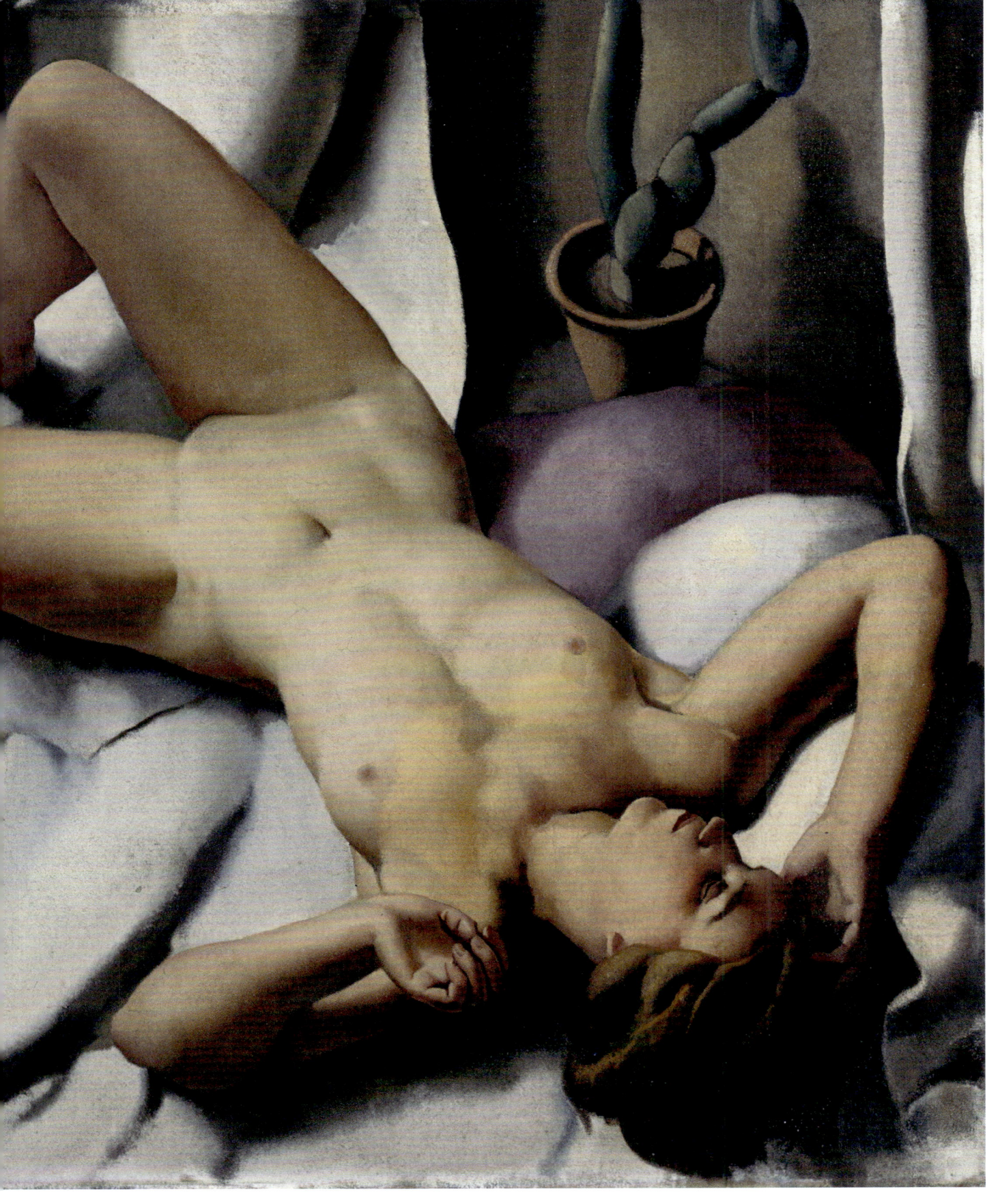

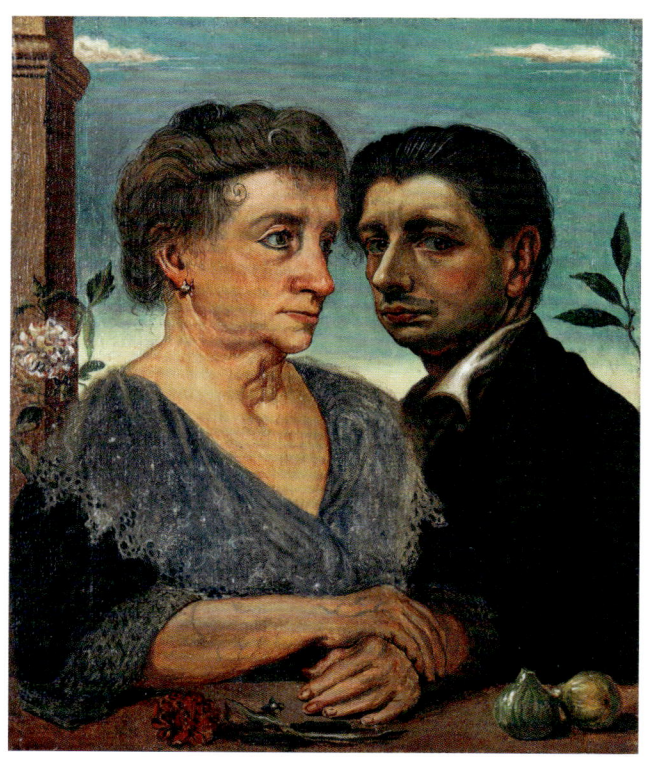

Giorgio de Chirico (1888-1978)
Autoritratto con la madre, 1922
Zelfportret met moeder
Self-Portrait with Mother
olieverf op doek | oil on canvas
65,5 × 55,5 cm
Museo di arte moderna
e contemporanea di Trento
e Rovereto (Mart),
Collezione VAF-Stiftung

Marijan Trepše (1887-1964)
Portret muškarca, 1925-1935
Portret van een man
Portrait of a Man
olieverf op doek | oil on canvas
110 × 76 cm
Museum of Modern and
Contemporary Art collection
in Rijeka, Kroatië | Croatia

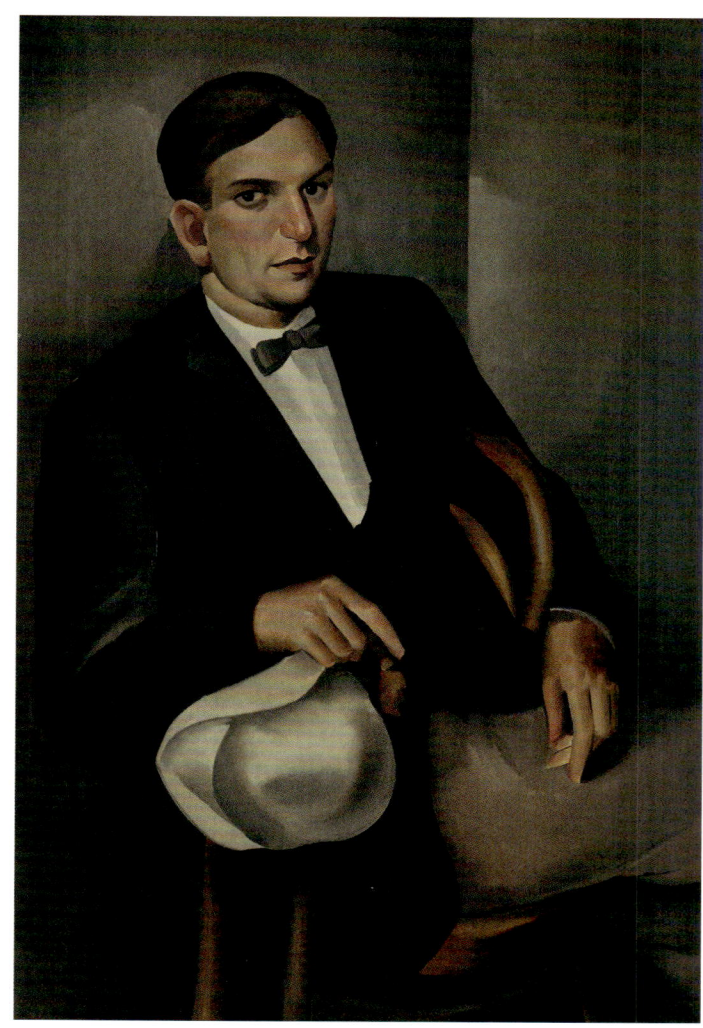

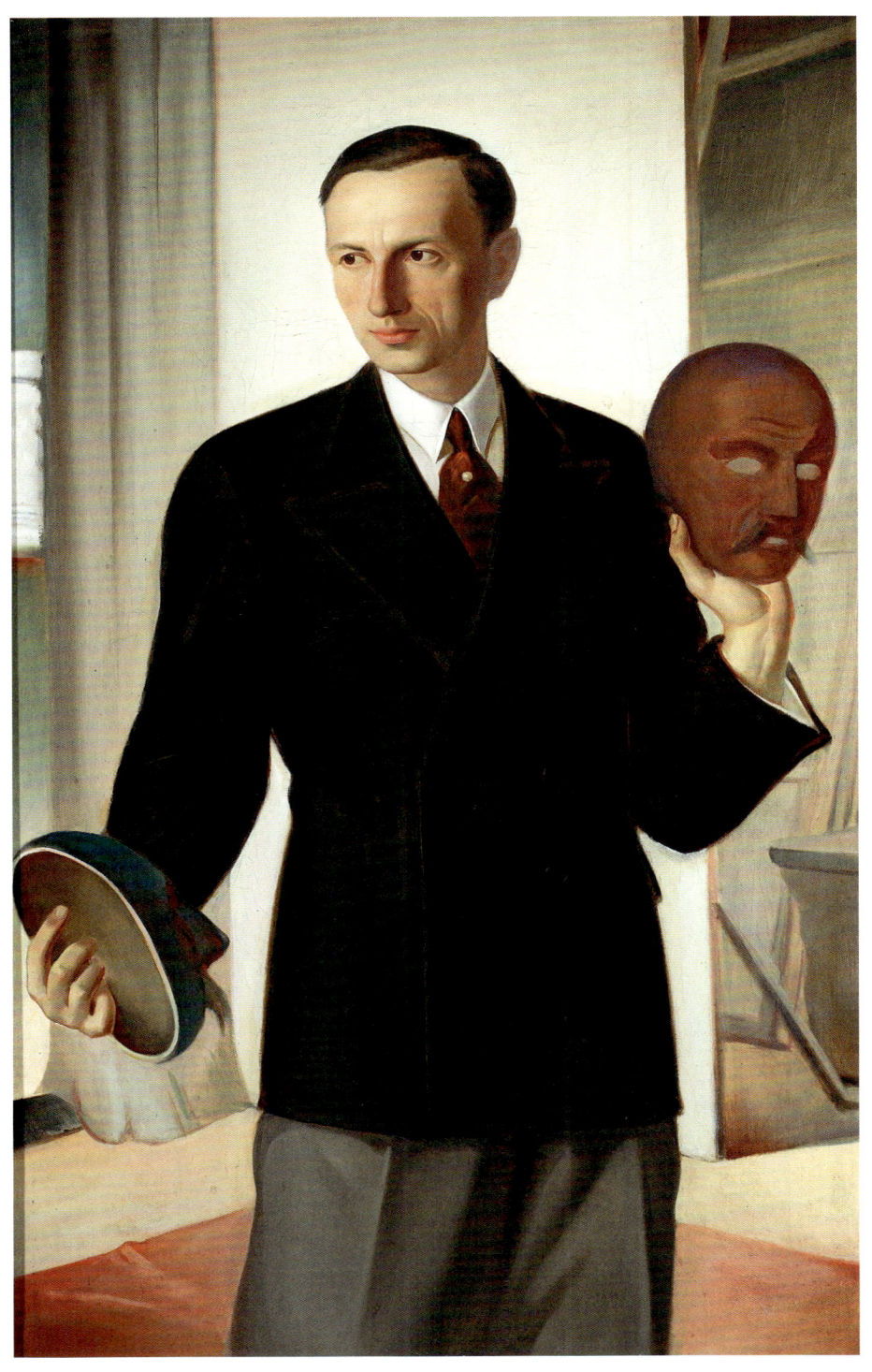

Kazimierz Kwiatkowski
(1893-1964)
Portret Karola Wyrwicza z maskami,
1925-1930
Portret van Karol Wyrwicz
met maskers | *Portrait of*
Karol Wyrwicz with Masks
olieverf op doek | oil on canvas
110 × 70 cm
National Museum in Warsaw
Warschau

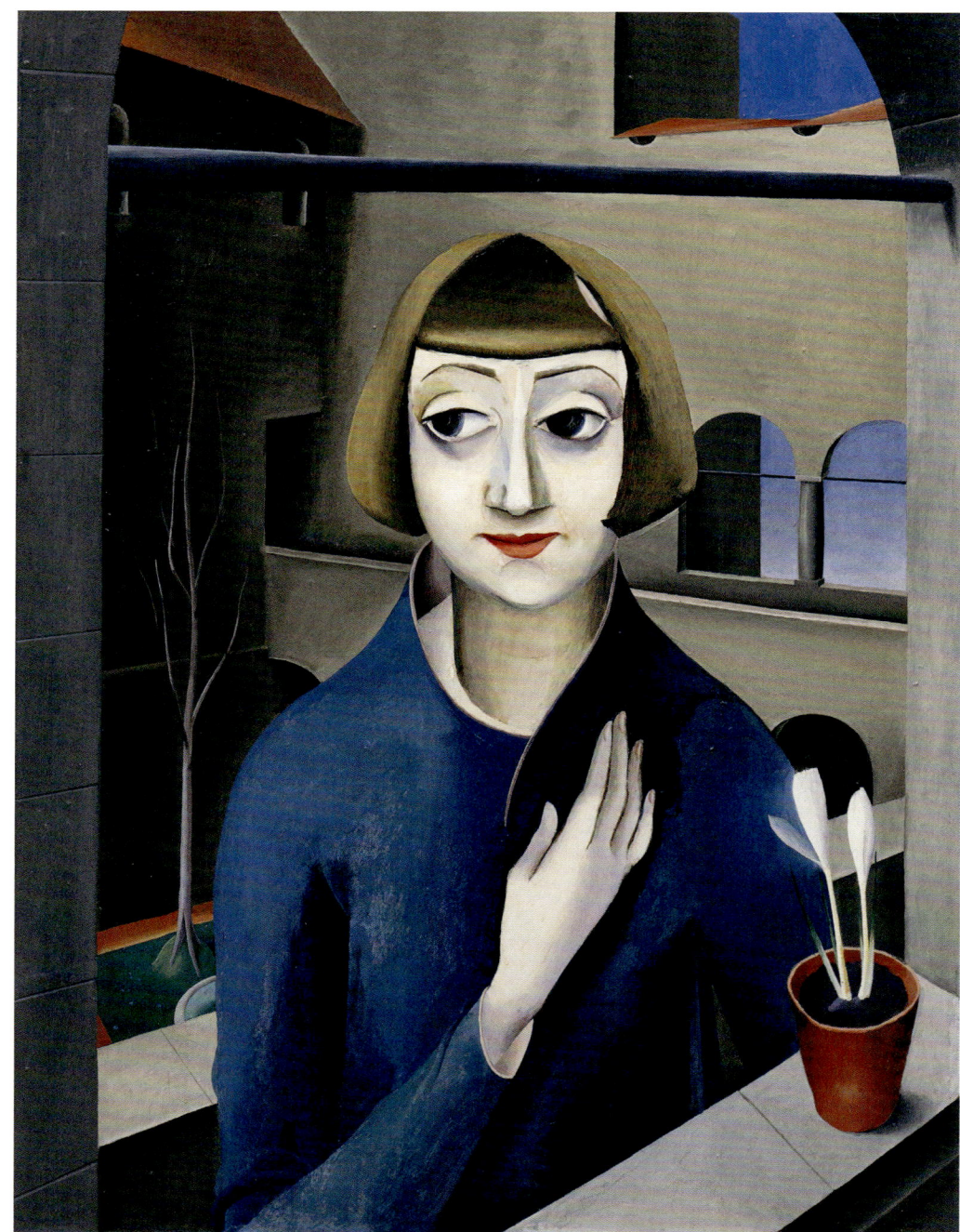

Niklaus Stoecklin (1896-1982)
Meine Schwester Franziska, 1919
Mijn zus Franziska | *My sister Franziska*
olieverf op karton | oil on cardboard
76 × 58 cm
Baloise Corporate Collection, Bazel | Basel

August Jansen (1881-1957)
Tütre portree, 1926
Portret van een dochter
Daughter's Portrait
olieverf op doek | oil on canvas
108 × 101,5 cm
Art Museum of Estonia, Tallinn

Georg Schrimpf (1889-1938)
Drei Kinder, 1926
Drie kinderen | *Three Children*
olieverf op doek | oil on canvas
81 × 65,5 cm
**Kunstsammlungen Chemnitz,
Museum Gunzenhauser,
eigendom van** | property of the
Stiftung Gunzenhauser, Chemnitz

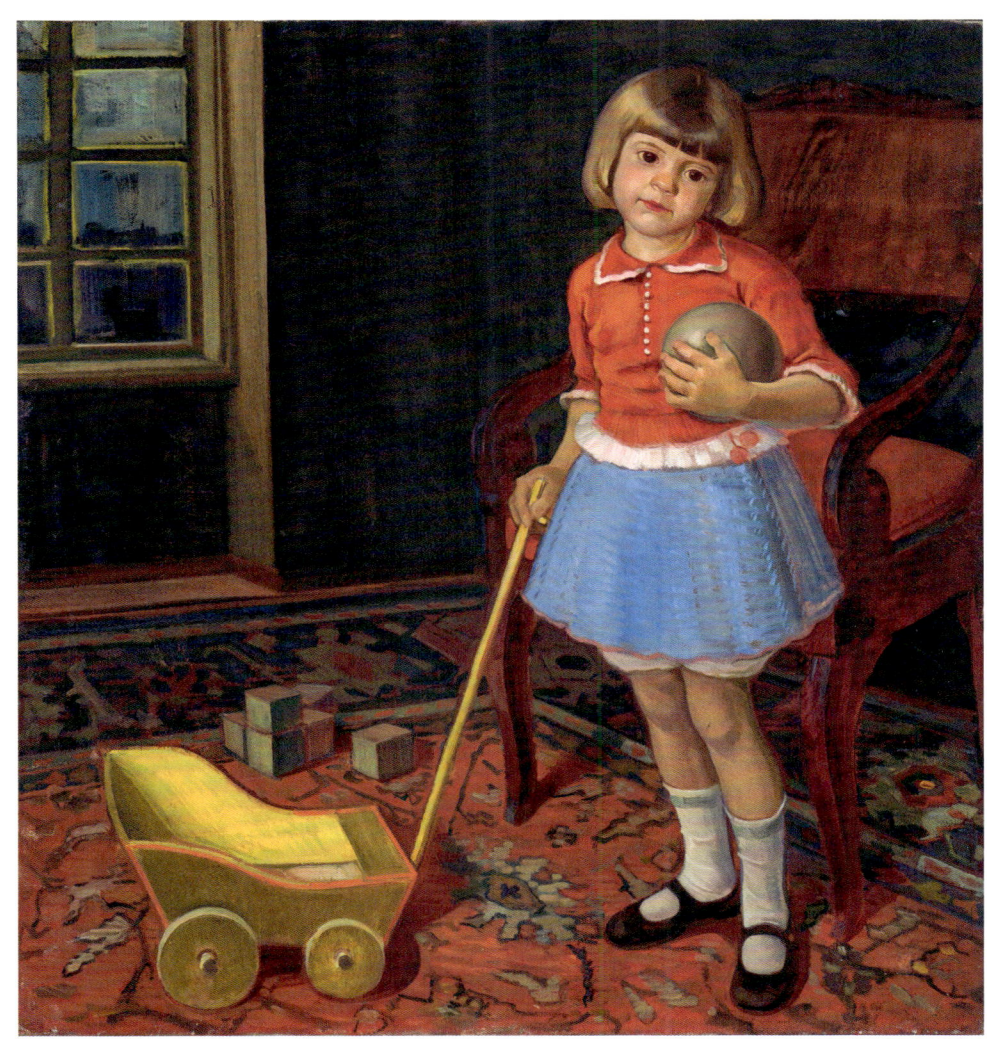

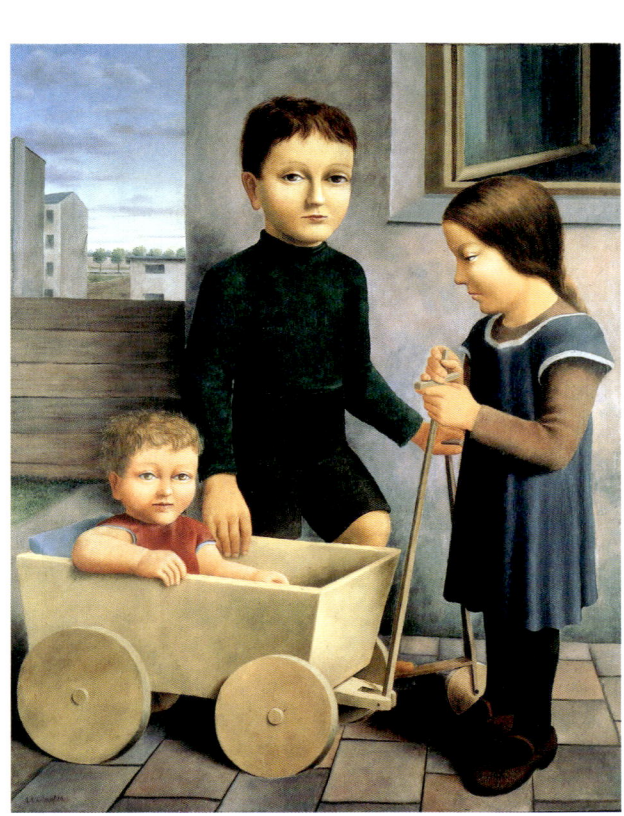

Moderne
buitenwereld

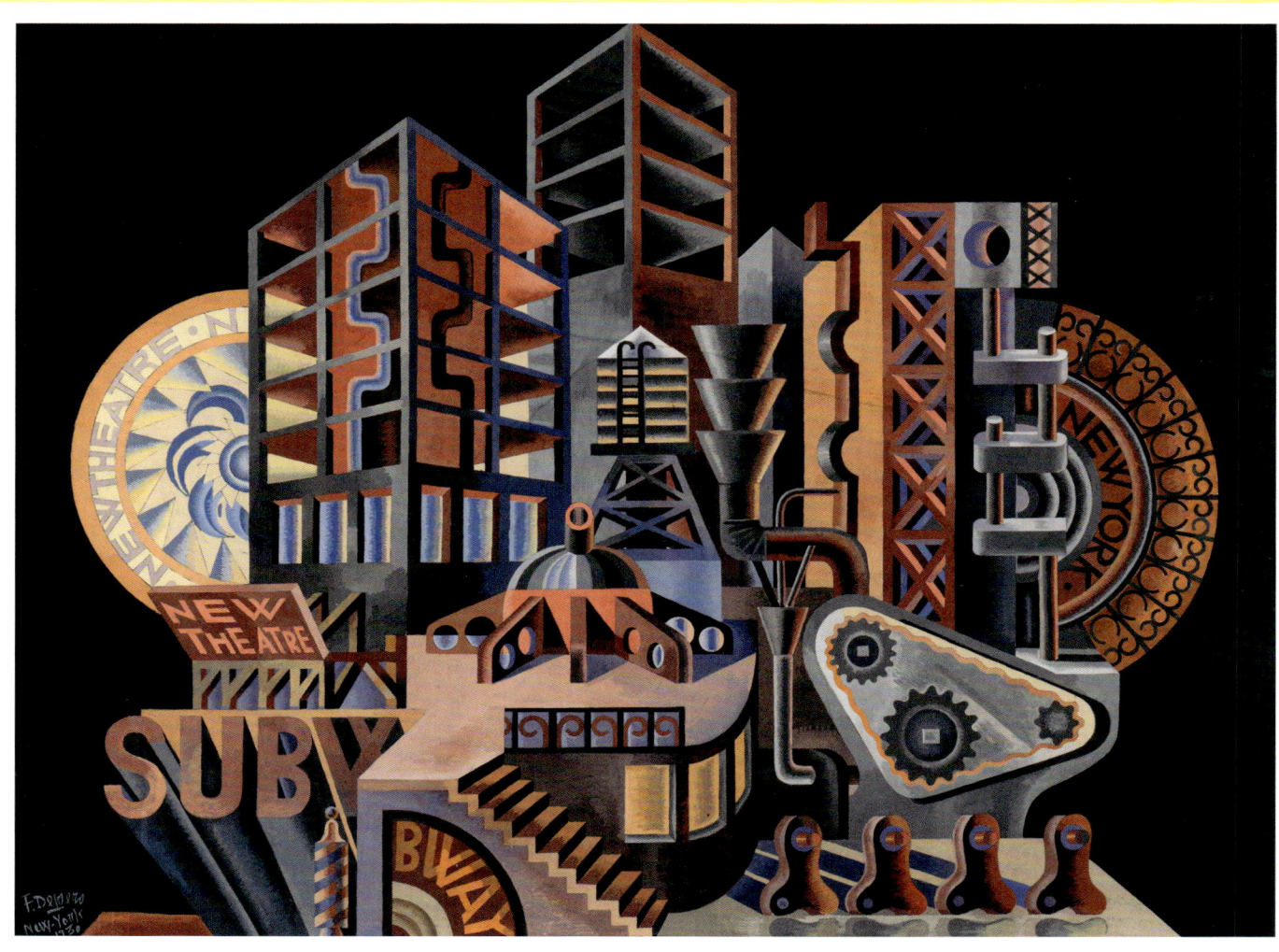

Fortunato Depero (1892-1960)
*The New Babel (Scenario
plastico mobile)*, 1930
*De nieuwe Babel (Scenario
plastico mobile)*
tempera op karton op paneel
tempera on cardboard on panel
77,5 × 110,5 cm
Mart, Museo di arte moderna e
contemporanea di Trento e
Rovereto, Fondo Depero

Niet alleen het politieke landschap van Europa is na de Eerste Wereldoorlog drastisch veranderd, ook het fysieke. Het agrarische karakter maakt plaats voor industrie en verstedelijking. Natuur wordt dan ook weinig afgebeeld in de kunst. Op de schilderijen zijn stadstuintjes te zien, of een landschap dat wijkt voor fabrieken en steden. Treinen, auto's en zelfs zeppelins duiken op in de voorstellingen, als tekenen van het moderne leven. Met krappe uitsnedes en een hoog perspectief vieren realistische kunstenaars de schoonheid van het machinetijdperk.

Deze kunstenaars verkiezen het moderne stadsleven, de uitgaanscultuur, vrijetijdsbesteding en verre reizen als onderwerpen. Het is een tijd van mogelijkheden, van wederopbouw. Van technologische verbeteringen en nieuwe uitvindingen. Maar ook van een samenleving in crisis. Deze tegenstelling vindt haar weerslag in de kunst. Waarin de realistische schilders een neutraal, objectief beeld willen geven: statisch opgebouwd, zonder vluchtige impressies, met strakke contouren en een fijne penseelstreek.

Toch is geen sprake van één allesomvattende internationale realistische stijl. Er komt juist een veelvoud aan realismen. Waar de Nederlandse Louis Schrikkel en Zweedse Acke Hallgren zich uitdrukken in een naïef ogend realisme, grenzen de vereenvoudigde stadgezichten van de Zweedse Torsten Jovinge en de Italiaanse Fortunato Depero aan de abstracte kunst. Deze uitersten bepalen het brede spectrum waarbinnen het Europees realisme zich in de jaren tussen de twee wereldoorlogen ontwikkelt.

The Modern Outdoors

Not only the political landscape but also the physical landscape of Europe changes drastically after World War I. The agrarian character makes way for industry and urbanisation. Nature is therefore rarely depicted in the visual arts. Paintings show small urban gardens, or landscapes yielding to factories and cities. Trains, cars and even airships appear as symbols of modern life. Using tight crops and high vantage points, realist artists celebrate the beauty of the Machine Age.

These artists favour subjects such as modern city life, nightlife culture, leisure activities and travel to far-flung destinations. It is a time of possibilities and reconstruction, of technological advancement and new inventions. But also of a society in crisis. This contrast is reflected in the art, in which realist painters seek to present neutral, objective depictions: statically composed, without fleeting impressions, with crisp contours and fine brushwork.

Yet there is no single all-encompassing international realist style, rather a multitude of realisms. While the Dutch artist Louis Schrikkel and Swedish artist Acke Hallgren express themselves in an apparently naïve form of realism, the simplified cityscapes of Swedish artist Torsten Jovinge and Italian painter Fortunato Depero border on abstract art. These extremes determine the broad spectrum within which European realism develops in the interbellum period.

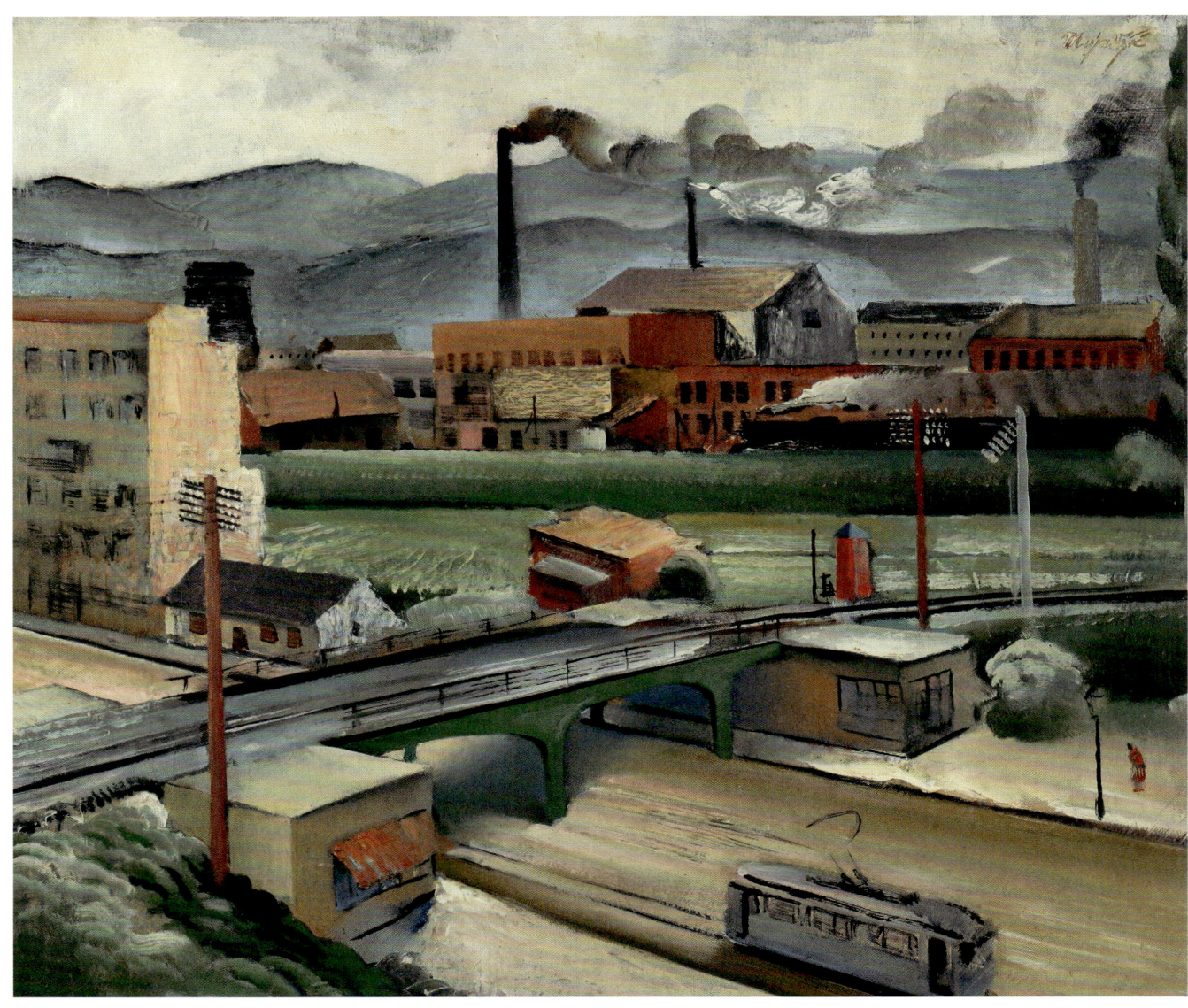

Omer Mujadžić (1903-1991)
Savska cesta, 1932
Sava-weg | *Sava Road*
olieverf op hardboard
oil on hardboard
50,5 × 60,2 cm
Museum of Modern and
Contemporary Art collection
in Rijeka, Kroatië | Croatia

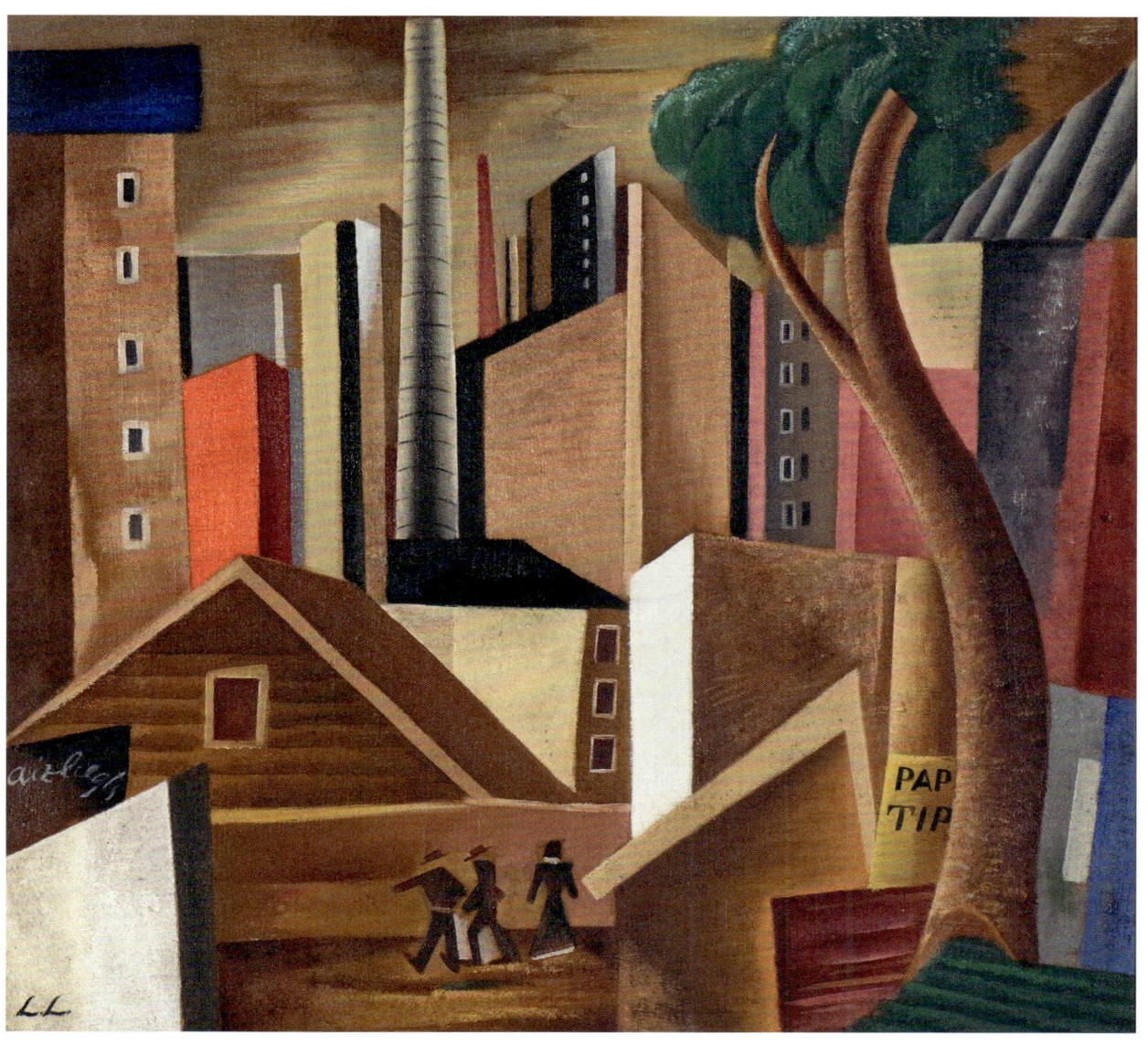

Ludolfs Liberts (1895-1959)
Mūri, 1921–1922
Muren | Walls
olieverf op doek | oil on canvas
53 × 58,5 cm
Collection of the Latvian National
Museum of Art, Riga

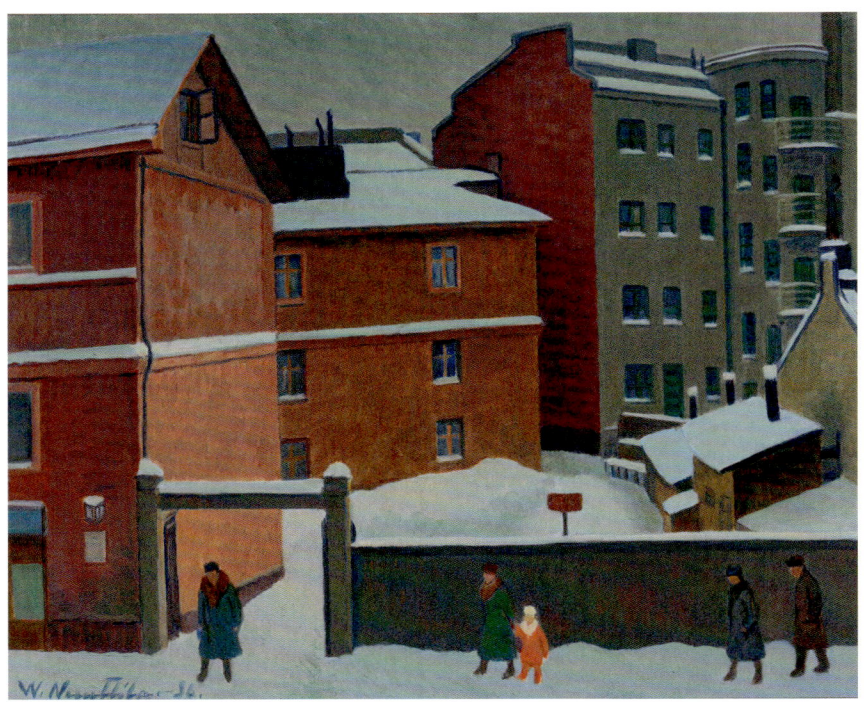

Väinö Nuuttila (1899-1980)
Kaupunkikuva, Helsinki, 1936
Stadsgezicht, Helsinki
City Scene, Helsinki
olieverf op doek | oil on canvas
50 × 61 cm
**Helsinki Art Museum (HAM),
Leonard en** | and **Katarina
Bäcksbacka Collectie** | Collection

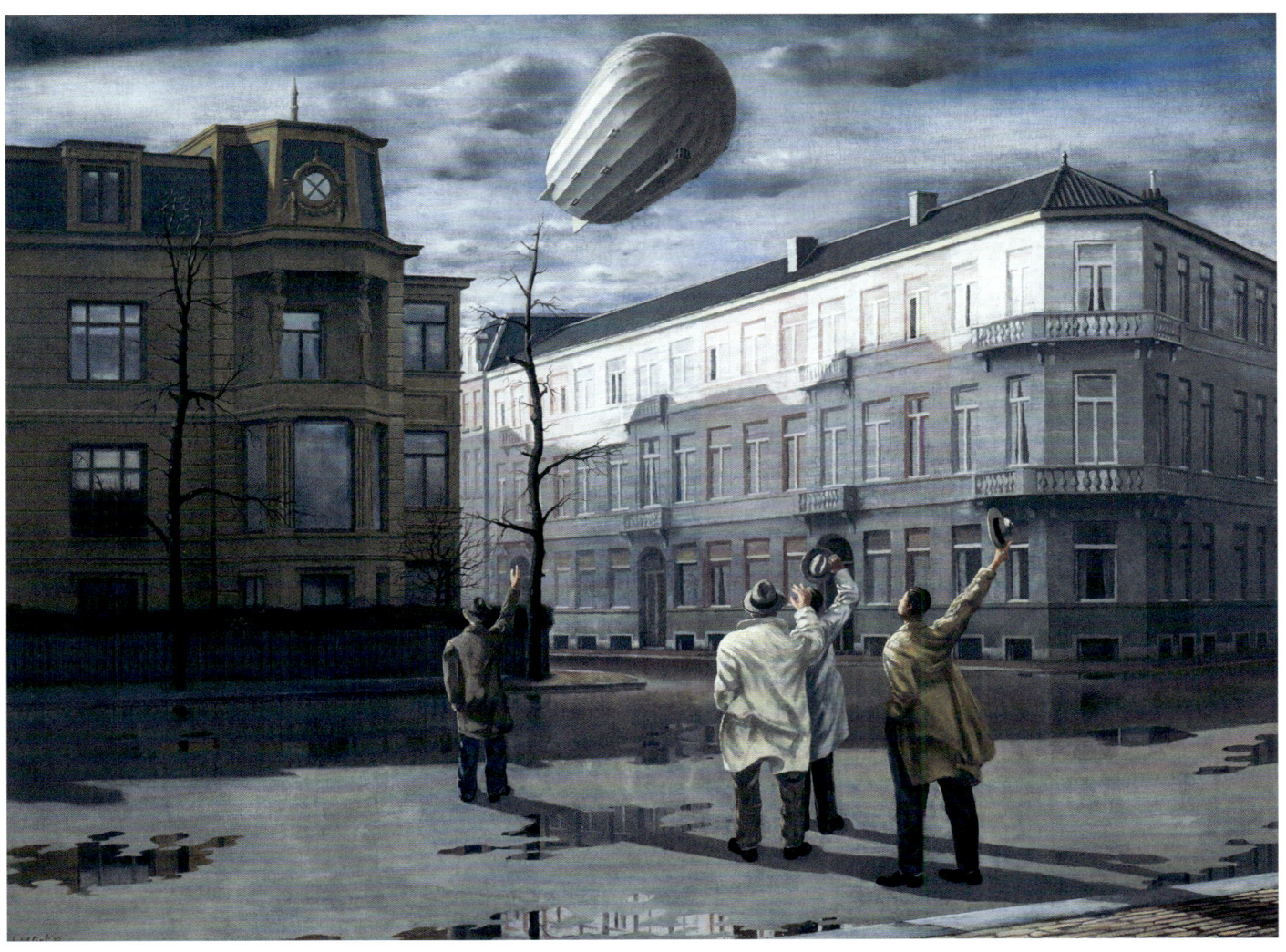

Carel Willink (1900-1983)
De Zeppelin, 1933
The Zeppelin
olieverf op doek | oil on canvas
75 × 100 cm
Museum MORE, Gorssel & Ruurlo

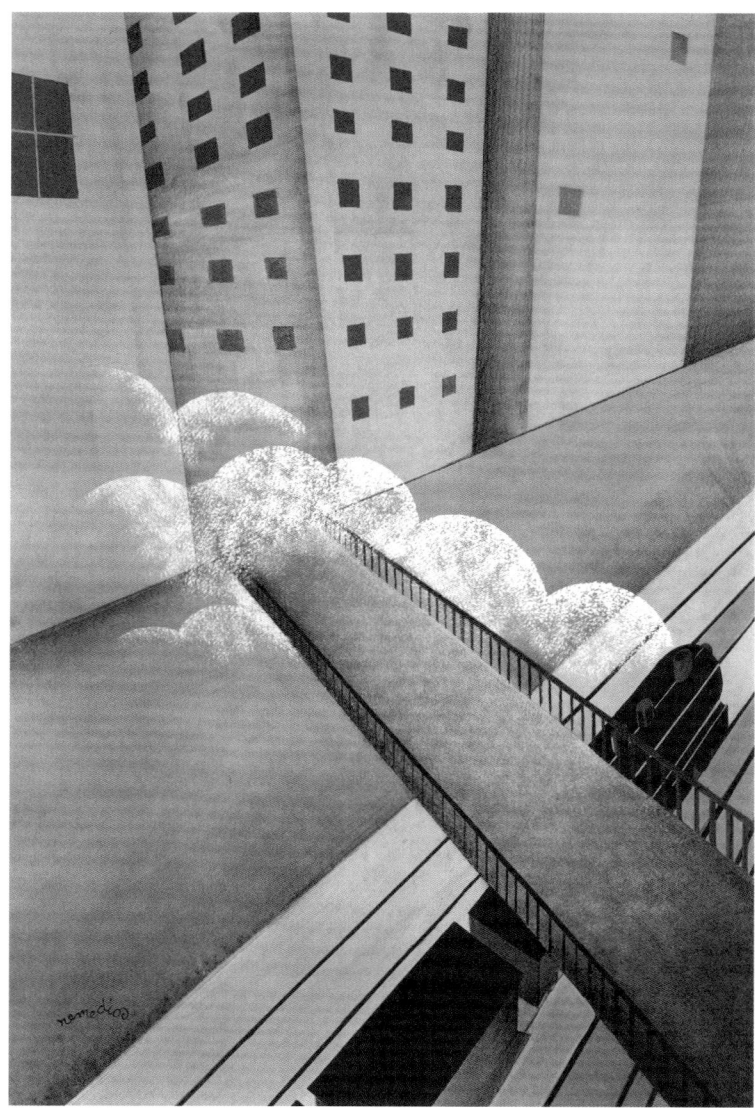

Remedios Varo Uranga (1908-1963)
Modernidad, 1936
Moderniteit | *Modernism*
potlood, gouache en grafiet
op multiplex | pencil, gouache
and graphite on plywood
79 × 49 cm
Museo Nacional Centro de Arte
Reina Sofía, Madrid

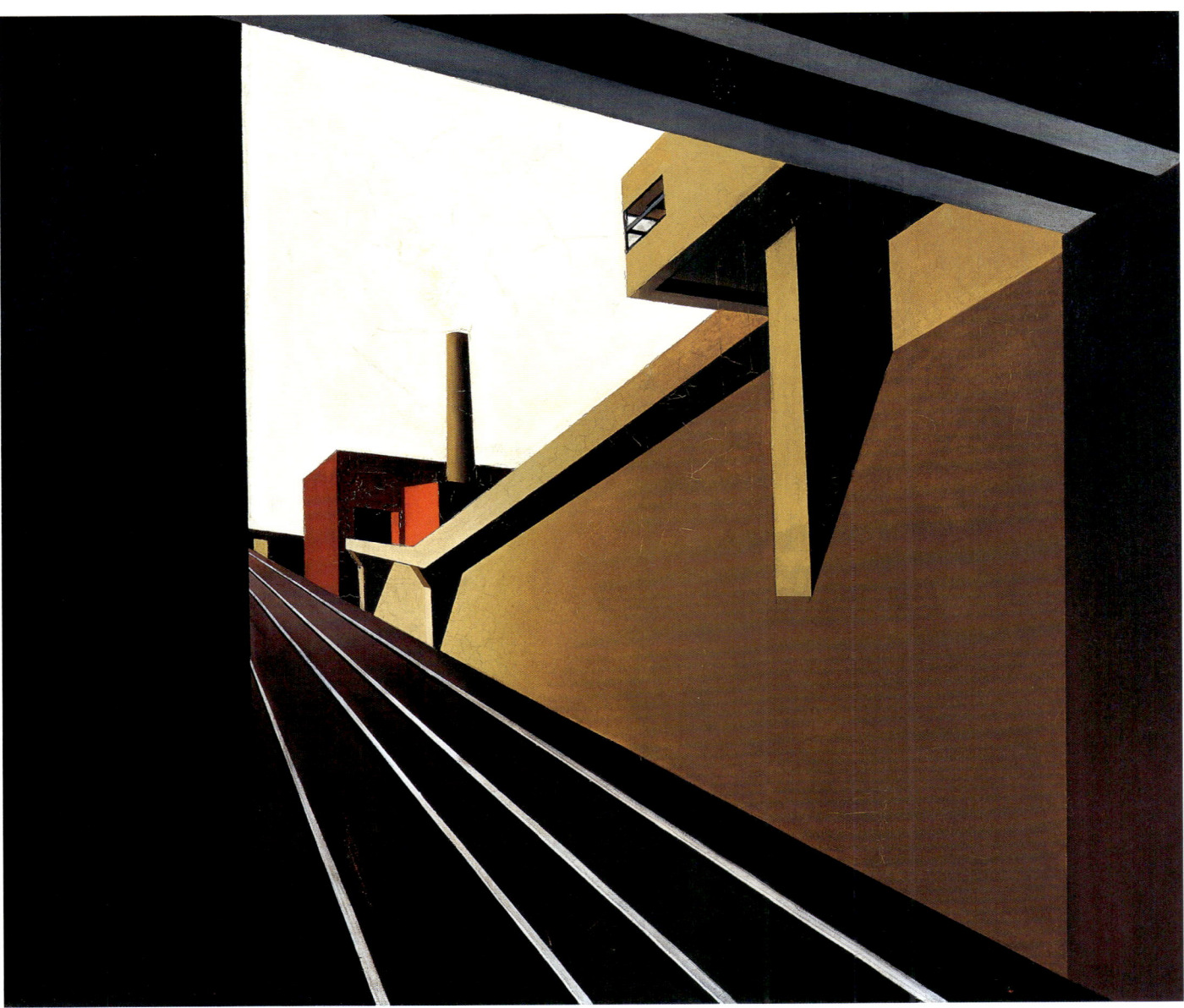

Karl Völker (1889-1962)
Beton, c. 1924
Beton | *Concrete*
olieverf op doek | oil on canvas
84,5 × 100 cm
Kulturstiftung Sachsen-Anhalt,
Kunstmuseum Moritzburg, Halle
(Saale)

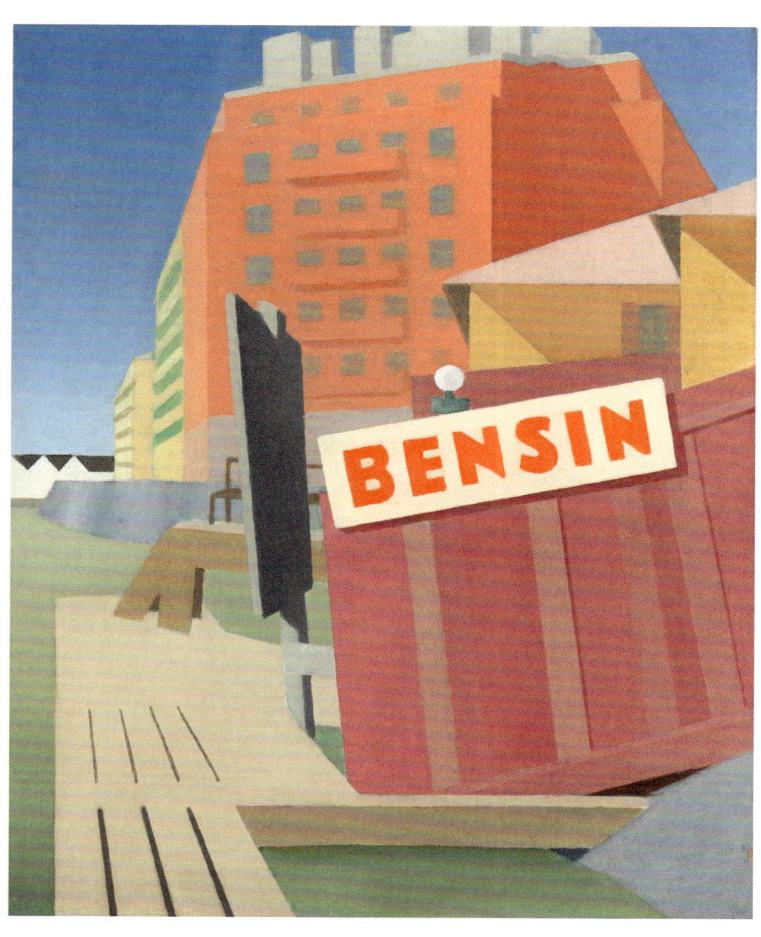

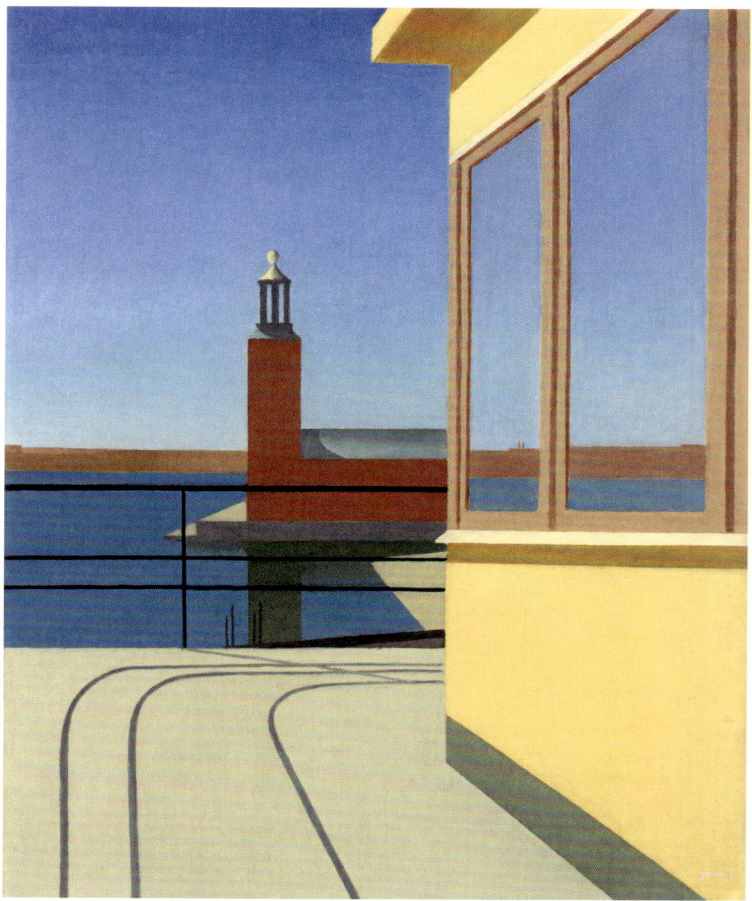

Torsten Jovinge (1898-1936)
Kvarteret Bergsund, 1931-1933
Bergsundkwartier | *Bergsund District*
olieverf op doek | oil on canvas
61 × 50 cm
Norrköpings Konstmuseum

Torsten Jovinge (1898-1936)
Från Centralpalatset, 1933
Vanuit het Centrale Paleis
From the Central Palace
olieverf op doek | oil on canvas
62 × 50 cm
**Moderna Museet, Stockholm,
aangekocht** | purchased 1962

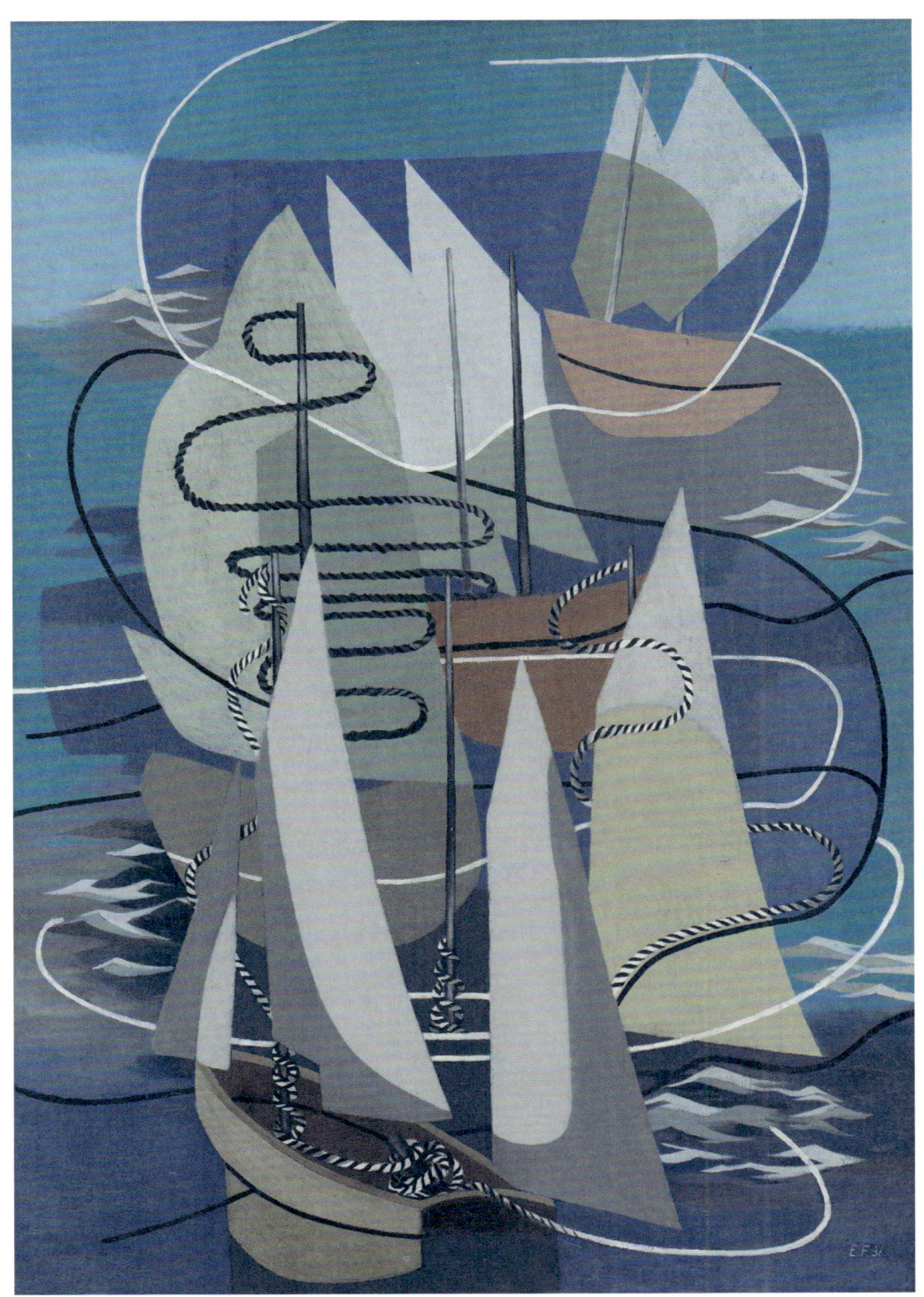

Ester Šimerová-Martinčeková (1909-2005)
Plachetnice, 1936
Zeilboten | *Sailing Boats*
olieverf op doek | oil on canvas
99,5 × 70,2 cm
Slovak National Gallery, Bratislava

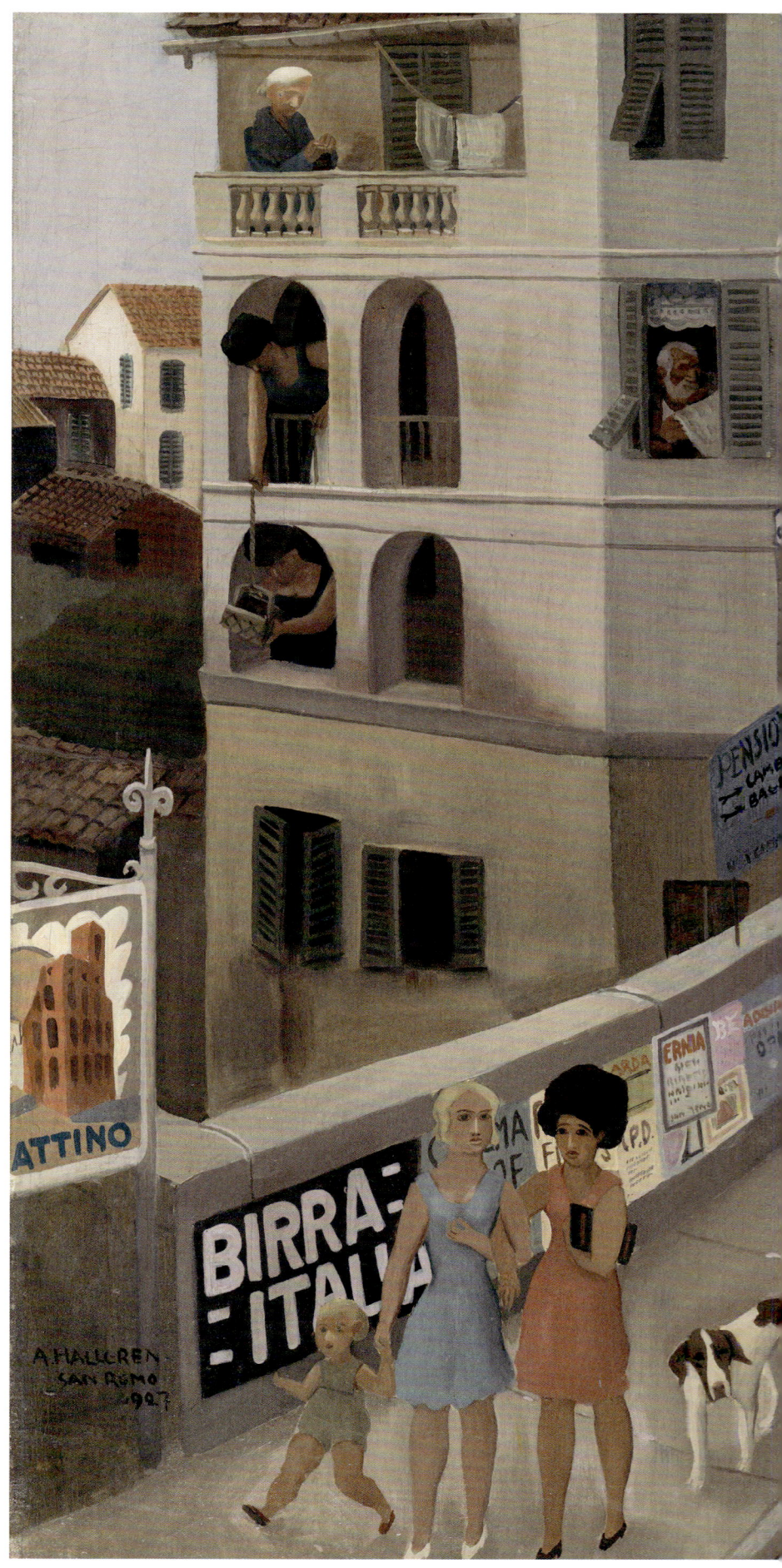

Acke Hallgren (1885-1940)
Mot aftonen, San Remo, 1927
Tegen de avond, San Remo
In the Evening, San Remo
olieverf op doek | oil on canvas
90 × 110 cm
Moderna Museet, Stockholm,
donatie van | donation from
Stina Hallgren 1960

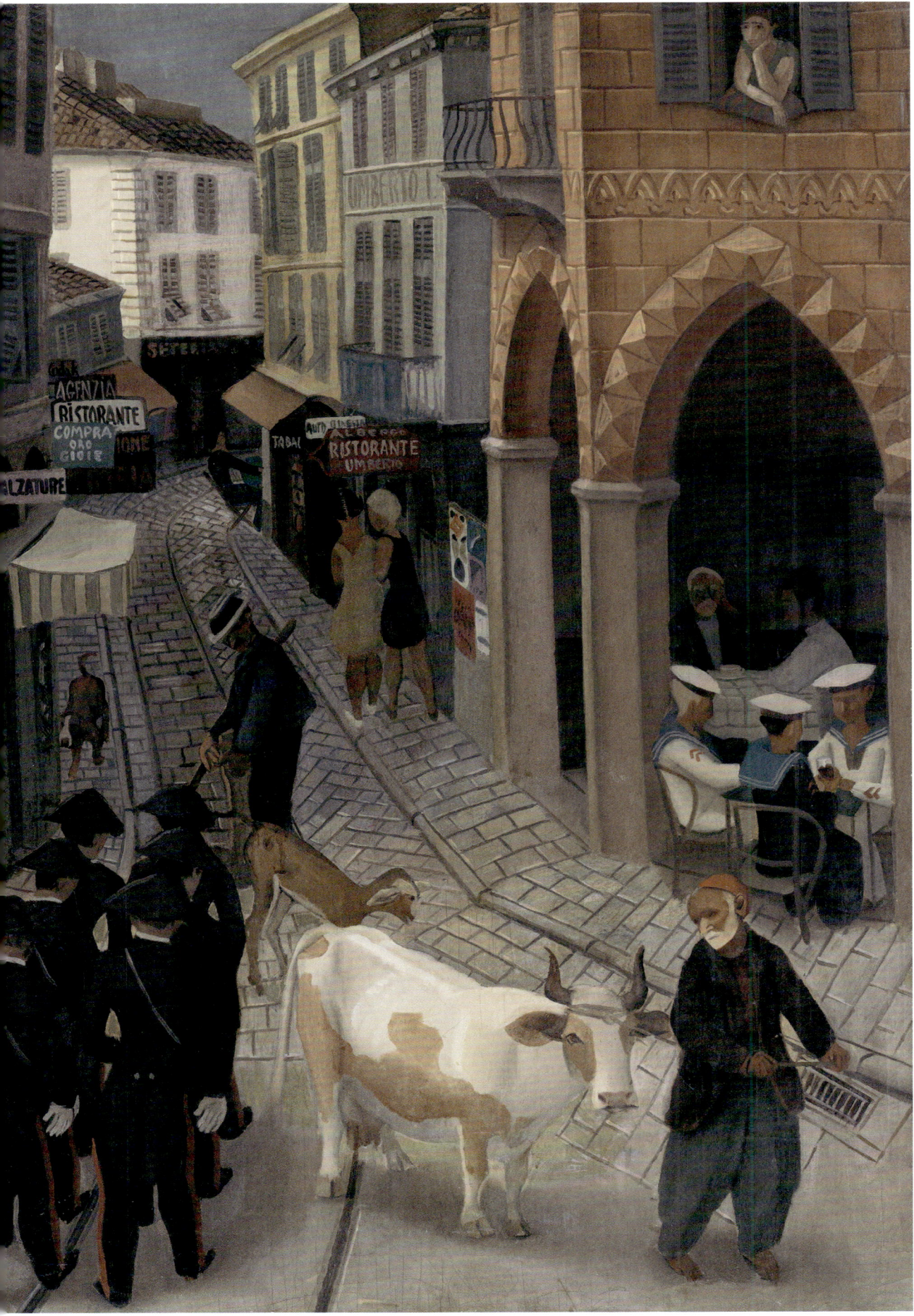

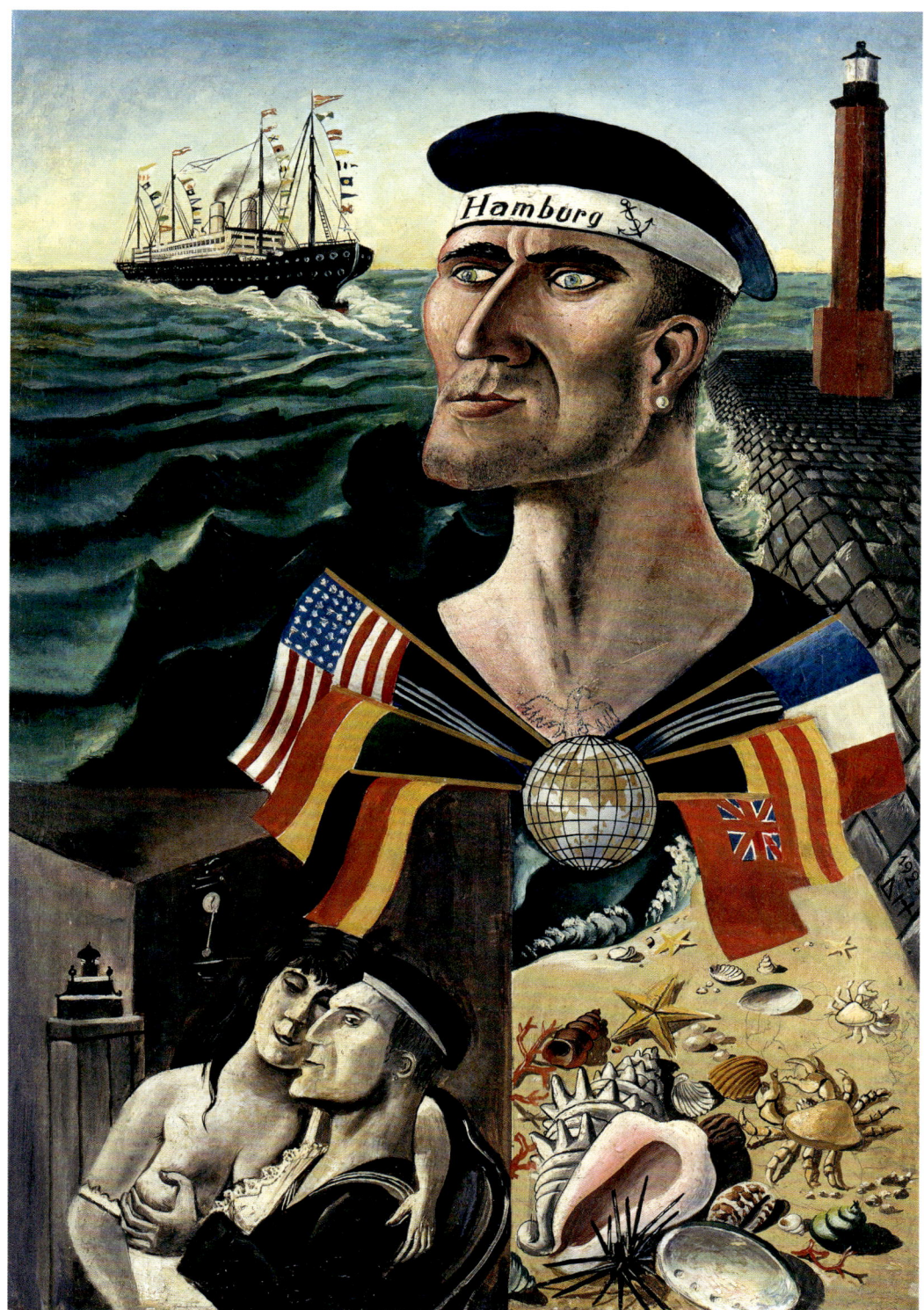

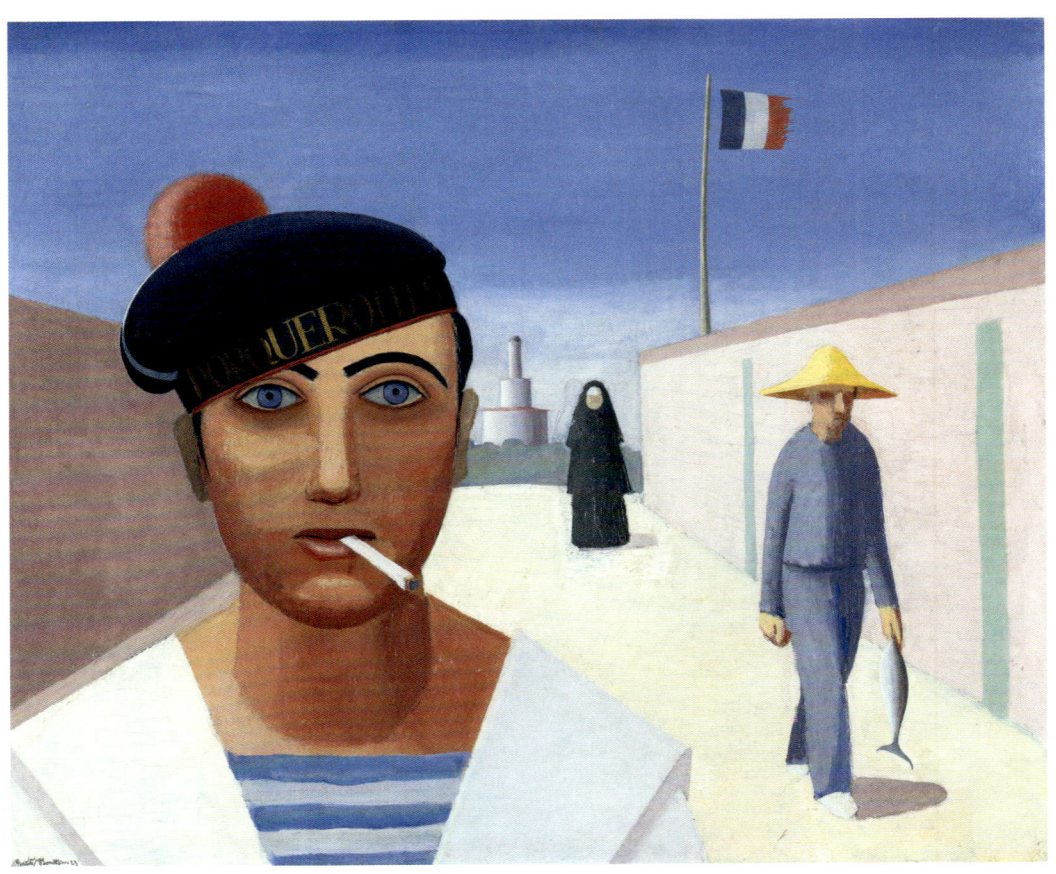

Otto Dix (1891-1969)
Abschied von Hamburg, 1921
Afscheid van Hamburg
Farewell to Hamburg
olieverf op doek | oil on canvas
85 × 58,9 cm
**Kunstsammlungen Chemnitz,
Museum Gunzenhauser,
eigendom van** | property of the
Stiftung Gunzenhauser, Chemnitz

Niklaus Stoecklin (1896-1982)
Matrosenstrasse, Porquerolles, 1923
Matrosenstrasse in Porquerolles
olieverf op doek | oil on canvas
49 × 60 cm
**Baloise Corporate Collection,
Bazel** | Basel

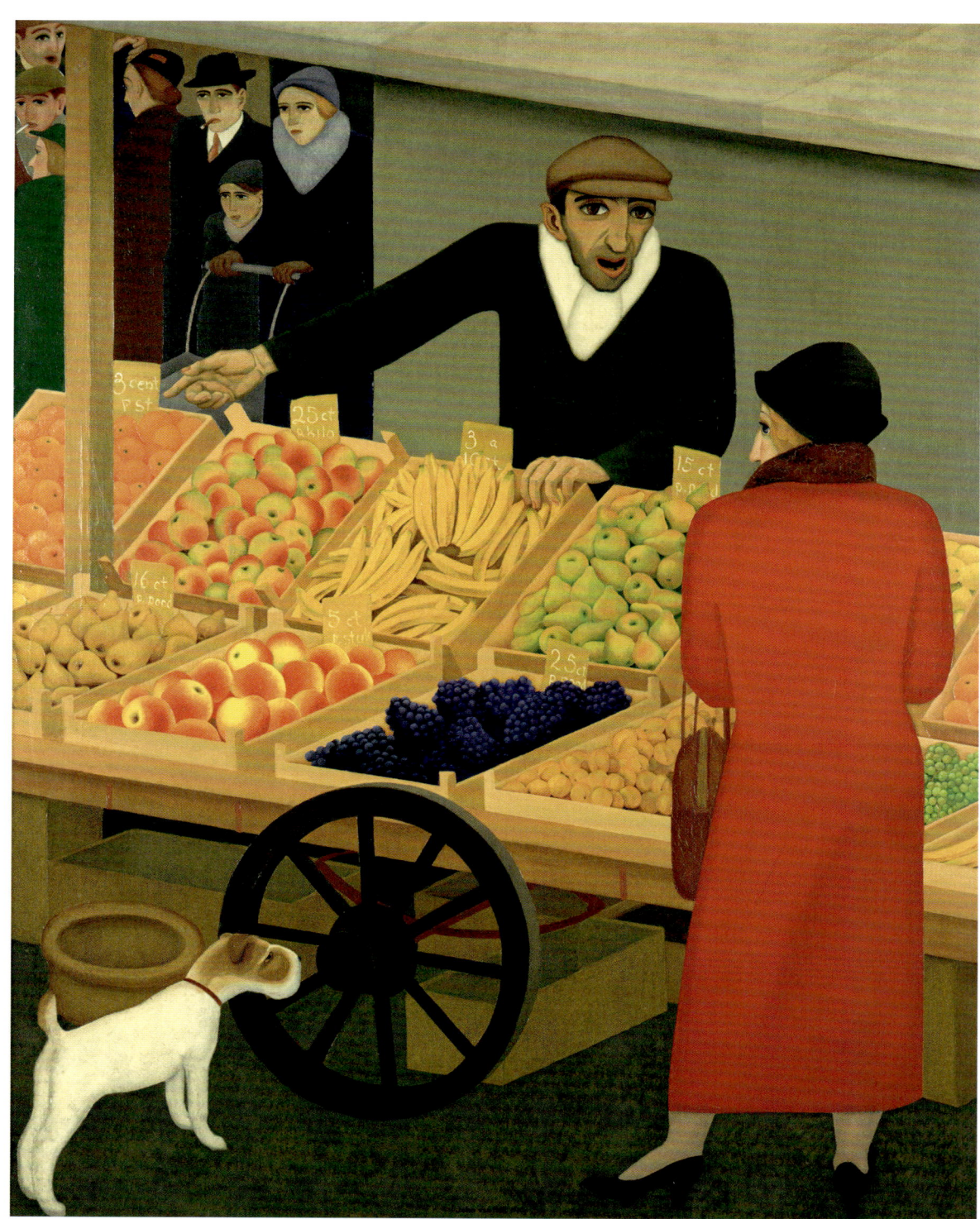

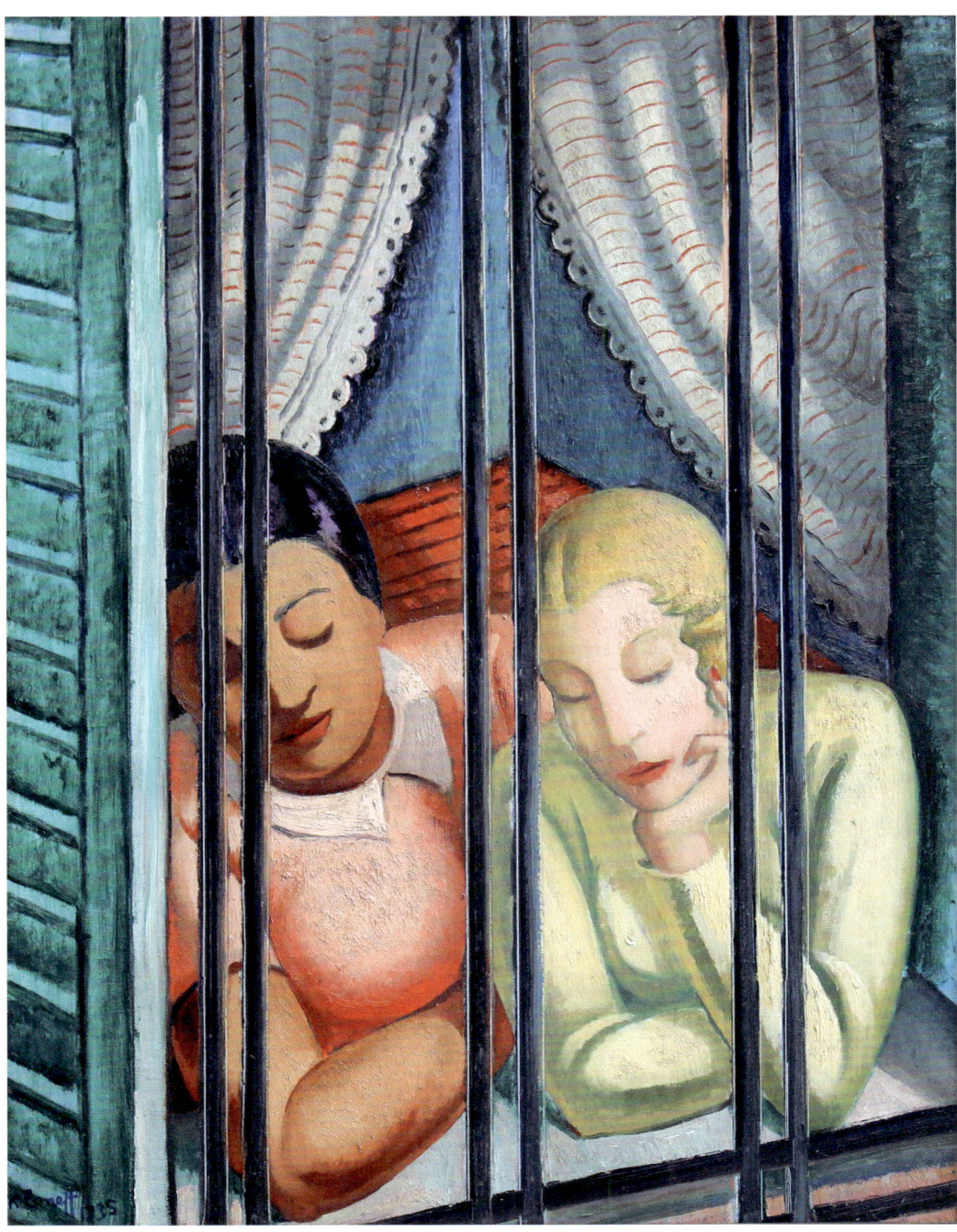

Johan van Hell (1889-1952)
Fruitkoopman, 1936
Fruit Merchant
olieverf op doek | oil on canvas
101 × 81 cm
Stedelijk Museum Amsterdam

Kiril Tsonev (1896-1961)
Слушателки на маримба, 1935
***Vrouwen luisteren naar marimba
muziek*** | *Women Listening
to Marimba Music*
olieverf op doek | oil on canvas
94 × 72,5 cm
Sofia City Art Gallery

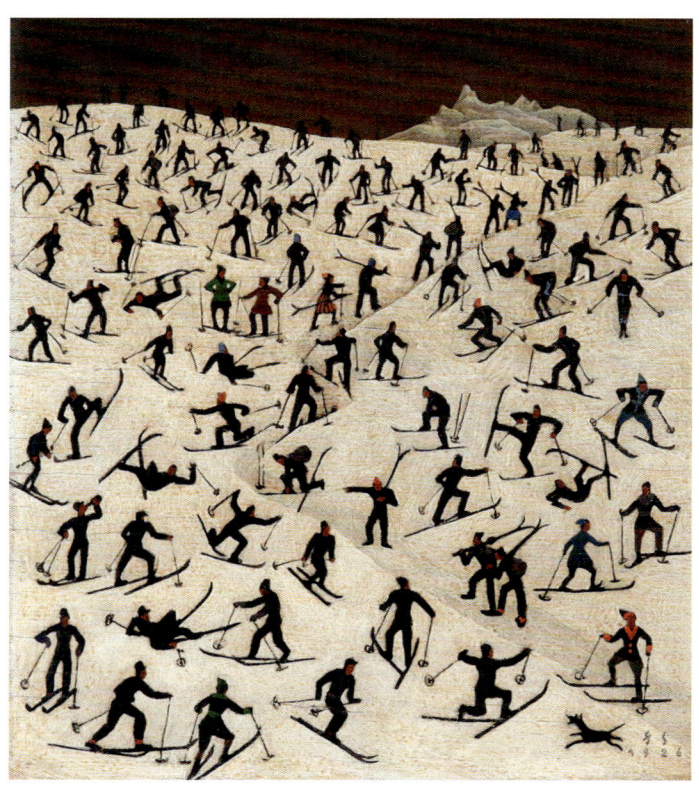

Franz Sedlacek (1891-1945)
Übungswiese, 1926
Oefenveld | *Training Ground*
olieverf op multiplex
oil on plywood
26,5 × 23,3 cm
Lentos Kunstmuseum, Linz

Rafał Malczewski (1892-1965)
Kobieta w stroju narciarskim
(Zofia Stryjeńska?), 1925-1928
Vrouw in ski-outfit (Zofia Stryjeńska?)
Woman in a Skiing Outfit
(Zofia Stryjeńska?)
olieverf op doek | oil on canvas
112 × 63 cm
National Museum in Warsaw
Warschau

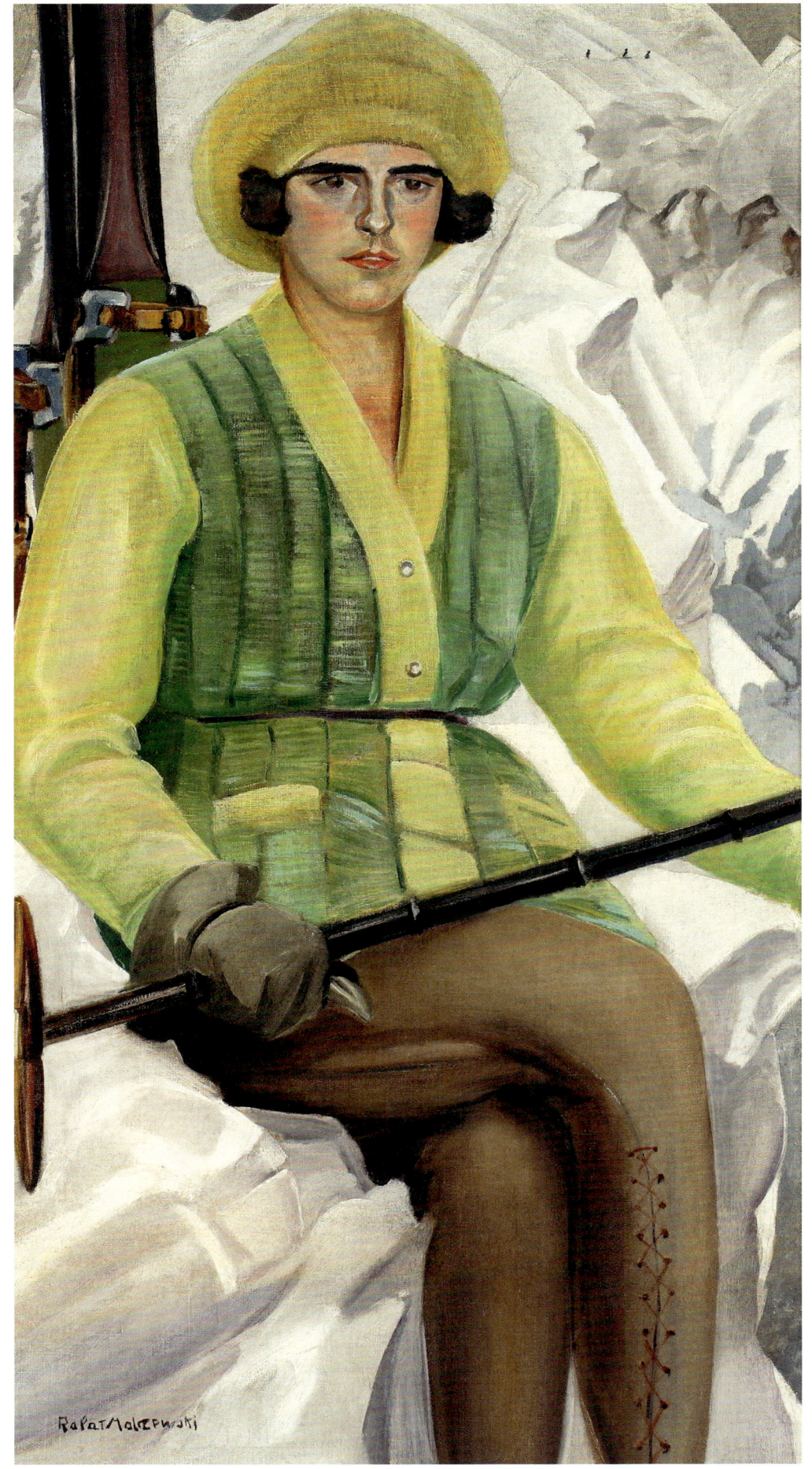

Sociaal-politieke kunst

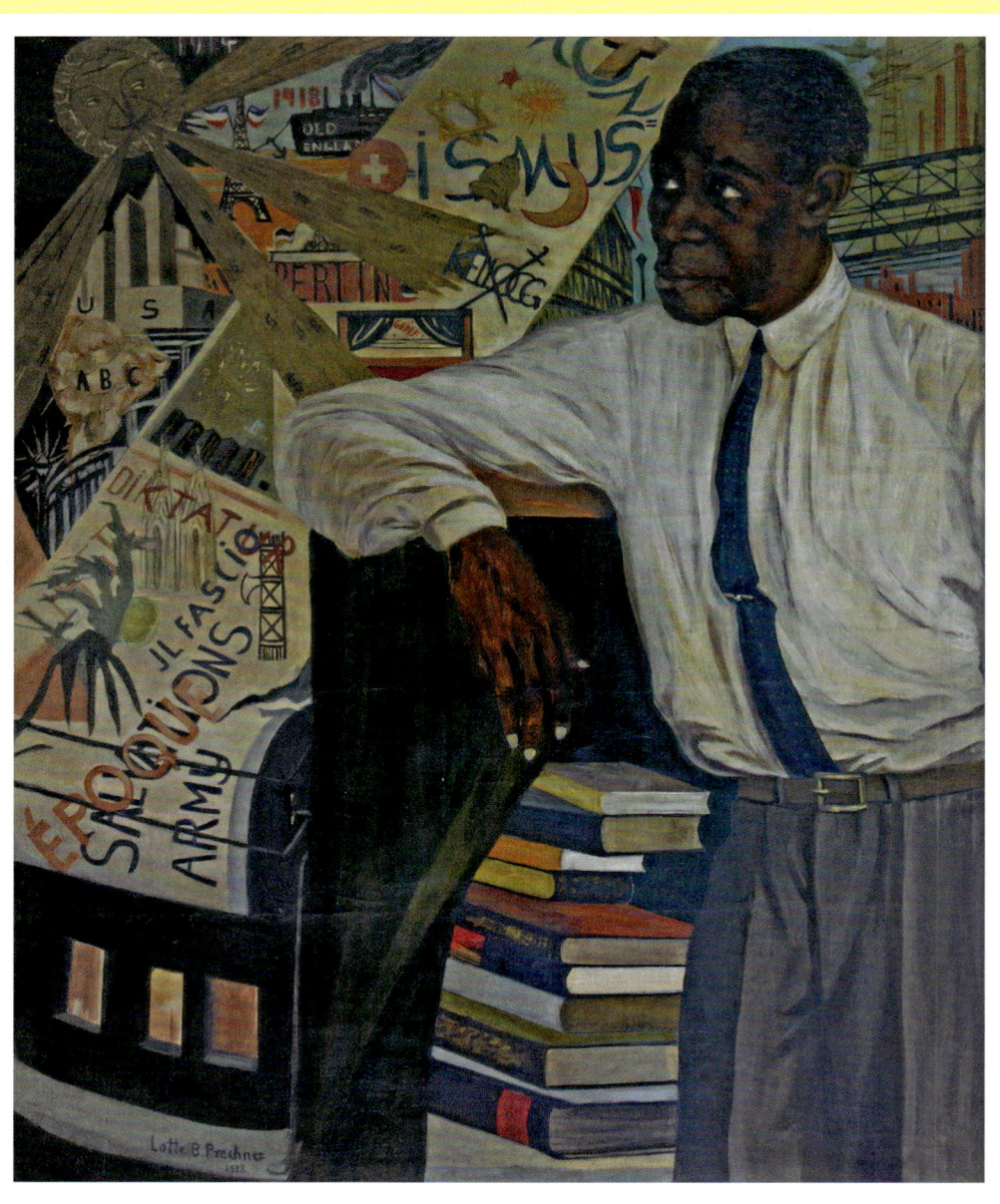

Lotte B. Prechner (1877-1967)
Epoche, 1928
Tijdperk | *Epoch*
olieverf op doek | oil on canvas
105 x 85,5 cm
Friedrich-Ebert-Stiftung e.V.,
Duitsland | Germany

Expliciet protest vindt in de beeldende kunst meestal zijn weg in tekeningen en prenten, want die zijn goedkoper te produceren en makkelijker in grote oplagen te verspreiden. Toch is ook in de schilderkunst direct en indirect commentaar te vinden op maatschappelijke en politieke gebeurtenissen.

De wereldwijde economische depressie na de beurskrach van Wall Street in 1929, de discriminatie van allerlei groepen op basis van huidskleur, geloof, herkomst of gender, de torenhoge werkloosheid en de uitzichtloosheid voor vele fabrieksarbeiders, de wijdverbreide honger en armoede – het zijn allemaal onderwerpen die deze kunstenaars aan de kaak stellen.

In 1939 staat heel Europa aan de vooravond van een nieuwe wereldoorlog, die zonder weerga zal blijken. Ondanks de hoop, de vooruitgang en de ideële bewegingen in de jaren 1920 en 1930, ondanks de brede protesten, het verzet, de waarschuwingen van kunstenaars, intellectuelen en brede burgerbewegingen, barst in Europa opnieuw een gruwelijke oorlog uit. De cyclus van oorlog en vrede herhaalt zich voor de zoveelste keer in de geschiedenis en de vraag is of de mensheid er ooit aan zal ontsnappen.

Socio-political Art

In the visual arts, explicit protest most often finds expression in drawings and prints, which are cheaper to produce and easier to distribute in large numbers. Nevertheless, commentary – both direct and indirect – on social and political events can also be found in painting.

The global economic depression following the Wall Street Crash of 1929, the discrimination against various groups based on skin colour, religion, origin or gender, the soaring unemployment and the bleak prospects of many factory workers, the widespread hunger and poverty – these are all subjects addressed by these artists.

In 1939, the whole of Europe stands on the eve of a new World War, one that will prove to be without precedent. Despite the hope, the progress and the idealism of the 1920s and 1930s, and despite the widespread protests, the resistance, the warnings from artists, intellectuals and a variety of civic movements, a horrific war once again breaks out in Europe. The cycle of war and peace repeats itself for the umpteenth time in history, and the question arises of whether humanity will ever escape it.

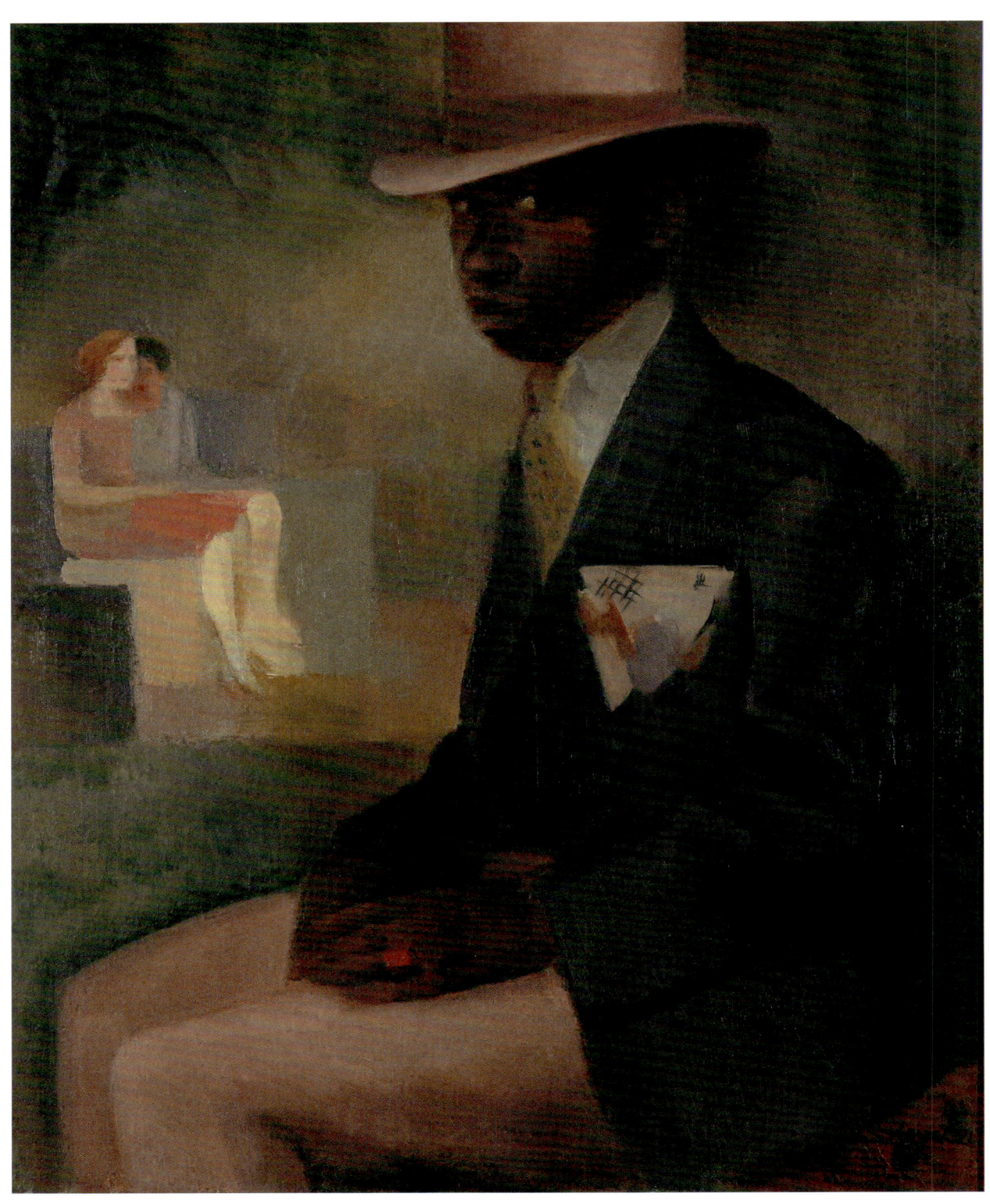

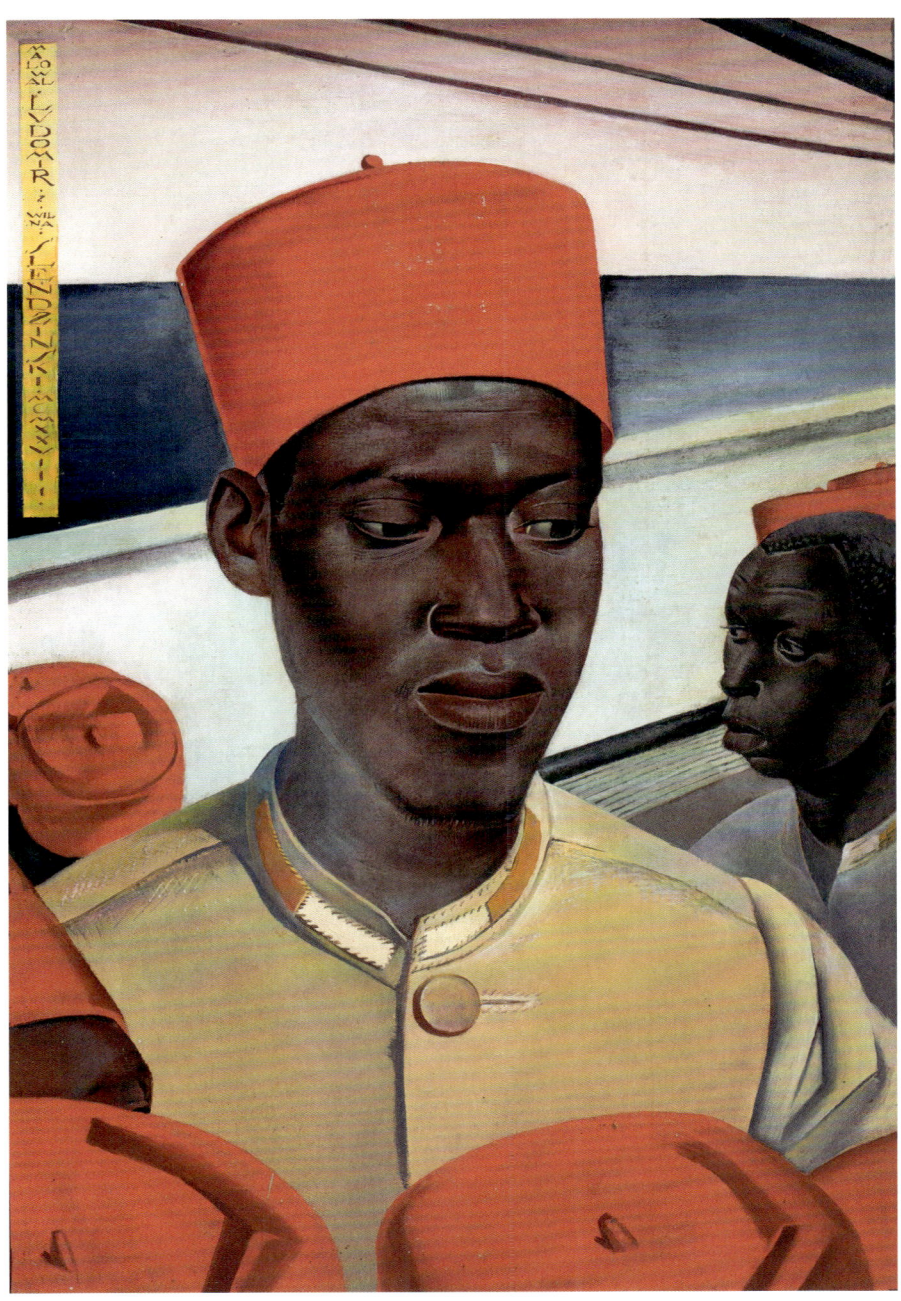

Sonja Kovačić-Tajčević (1894-1968)
Crnac s ružičastim šeširom, 1930-1932
Man met roze hoed | *Man with Pink Hat*
olieverf op doek | oil on canvas
65 × 54 cm
**Museum of Modern and
Contemporary Art collection
in Rijeka, Kroatië** | Croatia

Ludomir Sleńdziński (1889-1980)
Senegalczycy, 1928
Senegalezen | *Senegalese People*
olieverf op multiplex
oil on plywood
55 × 38 cm
National Museum in Warsaw
Warschau

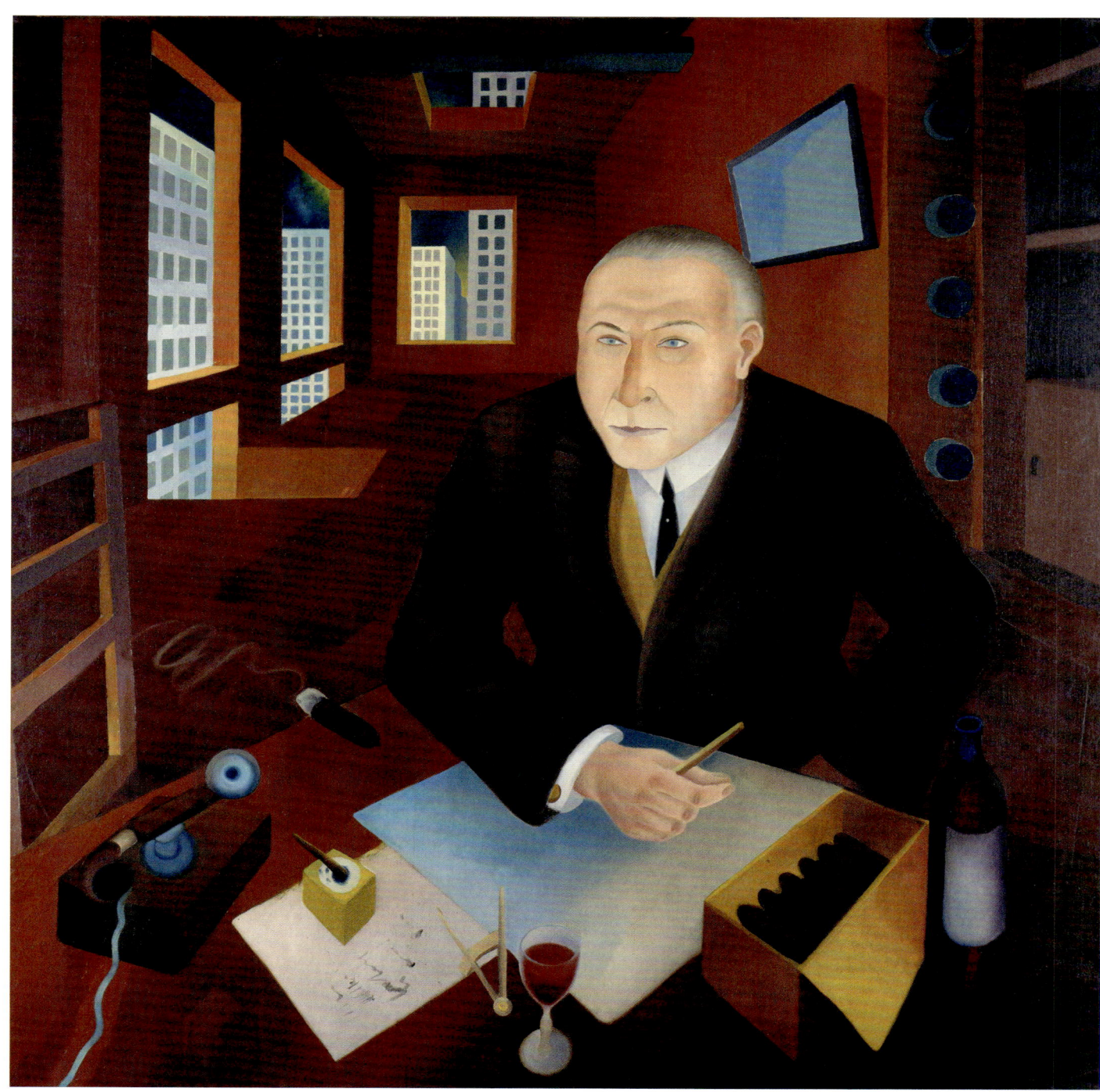

Heinrich Maria Davringhausen (1894-1970)
Der Schieber, 1920-1921
De profiteur | *The Profiteer*
olieverf op doek | oil on canvas
120 × 120 cm
Kunstpalast, Düsseldorf

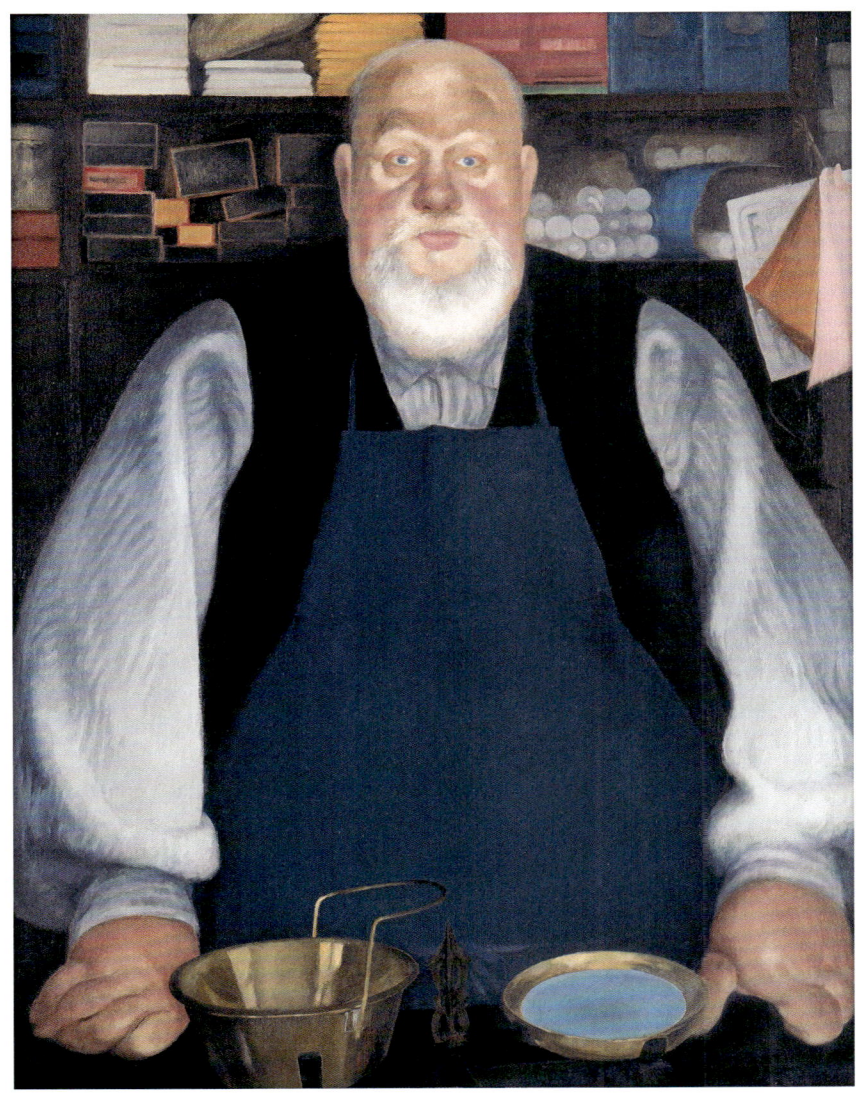

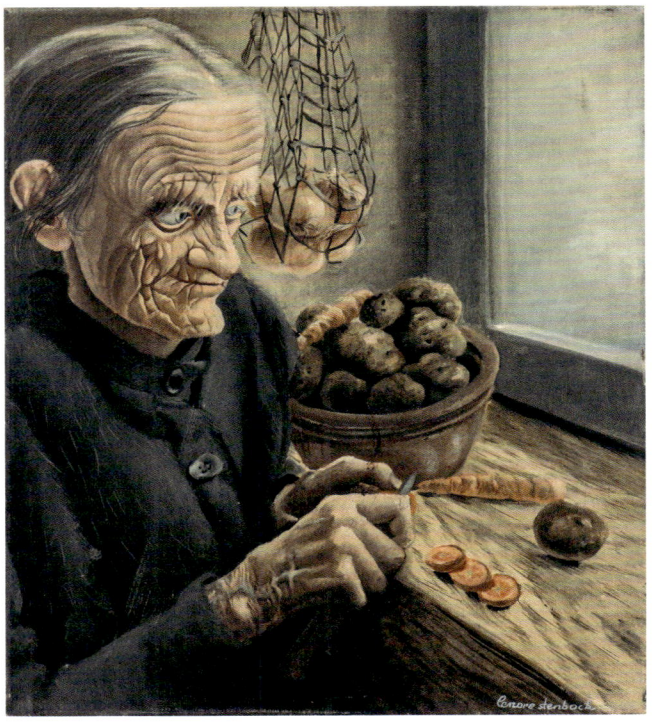

Martin Hubrecht (1892-1965)
L'Epicier, 1926
De kruidenier | *The Grocer*
olieverf op doek | oil on canvas
100,6 × 81,5 cm
Centre national des arts plastiques,
Parijs | Paris, **in langdurig bruikleen**
bij | on deposit at **Musée d'Art moderne**
et contemporain de Strasbourg

Leonore Maria Stenbock-Fermor (1906-1990)
Märkische Bäuerin, c. 1930
Brandenburgse boerin | *Brandenburg Farmer*
olieverf op doek | oil on canvas
45 × 40,5 cm
Stiftung Stadtmuseum Berlin, Berlijn | Berlin

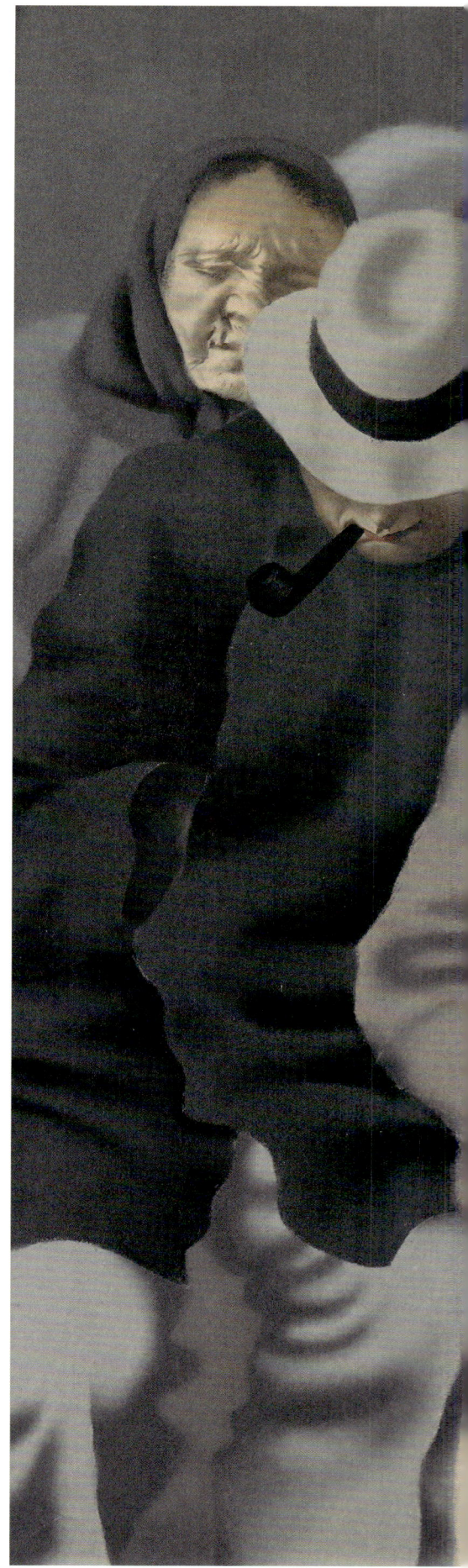

Eduard Ole (1898-1995)
Reisijad, 1929
Passagiers | *Travellers*
olieverf op multiplex
oil on plywood
91,5 × 91,2 cm
Art Museum of Estonia, Tallinn

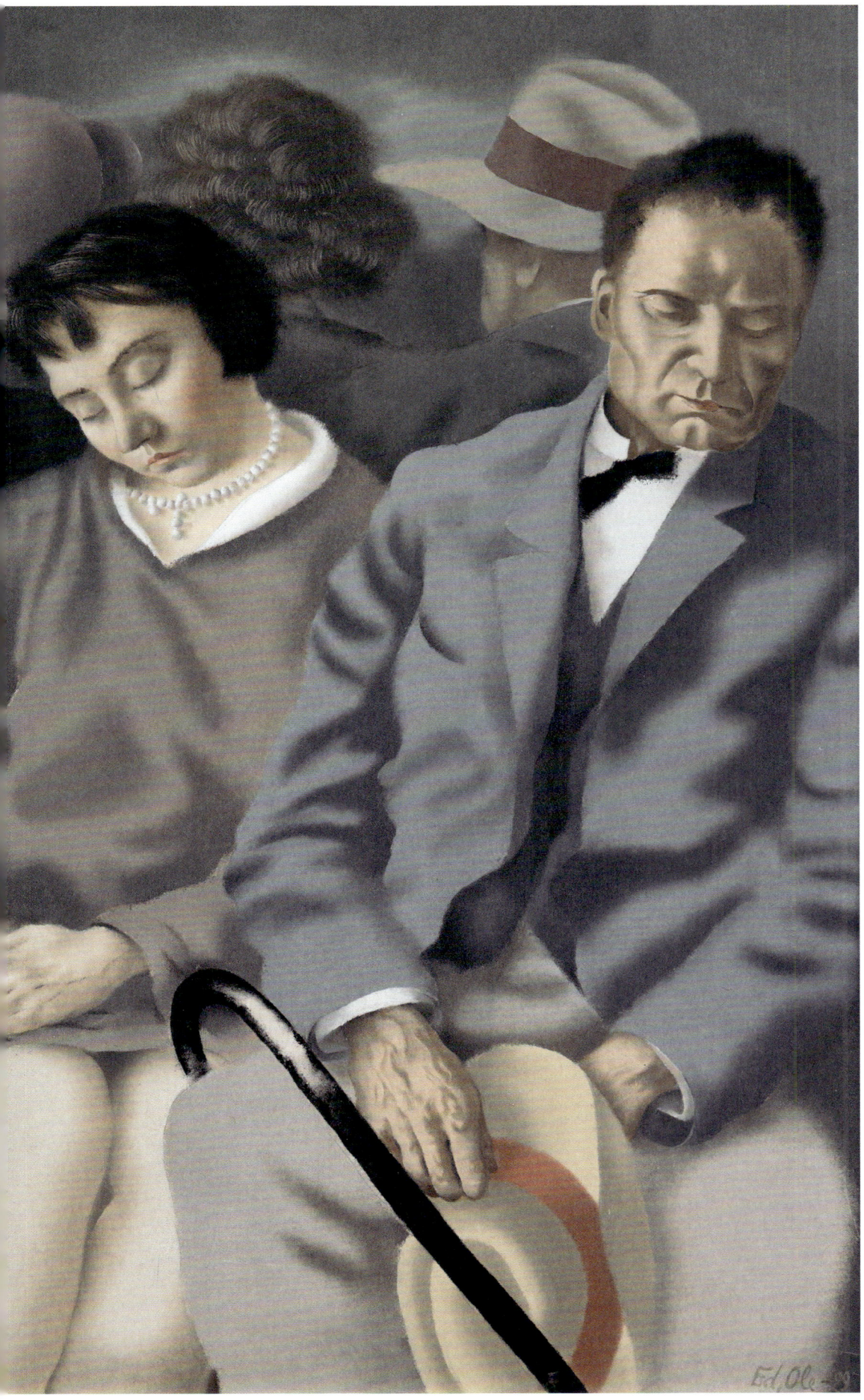

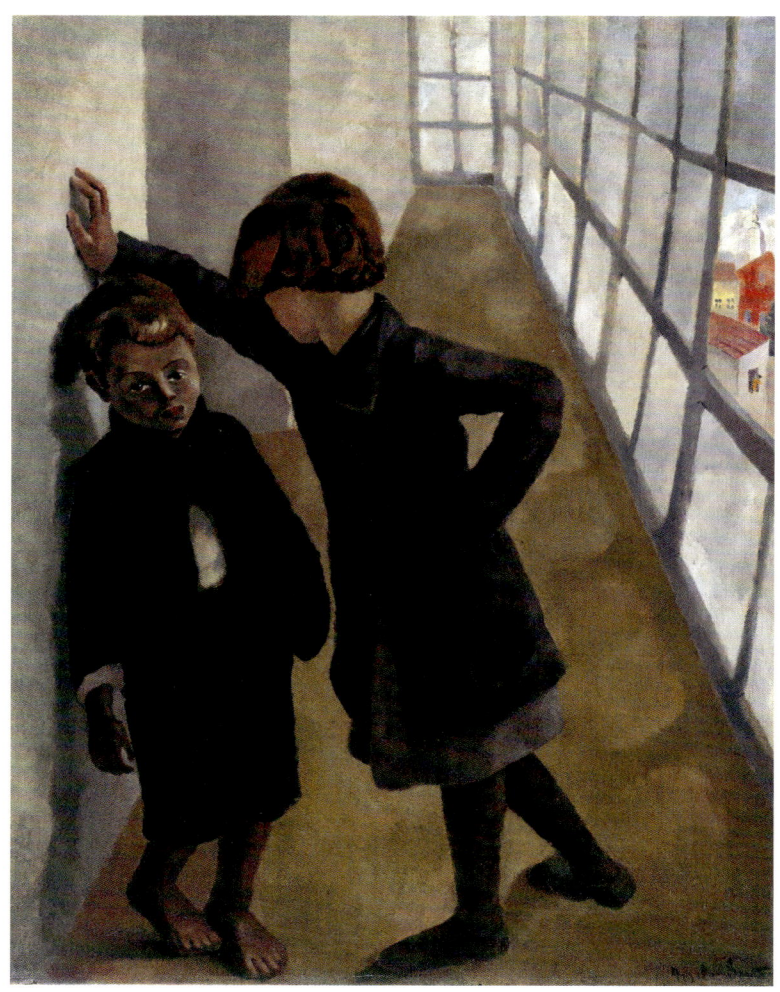

Ángeles Santos Torroella (1911-2013)
Dos hermanos, c. 1930
Twee broers | *Two Brothers*
olieverf op doek | oil on canvas
90 × 70 cm
Museo Nacional Centro de Arte
Reina Sofía, Madrid

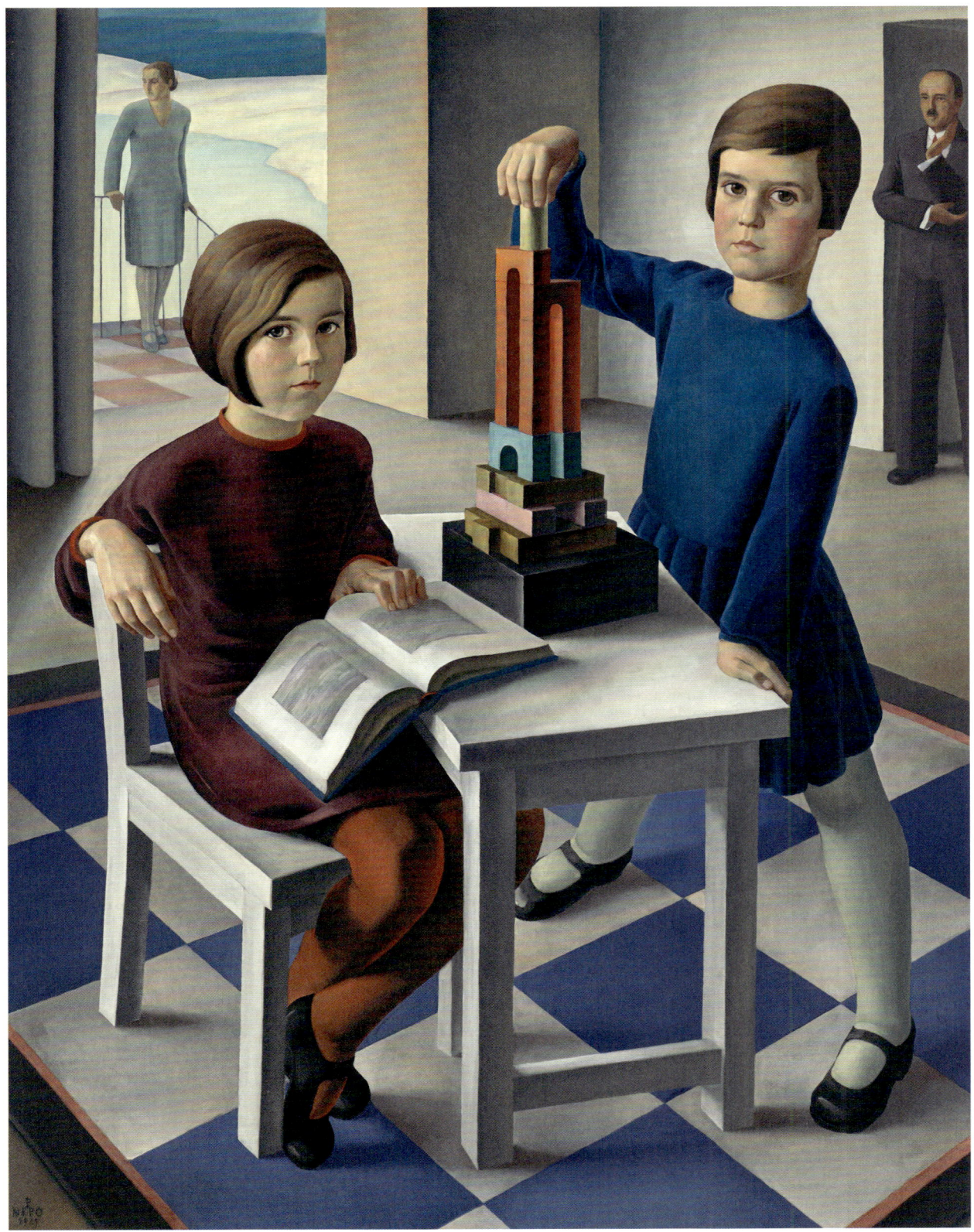

Ernst Nepo (1895-1971)
Familienporträt Keller, 1929
Portret van de familie Keller
Keller Family Portrait
olieverf op doek | oil on canvas
146 × 115 cm
Tiroler Landesmuseum,
Ferdinandeum, Moderne
Sammlung, Innsbruck

[→ pp. 124-125]
Krsto Hegedušić (1901-1975)
Rekvizicija, 1929
Rekwisitie | *Requisition*
olieverf op doek | oil on canvas
75 × 104,5 cm
Museum of Modern and
Contemporary Art collection
in Rijeka, Kroatië | Croatia

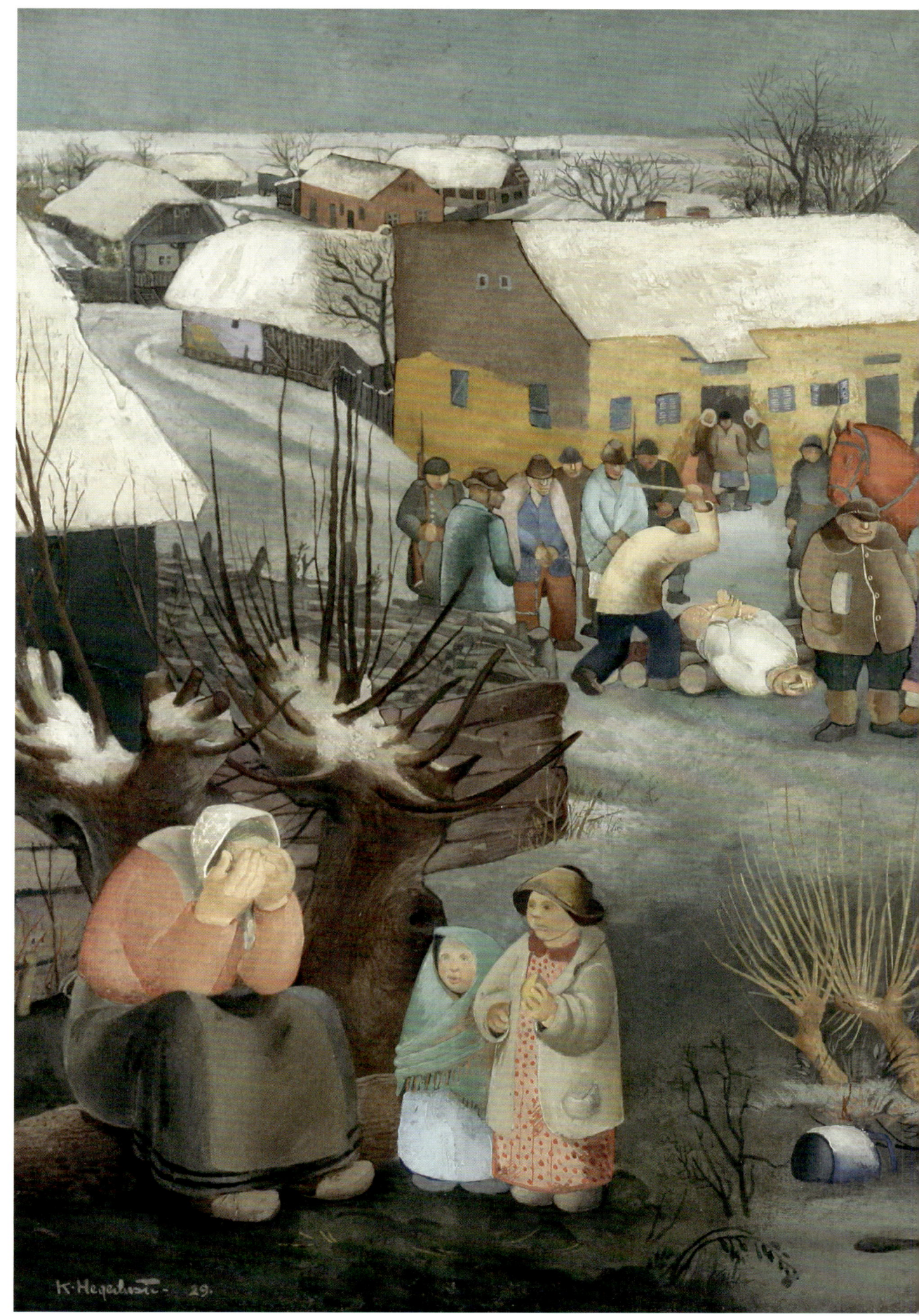

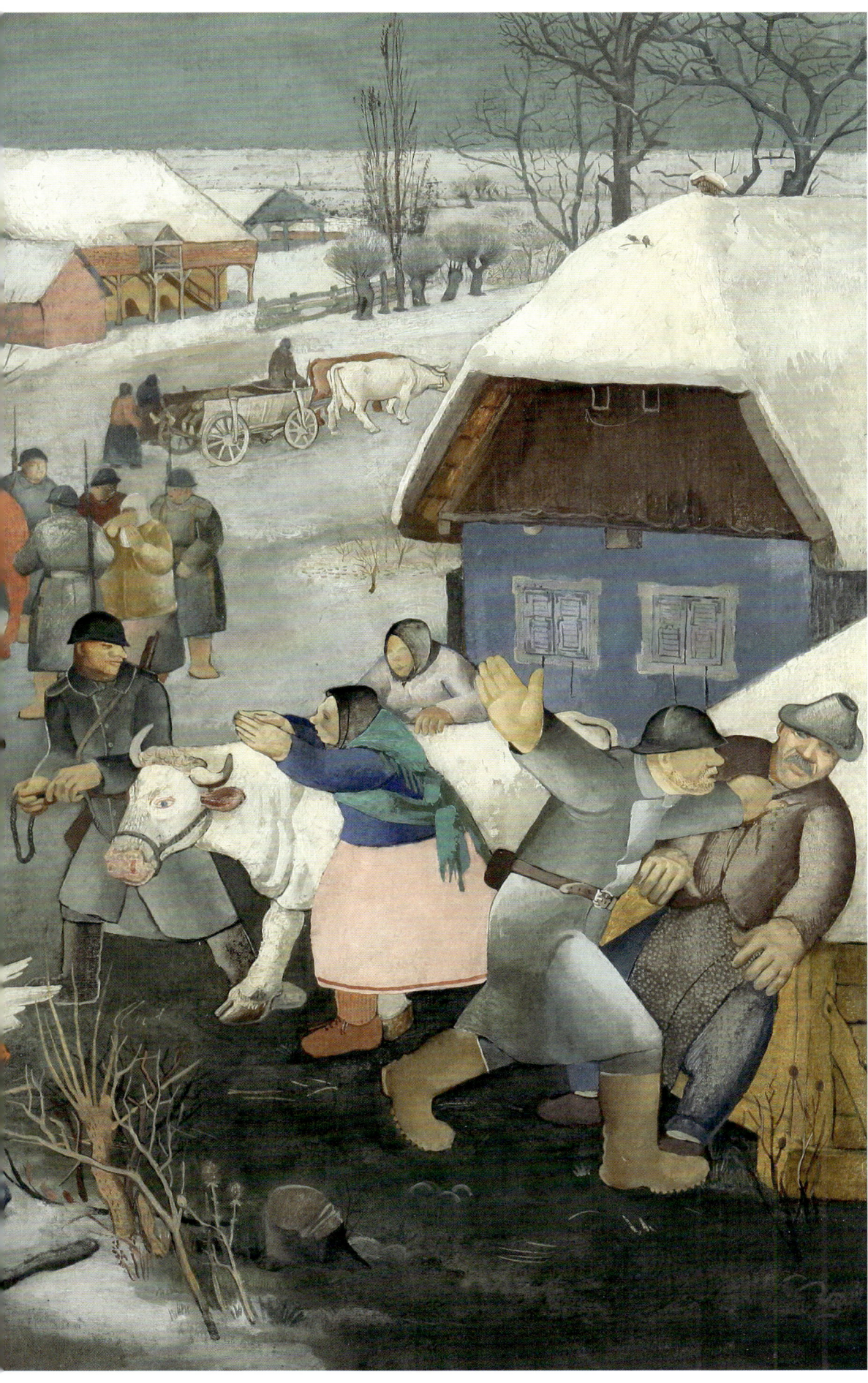

Robert Angerhofer
(1895-1987) AT

Aleksandra Beļcova
(1892-1981) LV

Giorgio de Chirico
(1888-1978) IT

Marcus Collin
(1882-1966) FI

Heinrich Maria Davringhausen
(1894-1970) DE

Fortunato Depero
(1892-1960) IT

Kate Diehn-Bitt
(1900-1978) DE

Otto Dix
(1891-1969) DE

Ferdinand Erfmann
(1901-1968) NL

Emanuel Famíra
(1900-1970) CS

Roberto Fernández Balbuena
(1890-1966) ES

Stina Forssell
(1906-1970) SE

Arvid Fougstedt
(1888-1949) SE

Meredith Frampton
(1894-1984) GB

Acke Hallgren
(1885-1940) SE

Krsto Hegedušić
(1901-1975) HR/YU

Johan van Hell
(1889-1952) NL

Karl Hubbuch
(1891-1979) DE

Martin Hubrecht
(1892-1965) FR

Raoul Hynckes
(1893-1973) NL

August Jansen
(1881-1957) EE

Torsten Jovinge
(1898-1936) SE

Alexander Kanoldt
(1881-1939) DE

Dick Ket
(1902-1940) NL

Moïse Kisling
(1891-1953) PL

Vilma Kiss
(1893-1943) HU

Pyke Koch
(1901-1991) NL

Béla Kontuly
(1904-1983) HU

Sonja Kovačić-Tajčević
(1894-1968) HR/YU

Tone Kralj
(1900-1975) SI/YU

Lisa Elisabeth Krugell
(1893-1977) FR

Kazimierz Kwiatkowski
(1893-1964) PL

Lotte Laserstein
(1898-1993) DE

Chris Lebeau
(1878-1945) NL

Ludolfs Liberts
(1895-1959) LV

Jānis Liepiņš
(1894-1964) LV

Rafał Malczewski
(1892-1965) PL

Jenő Medveczky
(1902-1969) HU

Johan Mekkink
(1904-1991) NL

Omer Mujadžić
(1903-1991) HR/YU

Martin Nagy
(1901-1990) CS

Ernst Nepo
(1895-1971) AT

Václav Vojtěch Novák
(1901-1969) CS

Väinö Nuuttila
(1899-1980) FI

Eduard Ole
(1898-1995) EE

Lotte B. Prechner
(1877-1967) DE

William Roberts
(1895-1980) GB

Cagnaccio di San Pietro
(1897-1946) IT

Ángeles Santos Torroella
(1911-2013) ES

Johannes Lodewijk Schrikkel
(1902-1995) NL

Georg Schrimpf
(1889-1938) DE

Franz Sedlacek
(1891-1945) AT

Ester Šimerová-Martinčeková
(1909-2005) CS

Ludomir Slendziński
(1889-1980) PL

Leonore Maria Stenbock-
Fermor
(1906-1990) DE

Niklaus Stoecklin
(1896-1982) CH

Charley Toorop
(1891-1955) NL

Marijan Trepše
(1887-1964) HR/YU

Ante Trstenjak
(1894-1970) SI/YU

Kiril Tsonev
(1896-1961) BG

Remedios Varo Uranga
(1908-1963) ES

Karl Völker
(1889-1962) DE

Vlasta Vostřebalová-
Fischerová
(1898-1963) CS

Ilmari Vuori
(1898-1975) FI

Gerda Wegener
(1886-1940) DK

Carel Willink
(1900-1983) NL

AT
Oostenrijk | Austria
BG
Bulgarije | Bulgaria
CH
Zwitserland | Swizerland
CS
Tsjechoslowakije |
Czechoslovakia
DE
Duitsland | Germany
DK
Denemarken | Denmark
EE
Estland | Estonia
ES
Spanje | Spain
FI
Finland | Finland
FR
Frankrijk | France
GB
Groot-Brittannië |
Great Britain
HR/YU
Kroatië/Joegoslavië |
Croatia/Yugoslavia
HU
Hongarije | Hungary
IT
Italië | Italy
LV
Letland | Latvia
NL
Nederland | Netherlands
PL
Polen | Poland
SE
Zweden | Sweden
SI/YU
Slovenië/Joegoslavië |
Slovenia/Yugoslavia

K. Arvidsson, J. Sjöström (red. | eds.), *Focus on Europe: New Objectivities 1919–1939*, tent.cat. Göteborg | exh.cat. Gothenburg (Göteborgs Konstmuseum) 2021

G. Belli, V. Terraroli, *Realismo magico. Uno stile italiano*, tent.cat. Milaan | exh.cat. Milan (Palazzo Reale & 24 Ore Cultura), 2021

C. Blotkamp, Y. Koopmans (red. | eds.), *Magie en zakelijkheid. Realistische schilderkunst in Nederland 1925-1945*, Zwolle & Arnhem 1999

F. Bool, M. Jooren, V. de Lange, *Nieuwe kaders. Schilderkunst, fotografie en film 1920-1940*, tent.cat. | exh.cat. Gorssel (Museum MORE), Zwolle 2020

M. Colner, G. Milovanović (red. | eds.), *Distant Gaze: New Objectivity and Realisms in Central Europe (1925-1933)*, tent.cat. | exh.cat. Kostanjevica na Krki (Galerija Božidar Jakac), 2025

E. de Diego, V. Bozal, Y. Koopmans, F. Bool, I. Boelema, *Visiones Huidizas. El regreso al realismo en los Países Bajos: 1925-1945*, tent.cat. | exh.cat. Madrid (Fundación Carlos de Amberes) 2001

J. Dijkstra (red. | ed.), *Nové Realismy. Tsjecho-Slowaaks realisme 1918-1945*, tent.cat. | exh.cat. Gorssel (Museum MORE), Zwolle 2022

P. Elliott (red. | ed.), *True to Life: British Realist Painting in the 1920s & 1930s*, tent.cat. | exh.cat. Edinburgh (National Galleries of Scotland), 2017

A. Fricke, A. Kretzdorn, *Unheimlich Real. Italienische Malerei der 1920er Jahre*, tent.cat. | exh.cat. Essen (Museum Folkwang) & Helsinki (Ateneum Art Museum), München 2018

M. Gale, K. Wan, *Magic Realism: Art in Weimar Germany 1919-1933*, tent.cat. Londen | exh.cat. London (TATE), 2018

I. Habán, A. Habanová (red. | eds.), *New Realisms: Modern Realist Approaches across the Czechoslovak Scene 1918-1945*, Liberec: National Heritage Institute, 2019

I. Herold, J. Holten, *Die Neue Sachlichkeit — Ein Jahrhundertjubiläum* | *The New Objectivity — A Centennial Anniversary*, tent.cat. | exh.cat. Mannheim (Kunsthalle Mannheim), Berlijn | Berlin 2024

A. Hrabušický (red. | ed.), *New Slovakia: The (Difficult) Birth of the Modern Lifestyle 1918- 1949*, tent.cat. | exh.cat. Bratislava (Slovenská Národná Galéria) 2011

T. Hyman, *The World New Made: Figurative Painting in the Twentieth Century*, Londen | London 2016

M. Jooren (red. | ed.), *De broers Barraud. Vier Zwitserse realisten uit de jaren '20 en '30*, tent.cat. | exh.cat. Gorssel (Museum MORE), Eindhoven 2019

M. Jooren, S. Rozema, K. Jentleson, *Naïef realisme. Van Rousseau tot Grandma Moses* | *Naive Realism. From Rousseau to Grandma Moses*, tent.cat. | exh.cat. Gorssel (Museum MORE), Zwolle 2023

Y. Koopmans, *Te waar om mooi te zijn. Het kritische realisme van Dix & Co. 1920-1940*, Arnhem 2010

Y. Koopmans (red. | ed.), *For Real. Britse Realisten uit de jaren '20 en '30*, tent.cat. | exh.cat. Gorssel (Museum MORE), Eindhoven 2019

A. Lampe, F. Ebner, *Allemagne, Années 1920, Nouvelle objectivité, August Sander*, tent.cat. Parijs | exh.cat. Paris (Centre Pompidou) & Humlebæk (Louisiana Museum of Modern Art), 2022

S. Lebas Huber, *Dutch Neorealism, Cinema, and the Politics of Painting, 1927-1945*, New York & Londen | London 2025

Les Réalismes 1919-1939 / Realismus 1919-1939, tent.cat. Parijs | exh.cat. Paris (Centre Georges Pompidou) 1980 & Berlijn | Berlin (Staatliche Kunsthalle) 1981

F. Roh, *Nach-Expressionismus. Magischer Realismus. Probleme der neuesten europäischen Malerei*, Leipzig 1925

A. Richter, F. Thurmes (red. | ed.), *European Realities. Realismusbewegungen der 1920er und 1930er Jahre in Europa*, tent.cat. | exh.cat. Chemnitz (Kunstsammlungen Chemnitz), München | Munich 2025

B. Röhrl, *World History of Realism in Visual Arts 1830-1990: Naturalism, Socialist Realism, Social Realism, Magic Realism, New Realism and Documentary Photography*, Hildesheim 2013

S. Rollig, A. Klee (red. | eds.), *Beyond Klimt. New Horizons in Central Europe*, tent.cat. Wenen & Brussel | exh.cat. Vienna & Brussels (Österreichische Galerie Belvedere & BOZAR: Centre for Fine Arts), München | Munich 2018

W. Schmied (red. | ed.), *Der Kühle Blick. Realismus der zwanziger Jahre*, tent.cat. | exh.cat. München | Munich (Kunsthalle der Hypo-Kulturstiftung), 2001

I. Voermann (red. | ed.), *Otto Dix and the New Objectivity*, tent.cat. | exh.cat. Stuttgart (Kunstmuseum Stuttgart & Staatliche Akademie der Bildenden Künste), Ostfildern 2012

H. Wipplinger (red. | ed.), *Glanz und Elend – Neue Sachlichkeit in Deutschland* | *Splendor and Misery – New Objectivity in Germany*, tent.cat. | exh.cat. Wenen | Vienna (Leopold Museum), Keulen | Cologne 2024

K. Zacharias (red. | ed.). *Surreale Sachlichkeit. Werke der 1920er- und 1930er-Jahre aus der Nationalgalerie*, tent.cat. Berlijn | exh.cat. Berlin (Nationalgalerie Berlin, Sammlung Scharf Gerstenberg), 2017

Colofon
Colophon

European Realities: schilderkunst 1919–1939 verschijnt bij de gelijknamige tentoonstelling in Museum MORE in Gorssel, van 11 oktober 2025 tot en met 1 februari 2026.

European Realities: Painting 1919–1939 accompanies the exhibition of the same name in Museum MORE in Gorssel, from 11 October 2025 to 1 February 2026.

Uitgave | Publisher
Waanders Uitgevers, Zwolle
www.waanders.nl
Museum MORE
info@museummore.nl
www.museummore.nl

Tentoonstellingsconcept Chemnitz
Exhibition concept Chemnitz
Anja Richter | Kunstsammlungen Chemnitz, Museum Gunzenhauser

Tentoonstellingsconcept Gorssel
Exhibition concept Gorssel
Julia Dijkstra
Maite van Dijk

Auteurs | Authors
Julia Dijkstra
Maite van Dijk
Anja Richter
Florence Thurmes

Samenstelling en redactie
Editorial supervision
Julia Dijkstra

Tekstredactie | Copy editors
Arnoud Bijl
Aukje Vergeest

Beeldredacteur | Picture editor
Sarah Sprenger

Grafisch ontwerp | Graphic design
Rolf Toxopeus | joseph plateau grafisch ontwerpers

Vertalingen | Translations
Ted Alkins (NL-EN)
Betty Klaasse (EN-NL)
Dave Nice (NL-EN)

Lithografie | Lithography
Benno Slijkhuis, Wilco Art Books

Druk | Print
Wilco Art Books, Amersfoort

Gezet uit de | Typeset in
Larish Neue en | and Neutraface

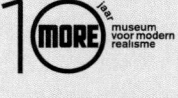